Marianne Kloock / Ingo Viechelmann
UNS PLATTDÜÜTSCH SPRAAKBOOK

Marianne Kloock
Ingo Viechelmann

Uns plattdüütsch Spraakbook

auf hoch- und niederdeutsch

Texte zum Selbstunterricht
durch Lesen, Sprechen und Schreiben
mit Grammatik

HELMUT BUSKE VERLAG
HAMBURG

Marianne Kloock
Ingo Viechelmann

Uns plattdüütsch Spraakbook

op hooch- un nedderdüütsch

Texte to'n Sülvstlehren
dörch Lesen, Snacken un Schrieben
mit Grammatik

HELMUT BUSKE VERLAG
HAMBURG

Die mit einem 📼 versehenen Texte sind auf Tonband gesprochen.
De Texte mit en 📼 sünd op Toonband spraaken.
De Kassett hett de ISBN 3-87118-908-1

Die Deutsche Bibliothek – CIP-Einheitsaufnahme
Uns plattdüütsch Spraakbook op hooch- un nedderdüütsch :
Texte to'n Sülvstlehren dörch Lesen, Snacken un Schrieben
mit Grammatik / Marianne Kloock ; Ingo Viechelmann. –
Hamburg : Buske.
NE: Kloock, Marianne; Viechelmann, Ingo
Buch. – 3., durchges. und verb. Aufl. – 1996
ISBN 3-87548-134-8

© Helmut Buske Verlag GmbH, Hamburg 1996. Alle Rechte, auch die des auszugsweisen Nachdrucks, der fotomechanischen Wiedergabe und der Übersetzung, vorbehalten. Dies betrifft auch die Vervielfältigung und Übertragung einzelner Textabschnitte durch alle Verfahren wie Speicherung und Übertragung auf Papier, Filme, Bänder, Platten und andere Medien, soweit es nicht §§ 53 und 54 URG ausdrücklich gestatten. – Druck: WS-Druck, Bodenheim. Verarbeitung: Buchbinderei Schaumann, Darmstadt. Gedruckt auf säurefreiem, alterungsbeständigem Werkdruckpapier: alterungsbeständig nach ANSI-Norm resp. DIN-ISO 9706, hergestellt aus 100% chlorfrei gebleichtem Zellstoff. Printed in Germany. ∞

INHALT

(Mit diesem 🖾 versehene Texte sind auf Tonband gesprochen)

Für Eilige	9
Welche plattdeutsche Mundart für dieses Buch?	10
Vorweg gesagt: Ihr Weg, Plattdeutsch zu lernen 🖾	13
1. Bindewörter (Konjunktionen)	14
2. Eigenschaftswörter (Adjektive)	20
2.1. In der Satzaussage (prädikativ)	20
2.2. Die Steigerung (Komparation)	20
2.3. Die Beugung (Deklination) des Adjektivs als Beifügung (attributiv)	22
2.4. Die Bildung von Eigenschaftswörtern	22
2.4.1. „r" in die Grundform-Endung	24
2.4.2. Zusammengesetzte Eigenschaftswörter	24
2.4.3. Endungen wie im Hochdeutschen	24
2.4.4. Die Wortfamilie ALT 🖾	25
3. Fragewörter (Interrogativa)	26
4. Fürwörter (Pronomina)	26
4.1. Persönliche Fürwörter (Personalpronomina)	26
4.2. Besitzanzeigende Fürwörter (Possessivpronomina)	28
4.3. Bezügliche Fürwörter (Relativpronomina)	30
5. Hauptwörter (Substantiva)	32
5.1. Die Bildung von Hauptwörtern	32
5.1.1. Endung auf -*ung*	32
5.1.2. Weibliche Endung auf -*sch*	32
5.1.3. Endung auf -*lüüd*	34
5.1.4. Andere Endungen	34
5.1.5. Substantivierte Infinitive (Gerundia)	36
5.2. Die Beugung (Deklination) der Haupt- und Eigenschaftswörter	36
5.3. Ausdrucksweise: verbal oder substantivisch?	36

6. Mittelwörter (Partizipien) 38
   6.1. Das Mittelwort der Gegenwart (1. Partizip) 38
   6.2. Das Mittelwort der Vergangenheit (2. Partizip) 38

7. Tätigkeitswörter (Verben) 40
   7.1. haben, sehen, sagen, sein, liegen, lügen, werden, leben, legen 40
   7.2. Umschreibung mit „doon" (tun) 44
   7.3. Wortschatzerweiterung und Wiederholung 48
   7.4. können, müssen, sollen, singen, dürfen, mögen, wollen, wissen, wachsen 50
   7.5. Wortschatzerweiterung und Wiederholung 54
   7.6.1. Die Bildung der Vergangenheit (des Präteritums) 56
   7.6.2. müssen, mögen, können, haben, legen, liegen, sollen, sagen, sehen, singen, werden, sein, wollen 58
   7.7. Die starken Tätigkeitswörter (unregelmäßigen Verben)... 66
   7.8. Beugungsübungen (Konjugations-) 70
   7.9. Die Indirekte (nichtwörtliche) Rede 72
   7.10. Vorsilben (Präfixe) mit Tätigkeitswörtern (Verben) 74
   7.11. Die Zeitenfolge 76
   7.12. Tätigkeitswörter aus Hauptwörtern 80

8. Umstandswörter (Adverbien) 80
   8.1. Abgeleitete Umstandswörter 80
   8.2. Ursprüngliche Umstandswörter 80

9. Verhältniswörter (Präpositionen) 84

10. Zahlwörter (Numeralia) 86
   10.1. Bestimmte Zahlwörter (Definite Numeralia) 86
   10.2. Unbestimmte Zahlwörter (Indefinite Numeralia) 94

11. Übersicht: Beugungsendungen (Deklinations-) 96

Anhang 110
1. Uhrzeit 110
2. Rechnen ☒ 113
3. Rechtschreibung 116
3.1. Verkürzende Schreibung 116
3.2. Vier grundlegende Gesichtspunkte 116
3.2.1. Doppelter Buchstabe 116
3.2.2. „Dehnungs-h" 116

3.2.3. Groß- und Kleinschreiben 116
3.2.4. Zusammen- und Getrenntschreiben 🗎 121
3.2.5. Straßen- und Familiennamen 122
3.2.6. Zum Wiederholen......................... 122
3.2.7. Zeit- und Ortsbestimmungen 124
3.2.8. Fremdwörter............................ 126
4. **Aussprache** 🗎 127
5. **Redensarten und Sprichwörter** 130
6. **Prosatexte** (Verzeichnis Seite 8) 132
7. **Poesietexte** mit Bemerkungen zur hochdeutschen Lautverschiebung... 186
Einige Bemerkungen zur 2. (hochdeutschen) Lautverschiebung 189

Literaturverzeichnis 190

Prosatexte 🗎

1. nomen est omen, meen de oold Römers. 🗎 133
2. Versöök maakt klook. 🗎 133
3. Bloots en Huusfru? 🗎 133
4. Klook bruukt'n nicht to wesen, 🗎 135
5. Wenn'n en Reis maakt, 🗎 135
6. Sehn is en Fraag, wo wiet en kickt 137
7. De Wien.................................. 137
8. En poor Wöör över us Geld 🗎 139
9. To'n Irrealis 🗎 141
10. So blangenbi insteken 🗎 143
11. Klöhnsnack 🗎 143
12. En beten dösig, avers akkraat................. 145
13. In Frankriek kotthannig in Haft................ 145
14. De Indianer, den allens bifull 🗎 145
15. In'n Supermarkt! 🗎 147
16. De Koh dröff bölken 🗎 151
17. Wahlen in Neddersassen 🗎 151
18. To vele Punnen 🗎 153
19. Nix ümsünst 155
20. Den Dank verdeent or nich? 🗎 157
21. Mit Dörtig noch op Vadder sien Tasch liggen 🗎 ... 159
22. En Breef: DE FOOTBALL-MANNSCHOP 🗎 161
23. Jem-ehr tweete Heimat 🗎 163
24. De retten Zigarett. 🗎 165
25. Mehr free Tiet in Japan 🗎 167
26. Mudderdag 🗎 167

27. Gedanken üm de Köök 169
28. Sünd so vele Familien krank? 😐 173
29. En Breef: Leve Tante Anni 😐 177
30. Nu man kene Ambraß 😐 179
31. En Tietlang alleen. 181
32. Zitaten ... VÖRWARTS, AVERS WOANS? 😐 185
33. De gröttste Fehler 😐 185

Für Eilige

Wie lernt man?

Durch Nachsprechen!

Darum in diesem Buch:

1. Einzelne Sätze zu bestimmten Fragen.
2. Geschichten und Artikel.

Was tun Sie daher?

1. Den hochdeutschen Satz durchlesen,
2. den plattdeutschen selbst überlegen,
3. den plattdeutschen durchlesen,
4. den plattdeutschen hersagen,
5. den plattdeutschen aufschreiben,
6. unbekannte Wörter aufschreiben,
7. Vokabelheft führen!

Welche plattdeutsche Mundart für dieses Buch?

Obgleich in Hamburg verlegt, ist dieses Buch mit Rücksicht auf den größeren Leserkreis nicht in einer Hamburger, sondern Holsteiner Mundart verfaßt worden, die auch den niedersächsischen Dialekten nähersteht.

Auf Seite 47 ff. sind fünf Mundartbeispiele aufgeführt, die alle dieselbe strukturelle Eigenart – die plattdeutsche Umschreibung mit „doon" (tun) – aufweisen. Diese schlichte behäbige und damit ausdrucksvolle Sprechweise, die auch hochdeutsch-sprachige Freunde des Platt so gern hören, ist ein stilistisch-grammatisches Element des Niederdeutschen schlechthin, unabhängig vom jeweiligen Dialekt.

Auf Seite 189 lassen einige der typischen Unterschiede im Bereich der Mitlaute (Konsonanten) zwischen dem Platt- und Hochdeutschen erkennen, daß selbst durch Konsonanten das Klangbild geprägt wird: Kopp oder Kopf?

Auf Seite 127 ff. werden die Selbstlaute (Vokale) des in diesem Buch verwendeten Platt mit einem Hamburger Dialekt verglichen, woraus beim Lautlesen die für das Hamburger Platt bezeichnende Verdunklung der Vokale erkennbar wird. Das gilt erst recht für das „Finkwarder Platt" (des Rudolf Kinau, dessen Bruder Johann als „Gorch Fock" u.a. „Seefahrt ist not" geschrieben hat). Es ist das „swoor(e) Schipperplatt".

Hochdeutsch:	Ich habe mir heute nacht mal wieder so allerhand durch den Kopf gehen lassen.
Finkenwerder Pl:	Ick hebb mi vanacht mol wedder so allerhand dör'n Kupp gohn loten.
Eim(s)büttel:	Ik heff mi vonnacht mool ... dorch'n Kopp gohn loten.
Holsteen:	Ik heff mi vonnacht maal ... dörch'n Kopp gahn laten.

Aber ob Mecklenburg, Schleswig-Holstein, Hamburg (mit seinem Hafenplatt, aber auch mit dem Marsch- und Geestplatt der Randgebiete, mit Eimsbüttel u.a. Sprachbereichen), Bremen oder Nordniedersachsen – wer einen Dialekt versteht, kann auch bald die anderen mühelos verstehen und erlernen, wenn sich die Gelegenheit bietet.

Andererseits ist es mit den Dialekten und ihrem teils spezifischen Wortschatz so wie mit Bekannten und deren Namen:

Freuher in Hamborg

Segg mool, du hest doch Buddelhusen kennt? – Ne. – Nich? Den hest nich kennt? – Ne. – Na, ober Paddelmann, den mußt doch kennt hebben? – Ne. – Na, heur mool! Paddelmann hest du ok nich kennt? – Ne. Denn heff ik noch ehr Buddelhusen kennt as Paddelmann.

Auch Sie werden einzelne Ihrer Vorstellungen vom Niederdeutschen aus der Erinnerung verlieren, nachdem Sie dieses Buch in beliebiger Reihenfolge studiert haben. Wenn Sie dann Ihre Kenntnisse anwenden, dann gilt ein Spruch Goethes, hier op platt:

Wo fruchtbor is de lüttste Kring,
wenn't pleegt ward as en heel düür Ding.

Vorweg gesagt: Ihr Weg, Plattdeutsch zu lernen

Niemand, der dieses Buch liest, braucht Angst zu haben, daß er dabei langsam einnickt. Wer es aber doch tut, der war eben viel zu müde zum Lernen, muß sich erst eine kurze Zeit erholen, und er würde sich nur selbst täuschen, wenn er weitermacht und langsam immer müder wird, fast nichts mehr begreift und nur seine Zeit vergeudet.

Wer sich dennoch durchbeißt, der wird plötzlich erkennen, daß er ein gutes Stück in diesem Buch vorangekommen ist, und vielleicht wird er anfangen, seine Briefe auf plattdeutsch zu schreiben, weil er nun mit der Sprache unserer Vorfahren zurechtkommt.

Und genau das können SIE auch! Ich sehe Sie schon gemütlich in Ihrem Wohnzimmer sitzen, fröhlich wie ein Vogel in der Frühjahrssonne, Papier und einen Schreiber oder die Maschine vor sich auf dem Tisch. Erst denken Sie noch etwas und müssen öfter dies und das in Ihren Büchern nachsehen. Aber wenn Sie dann plötzlich lächeln, dann ist es soweit. Nun können Sie Platt zumindest lesen und schreiben — eine zweite deutsche und westgermanische Sprache mit vielen Mundarten, die Sie schnell verstehen werden, sobald Sie einen Dialekt fest im Griff haben.

Wenn Sie dann niederdeutsche Schriften und Reime lesen und hören, können Sie die niederdeutschen Menschen besser verstehen — wie sie denken und sprechen.

Den Werken im Literaturverzeichnis haben wir Beispielsätze, Formulierungen und Ausdrücke entnommen, z.T. abgewandelt, um die Echtheit und Vielfalt des plattdeutschen Ausdrucks zu gewährleisten. Die friesischen Buurmann-Bände haben der Vertiefung und dem Vergleich gedient.

Unser Dank gilt der Studienrätin Frau Barbara Ohlde, die uns aus ihren Erfahrungen mit Plattdeutschkursen wertvolle Hinweise zum Aufbau des Buches gegeben hat. — In mehrfacher Hinsicht hat auch Herr Dr. Wolfgang Lindow vom Institut für Niederdeutsche Sprache zur didaktischen und methodischen Bereicherung des Buches beigetragen, wofür wir unseren aufrichtigen Dank sagen.

So, nun haben wir genug im voraus gesagt. Nun fangen Sie nur an zu lernen. Wir wünschen Ihnen —

Guten Wind in den Segeln!

Marianne Kloock, Hamburg   Ingo Viechelmann, Hamburg
Frühjahr 1996

Vörweg seggt: Ehr Weg, Plattdüütsch to lehren

Keeneen, de dit Book list, bruukt Angst to hebben, wat he dorbi suutje indruseln deit. Keen't avers doch deit, de weer even veel to mööd to'n Studeern, mutt sik eerst en lütte Tiet begasseln, un he würr sik man sülven wat vörmaken (sik tüschen), wenn he wiedermaakt un sach jümmer möder warrt, meist nix mehr begriepen deit un man sien Tiet verkleit.

Keen sik liekers dörbieten kann, de warrt miteens wies warrn, wat he en feinen Stremel in dit Book wiederkamen is, un sachs warrt he anfangen, sien Breven op plattdüütsch to schrieven, wieldat he nu mit de Spraak von us Vöröllern to Schick kamen deit.

Un jüst dat köönt SE ok! Ik seh Se al komodig in Ehre Döns sitten, kandidel as en Vagel in de Fröhjohrssünn, Papier un Schriever or de Maschien vör sik op'n Disch. Eerst denkt Se noch'n beten un mööt fakens dit un dat in Ehr Böker nakieken. Avers wenn Se denn mitmaal smuustern doot, denn is't so wiet. Nu köönt Se Platt tominst lesen un schrieven – en twete düütsche un westgermaansche Spraak mit vele Mundoorten, de Se gau verstahn ward, sodraad Se eenen Dialekt fast in'n Greep hebbt.

Wenn Se denn nedderdüütsche Schriften un Riemels leest un höört, köönt Se de nedderdüütschen Minschen beter verstahn – woans se denkt un snackt.

Ut Böker, de in de Literaturlist opföhrt sünd, hebbt wi Bispillsätz, Utsagen un Utdrück' nahmen, to'n Deel afwannelt, üm de Echtheit un Veelfooldigkeit vun plattdüütsche Utdrück dortostellen. De „freeschen" Buurmann-Bännen hebbt dorto deent, beter op'n Grund to gahn un de Vergliecke optowiesen.

Usen Dank gellt de Studienrätin Fru Barbara Ohlde, de us ut ehre Lehrdedigkeit in Plattdüütsch-Kursen Henwiese geven hett. Herr Dr. Wolfgang Lindow, vun't Institut för Nedderdüütsche Spraak, hett us to den didaktischen un methodischen Opbu en poor Raatslääg tokamen laten. Dor dankt wi em för.

So, nu hebbt wi noog vörweg seggt. Nu fangt Se man an to studeern. Wi wünscht Se

Goden Wind in de Seils!

Marianne Kloock, Hamborg   Ingo Viechelmann, Hamborg

Fröhjohr 1996

1. Bindewörter (Konjunktionen)

Ausnahmsweise alle Erklärungen auf hochdeutsch im plattdeutschen Teil.

Das hochdeutsche „da" als Konjunktion

Da ihr es nun wißt, seid ihr fein raus. Ich konnte ihm nicht helfen, *da* ich selbst in Schwierigkeiten gekommen bin. *Da* es so ist, müssen wir uns darauf einstellen.

Das plattdeutsche „dat" (= wat) als Konjunktion

a) *daß*

    Er sagt, *daß* er es nicht weiß. Glaubst du, *daß* du ihn sehen wirst? Sie war wütend, *daß* ich ihr nicht geholfen hatte.

b) *so daß*

Wir kamen so spät, *daß* wir den Zug verpaßten. Wir kamen (zu) spät, *so daß* wir den Zug verpaßten. Er blieb krank zu Hause, *so daß* ich ihn nicht treffen konnte (In Österreich: *sodaß*)

c) *damit*

    Ich lege den Schlüssel hier hin, *damit* wir ihn nicht vergessen. Die Schulkinder führten das Theaterstück viermal auf, *damit* es auch ja auf dem Elternabend gelingen würde. Jetzt paß auf, *damit* du alles verstehst (auch: *daß* du alles verstehst).

Bemerkungen zu b und c: (siehe plattdt. Teil)

---

[1] Der Wunschsatz schlägt die Brücke: *Daß* er doch käme! Wir beten, *daß* er komme/ kommen möge (nicht: „*damit* er komme", denn das Gebet ist kein Werkzeug, sondern Bitte um Hilfe, *daß* es geschieht).

1. Bindewörter (Konjunktionen)

Das Bindewort verbindet i.a. einen Haupt- mit einem Nebensatz und steht dann vor dem Nebensatz:

Wir sonnten uns (Haupts.), *nachdem* wir ausgiebig gebadet hatten (Nebens., der ohne Hauptsatz keinen Sinn ergibt).
Man lernt nie aus (Haupts.), *weil* die Welt so unendlich viel bietet (N.S.).

Das hochdeutsche „da" als Konjunktion

Als Adverb (vgl. 8.2) heißt „da" (= dort) im Plattdeutschen „dor" (= daar). — Aber als kausale Konjunktion = Bindewort des Grundes heißt „da" nur „nu":

Nu ji dat weet, sünd ji fien rut. Ik kunn em nich helpen, *nu* ik sülfst in'ne Bredullje kamen bün. *Nu* dat so is, mööt wi us dorup instellen.
— Sonst muß man sich mit „weil" = „wiel"/„wieldat" behelfen.

Das plattdeutsche „dat" (= wat) als Konjunktion

a) daß (Tatsachenfeststellung, faktisch)

He seggt, *dat* (= *wat*) he dat nich weet. Glöövst du, *dat* du em sehn warrst? Se weer füünsch, *wat* ik ehr nich holpen harr.

b) so daß (Folgenaussage, konsekutiv)

Wi kemen so laat, *dat* (= *wat*) wi den Tog verpassen. Wi kemen laat, (so) *dat* wi den Tog verpassen dään. He bleev krank to Huus, *dat* ik em nich drapen kunn.

c) damít (Ziel- oder Zweckankündigung, final)

Ik legg den Slötel hier hen, *dat* (= *wat*) wi em nich vergeten doot. De Schoolkinner föhren dat Theaterstück veermal op, *wat* dat ok ja (= jo) op den Öllernavend klappen dä. Nu paß op, *dat* du allens versteihst!

Bemerkungen zu b und c: Während „so daß" eine bereits (in der Vergangenheit) eingetretene Folge feststellt, kündigt „damit" Absicht und Ziel (in der Zukunft) an. Daß so gegensätzliche Aussagen im Plattdeutschen durch dieselbe Konjunktion — dat (= wat) — ausgedrückt werden, mag verblüffen[1], ist aber im Englischen genauso, denn auch „so that" wird (wohl der Kürze wegen) durchweg statt „in order that" für „damit" benutzt. — Achtung: Das Adverb „dámit" (vgl. 8.2.) heißt „dormit" (= daarmit):

Dámit können wir leben. Was soll ich damit?

bevor	/ da / damít /	daß / je ... desto
ob	/ obgleich /	oder / ohne daß
während (3x)	/ weil (2x) /	wie

Bevor Boris verlieren würde, spielte er lieber über sechs Stunden um den Sieg in dem einen Spiel (Turnier). Der Himmel war schon lange dunkel, *bevor* der Regen auf das Stadion prasselte. *Bevor* ich ihn bitte, geh ich lieber selbst einkaufen.

Da es regnet, können Steffi und Claudia nicht Tennis spielen. *Da* Deutschland noch geteilt ist, müssen wir alle Medaillen von West- und Mitteldeutschland zusammenzählen, *um* zu sehen, wo wir stehen (*damit* wir sehen, wo wir stehen) auf der Weltrangliste.

Erst muß man überlegen, *damit* man nichts falsch macht. Ich habe immer etwas gespart, *damit* ich zu Weihnachten nicht in Verlegenheit komme.

Daß das Pferd den nassen Hafer frißt, ist leicht zu begreifen.
Wer hat dir erzählt, *daß* ich dich gerufen habe?

Je ernsthafter ein Mensch sein kann, *desto* herzlicher kann er lachen.
Je älter der Wein ist, *desto* (= um so) besser ist er im allgemeinen.
Je mehr Wein, *desto* mehr Wahrheit?

Sie wissen nicht, *ob* sie lieber in die Berge *oder* an die See fahren wollen. Dreht sich alles um das Geld, *ob* es nun um Pflanzkartoffeln, Äpfel, Milch *oder* Karbonadenschweine geht, alles gleich.

Obgleich viele Wörter in den einzelnen plattdeutschen Mundarten verschieden sind, bilden dennoch alle zusammen eine deutsche Sprache — das Niederdeutsche. Ich bin noch immer müde, *obschon* (= wenngleich) ich neun Stunden in einem Zug durchgeschlafen habe.

Willst du Schach spielen oder Sechsundsechzig? — Schach und 66 nacheinander (Bindewörter können auch lediglich Worte eines Satzes verbinden).

Bindewörter können aus **Verhältniswörtern** gebildet werden:

Er ist gekommen, *ohne daß* er seinen Besuch angekündigt hat.	Er kommt *ohne* Buch. Auch auf französisch sagt man: (vgl. plattd. Teil) Desgleichen auf spanisch:

Dor köönt wi mit leven (= Dórmit köönt wi leven). Wat schall ik dórmit?

ehr, ehr dat / nu / dat, wat /	dat, wat / wat ... wat, je ... je /
ob, of, wat / (of)schoonst, obschoons /	or, oder / ahn dat, ohn dat /
indem dat, / wiel / wielt, wieldeß, wieldat /	wo dat /

Ehr dat Boris verleren dä, speel he lever över söß Stünnen üm den Sieg in dat een Speel (Match). De Heben weer al lang düster, *ehr* de Regen op dat Stadion platter. *Ehr dat* ik em beden do, gah ik lever sülfst inköpen.

Nu dat regent, köönt Steffi un Claudia nich Tennis spelen. *Nu* Düütschland noch deelt is, mööt wi all de Medaljen vun West- un Middeldüütschland tosamentellen, *üm* to sehn, woneem wi staht (= *dat* wi seht, woneem wi staht) in de Weltranglist.

Eerst mutt'n överleggen, *dat'n* (= dat en) nix verkehrt maakt. Ik heff jümmer en beten spoort, *wat* ik to Wiehnachten nich in de Bredullje kamen do.

Wat (= Dat) dat Peerd den natten Haver fritt, is ööd to begriepen. Keen hett di vertellt, *dat* (= wat) ik di ropen heff?

Wat eernsthaftiger en Minsch wesen kann, *wat* hartlicher kann he lachen. *Je* öller de Wien is, *je* beter is he in't allgemeen. *Je* mehr Wien, *je* mehr Wohrheit?

Se wet nich, *ob* (= of = wat) se lever in de Bargen *or* an de See fohren wüllt. Dreiht sik allens üm dat Geld, *wat* dat nu üm Plantkantüffeln, Appeln, Melk *oder* Karbonadenswien geiht, allens egaal.

Ofschoonst vele Wöör in de inkelten plattdüütschen Mundorten verscheden sünd, bildt liekers all tosamen eene düütsche Spraak — dat Nedderdüütsch. Ik bün noch jümmers mööd, *obschoons* ik negen Stünnen in eenen Stremel dörchslapen heff.

Wullt du Schach spelen *or* Sößunsößtig? — Schach *un* Sößunsößtig naenanner. (Bindewörter können auch lediglich Worte eines Satzes verbinden).

Bindewörter können aus **Verhältniswörtern** gebildet werden:

He is kamen, *ahn dat* he sienen Besöök ankünnigt hett.

He kümmt *ahn* Book. Ok op franzöösch seggt en:

(El) ha venido *sin que* haya anunciado su visita.

El viene *sin* libro.

Bevor sie kommt, muß ich mein Zimmer saubermachen.

Sie kommt *vor* fünf Uhr.
(*vorgestern*)

Antes (*de*) *que* ella venga, tengo que limpiar mi cuarto.

Ella viene (va a venir) *antes de* las cinco (im Geiste: horas)

Ich habe ihnen geschrieben, *um* die Sache in Ordnung zu bringen. ODER: . . ., *damit* die Angelegenheit wieder in Ordnung kommt.

Wegen der Sache habe ich viel Ärger gehabt.

(= *Um* die Sache hat es großen Wirbel gegeben.)

Spanisch: . . . *para* poner la cosa en orden ODER: . . . *para que* se pueda arreglar la cosa.

Während die Kinder schliefen, holten wir unsere Kleidung für die Reise zusammen. Die Kinder können sehr viel lernen, *indem* sie „Kaufmann, Hausfrau und Handwerker" spielen, wenn sie sich alles selbst ausdenken und zusammensuchen oder basteln. *Während* ich auf den Zug wartete, konnte ich schön lesen.

Johannes/Hans konnte nicht kommen, *weil* er sich das rechte Bein gebrochen hatte. Er erklärte mir, *wie* er es tun wollte/wolle. Weißt du nicht, *wie* sich die Eskimos früher ihre Liebe/Zuneigung zeigten? — Na? — Sie rieben die Nasen aneinander.

Je höher die Stellung ist, die einer (= man) hat, *desto* geringer ist seine (die) Freiheit und *um so* mehr muß er (= man) dem Obersten zu Willen sein.

Klaus Groth sagt das so: (In der Übersetzung)

„Der Hahn, der auf dem Miste sitzt, der kann wohl schrei'n und krähen: Doch auf dem Glockenturm der Hahn muß schweigen und sich drehen."

Die meisten Glockentürme stehen neben der Kirche. Das hat Sinn und Verstand (Hände und Füße); denn „der Mensch hat nicht eher genug, *bis* er auf dem Friedhof liegt." — So, jetzt haben wir genug gesagt. Jetzt kann niemand meinen: „Da wird wohl eine Frage abgeschlossen, *bevor* sie hinreichend durchdacht ist (ein Sack zugebunden, *bevor* er voll ist).

Il est venu *sans qu*'il ait annoncé sa visite.	Il vient *sans* livre.
Ehr dat se kümmt, mutt ik miene Stuuv reinmaken.	Se kümmt vör Klock fief. (Hier paßt nur die hochdt. Entsprechung. Aber: *ehr*güstern).
Avant qu'elle vienne, il me faut nettoyer ma chambre.	Elle vient (= va venir) *avant* cinq heures.
Ik heff jem schreven, *üm* de Saak in de Reeg to bringen. Oder: . . ., *ümdat* (= dat) de Saak wedder in de Reeg kümmt.	*Üm* de Saak heff ik veel Arger hatt. Franzöösch: . . . *pour* arranger la chose, Or: . . ., *pour qu*'on puisse arranger la chose.

Wieldeß de Kinner slepen, halen wi uns Kleddaasch för de Reis tohoop. De Göörn köönt bannig veel lehren, *indem dat* se „Koopmann, Huusfru un Handwarker" speelt, wenn se sik allens sülben utdenkt un tosamensöökt or klütern doot. *Wiel* ik op den Tog tööv, kunn ik fien lesen.

Hannes kunn nich kamen, *wiel* he sik dat rechte Been braken harr. He verkloor mi, *wo dat* he't doon wull. Weetst du nich, *woans* de Eskimos sik fröher ehre Leev wiesen dään? — Na? — Se reven ehre Nesen anenanner.

Wat höger de Posten is, de en hett, *wat* lütter is siene Freeheit un *wat* mehr mutt he den Böversten to Willen wesen. Klaus Groth seggt dat so:

„De Hahn de op sien Misten sitt, de kann wull kreihn un schrigen:
Doch op den Klockenthorn de Hahn, de mutt sik dreihn un swigen."

De mehrsten Klockentoorns (hüdige Schriefwies!) staht blangen de Kark. Dat hett Hannen un Fööt; denn „de Minsch hett nich ehr noog, *ehr* he op'n Karkhoff liggt." — So, nu hebbt wi noog seggt. Nu kann nüms menen: „Dor warrt woll'n Sack tobunnen, *ehr* he vull is."

2. Eigenschaftswörter (Adjektive)

2.1. In der Satzaussage (prädikativ)

beschreiben Person oder Sache: Hans/Deutschland/Der Tisch ist *groß*. WIE is Hans/Deutschland/der Tisch? Eine Eigenschaft wird einem Hauptwort zugeschrieben, in diesem Fall in der Satzaussage (ist/sind . . .).

I.	II.
angenehm, behaglich	nützlich, vorteilhaft
artig, ziemlich	pfiffig
aufgebracht, zu Ende	rauh, ungehobelt
bloß, rein	sanft, bedächtig
dreist, frech	scheu
einfältig	schlau
fleißig	schlimm
geschäftig, eilig	schnell, flink
jäh, plötzlich	sonderbar, eigenartig
kräftig, stark	unfreundlich
leer	wenig, gering (schätzig)
leicht, bequem	wütend
niedrig	zimperlich, prüde

Die Schwalben fliegen *niedrig*, es gibt Regen.
Der Junge ist *pfiffig*, aber *frech*.
Sei doch bloß nicht so *zimperlich*!
Die Frau des *rauhen* Kapitäns war *sanft* und fast *scheu*.
Wir kennen die Japaner als *fleißig*, *geschäftig* und *schnell*.
Gerade ein Paar Handschuhe zu Weihnachten und sonst nichts ist doch ein bißchen *wenig*.

2.2 Die Steigerung (Komparation)

Im Mondschein ist es nachts manchmal sehr *hell*.
Ja, und wenn Schnee liegt, sind die Nächte noch *heller* (als sonst).
Bei Vollmond, Frost und Schnee ist es draußen *am hellsten*, das heißt, es ist fast so hell wie am Tage.
Ja, aber *am hellsten* ist es dann in Skandinavien, und in der Winterszeit auch *am dunkelsten*.
Kanada ist *groß* (9,9 Mio qkm), China ist *größer* (10 Mio qkm), aber die Sowjetunion ist *am größten* (22, 6 Mio qkm).
Der Affe saß am *äußersten* Ende des Astes (Adj. als Beifügung = attributiv).

Der Seemann erzählte sein *spukhaftestes* Abenteuer (Adj. attributiv).

2. Eigenschaftswörter (Adjektive)

2.1. In der Satzaussage (prädikativ)

beschreiben Person oder Sache: Hans/Düütschland/De Disch is *groot*. WOANS is Hans/Düütschland/de Disch? Eine Eigenschaft wird einem Hauptwort zugeschrieben, in diesem Fall in der Satzaussage (is/sünd . . .).

I.	II.
moi/moje	nütt
arig, aardich, oordig	plietsch
all	ruug/ruuch
bloot(s)	sacht
drook	schu(uch)
tutig	slau
hild, nerig, flietig	leeg, slimm, dull
jach	risch, snell, gau
deegt, dennig, stark	snaaksch
leddig, lerrig	gruuv
ööd	minn(achtig)
sied	füünsch
	zipp

De Swolken fleegt *sied*, dat gifft Regen.
De Jung is *plietsch*, avers *drook*.
Wees doch bloots nich so *zipp*!
Den rugen Kaptein siene Fru weer *sacht un meist schu*.
Wi kennt de Japaners as *nerig, hild* un *risch*.
Jüst en Poor Handschen to Wiehnachten un sünst nix is doch en beten *minn*.

2.2. Die Steigerung (Komparation)

In'n Maanschien is dat nachtens männigmaal bannig/orrig *hell*.
Jo, un wenn Snee liggt, sünd de Nachten noch *heller* (as sünst).
Bi Vullmaand, Frost un Snee is dat buten *op't hellst*, datt heet, dat is meist so hell as an'n Dag.
Jo, avers *an'n hellsten* is't denn in Skandinavien, un in de Winterstiet ok *an'n düstersten* (= op't düsterst).
Kanada is *groot* (9,9 Mio. qkm), China is *grötter* (10 Mio qkm), avers de Sowjetunion is *op't gröttst* (22,6 Mio qkm) (= an'n gröttsten).
De Aap seet op'n *bütersten* Enn von den Telg. (Adj. als Beifügung, attributiv)
De Fohrensmann vertell sien *spökigst* Aventüür. (– „ –)

Die *ältere* Reiterin ist Gerda, aber die *bessere* Lieschen. (– „ –).
Unser Lehrer ist ein *anödender* Kerl, und wenn er dann so schleppend (langatmig) spricht, dann wird es noch *langweiliger*.

Genauso: Die Steigerung des Umstandswortes (siehe 8.1.):

Für einen Hochdeutschen ist Englisch *leicht* zu lernen, Niederländisch wohl noch *leichter* zu begreifen, aber Niederdeutsch ist für ihn *am leichtesten* zu erlernen. – Von jetzt an sprechen wir *öfter* Platt.

Wir leben recht *kümmerlich*, aber Hansens leben noch *kümmerlicher* als wir. Meinem Neffen (Meiner Nichte = Kind meines Bruders) geht es nicht zum besten.

Grundform	**Steigerungsstufe**	**Höchststufe**
Schön	schöner	am schönsten
kalt	kälter, eiskalt	am kältesten
lustig	lustiger, puppenlustig	am lustigsten
still	stiller, mäuschenstill	am stillsten

Ein *gerissener* Mensch wie er muß ja die Wahl gewinnen. – Das ist sicher. Aber bei seiner Wahlrede auf dem Markt hat er sich auch sehr erkältet: Er stand dort im Regenguß und wurde sogleich *klitschnaß*.

Im Plattdeutschen – noch mehr als im Hochdeutschen – setzt man ein Hauptwort vor das Eigenschaftswort, um den Sinn besonders zu betonen: *knochentrocken*, aber „kirchenalt" (so alt wie eine Kirche).

Anstatt das Wort „sehr" zu gebrauchen (Ein sehr kleines Dorf), kann man auch einen Ausdruck mit einem Umstandswort verwenden, um zu steigern:

Er rüttelt *wie verrückt* an der geschlossenen Tür.
Martin Luther hat den Menschen seine Meinung *„direkt vor den Kopf gesagt"* (= auf gut deutsch gesagt).
Ich habe nicht geglaubt, daß ihr eure Schulden *auf Heller und Pfennig* (vollständig) zurückbezahlten würdet (würdet zurückbezahlen können).
Die Fußballer sind *wie toll* gelaufen, um die Gegenseite mürbe zu machen.
Er ist ein *schrecklich* mißtrauischer Mensch.
Daß er lügt (= zu lügen pflegt), ist *schlimm genug* (= sehr schlimm). Aber daß er nun noch stiehlt, das ist eine Schande.

2.3. **Die Beugung (Deklination)** unter 5.2. (Adjektiv als Beifügung = attributiv) und unter 11. (Übersicht)

2.4. **Die Bildung von Eigenschaftswörtern**

De *öllere* Riedersch is Gerda, avers de *betere* Lieschen. (– „ –)
Us Persetter is en *dröhnigen* Keerl, un wenn he denn so tauelig snacken deit, denn warrt't noch *langwieliger*.

Genauso: Die Steigerung des Umstandswortes (siehe 8.1.)

För'n Hoochdüütschen is Ingelsch *ööd* to lehren, Nedderlandsch woll noch *öder* to begriepen, avers Nedderdüütsch is för em op't *öödst* to lehren (= an'n ödsten). – Von nu an snackt wi *fakener* Platt.

Wi leevt man *noor*, avers Hansens leevt noch *norer* as wi. Mien Broderkind is nich op't best (Adverbialer Ausdruck).

Grundform	Steigerungsstufe	Höchststufe
Schöön	schöner	op't schöönst = an'n schöönsten (hochdt. Einfluß)
koolt	koler, ieskoolt	op't koolst = an'n kolsten
lustig	lustiger, poppenlustig	op't lustigst = an'n lustigsten
still	stiller, musenstill	op't stillst = an'n stillsten

En *swienplietschen* Minschen as he mutt jo de Wahl winnen. – Dat's för wiß. Avers bi sien Wahlreed op'n Markt hett he sik ok bannig verküllt: He stunn dor in'n Platterregen un wöör foorts *klitschnatt*.

In't Plattdüütsch – noch mehr as in't Hoochdüütsch – sett'n en Hauptwoort vör dat Egenschopswoort, üm den Sinn besünners heruttostellen: *knokendröög*, avers *karkenoold* (as oold as en Kark).
Statts man dat Woort „heel" to bruken (En heel lütt Dörp), kann'n ok en Seggwies mit'n Ümstandswoort verwennen, üm to steigern:
He wrackelt *as unklook* an de toe Döör.
Martin Luther hett de Lüüd sien Meen *liek vör den Kopp* seggt.
Ik heff nich glöövt, wat ji juun Schullen *op Heller un Penn* (= heel un deel) trüchbetahlen würrn (würrn trüchbetahlen könen).
De Footballers sünd *för dull* lopen, üm de Gegensiet möör to maken.
He is'n *gresig* lurigen Minschen.
Dat he legen deit, is *dull noog* (= heel slimm).
Avers dat he nu noch stehlt, dat is ene Schann.

2.3. Die Beugung (Deklination) unter 5.2. (Adj. als Beifügung = attributiv) und unter 11. (Übersicht)

2.4. Die Bildung von Eigenschaftswörtern

2.4.1. Einige Eigenschaftswörter sind durch Einfügen eines „r" in die Grundformendung „en" entstanden:

betreiben	— betriebsam	recht haben	— rechthaberisch
behalten	— fähig, zu behalten	sprechen	— gesprächig
freigeben	— freigebig	sprechen	— gesprächig
nachdenken	— nachdenklich	zurückhalten	— zurückhaltend
		vergessen	— vergeßlich

2.4.2. Bei zusammengesetzten Eigenschaftswörtern wird das Grundwort aus einem Hauptwort gebildet:

träge (Zug, „langzügig"), langsam, neumodisch (Mode), österreichisch (Reich), mürrisch (Maul), krummbeinig (Bein), mißmutig, gekränkt (Topf), mit hängenden Ohren, verzagt (hinunter/Ohr), hartnäckig (Nacken), naseweis (Nase), großzügig (Zug)

2.4.3. Wie im Hochdeutschen werden Adjektivendungen an Substantive bzw. deren Stamm angehängt:

frucht*bar*, les*bar*, sonder*bar*, wunder*bar*, ehr*bar*,
ausländ*isch*, wüte*nd*, scham*haft*, zaghaft schreite*nd*, ausländ*isch*, mitteil*sam*, verführer*isch*
zerbrech*lich*, fehler*haft*, krank*haft*, verlogen,
dumm/einfält*ig*, dauer*haft*/echt, jungen*haft*, verlogen, redse*lig*, süß*lich*, gift*ig*, geiz*ig*, hand*lich*, mut*ig*, nöt*ig*, *ver*schämt, schleim*ig*, wicht*ig*,
freund*lich*, vergnüg*lich*, manier*lich*, mensch*lich*, schick*lich*, verdrieß*lich*, wesent*lich*,
haufen*weise*, massen*weise*, stoß*weise*, stunden*weise*, zeit*weise*, tropfen*weise*, sprung*weise* (= vereinzelt)
zaghaft, verträglich, arbeit*sam*, rat*sam*, schweig*sam*, ein*sam*.

2.4.4. Wortfamilie ALT

Sag mal, wie alt ist die Alte eigentlich? – Meinst du die alte Frau mit dem schlohweißen Haar, die im Altenheim wohnt? – Ja, die meine ich. – Deren Alter ist schwer zu schätzen. Aber meine Eltern meinen, sie ist (bzw.: war) über achtzig. – Sie ist jedenfalls (wörtl.: zumindest) hochbetagt (hoch in den Jahren). Die Leute sagen ja, sie komme (Konjunktiv im Platt? = Vergangenheit!) aus dem Alten Land bei Hamburg. – Nicht jeder, der alt ist, kommt gleich aus dem Alten Land. Was für ein Blödsinn! Außerdem müßte es dann ja das Altenland heißen.

2.4.1 Einige Eigenschaftswörter sind durch Einfügen eines „r" in die Grundformendung „en" entstanden:

		recht hebben	— rechthebbern
bedrieven	— bedrievern	snacken	— snackern
behollen	— behollern	spreken	— sprekern
freegeven	— freegevern	trüchhollen	— trüchhollern
nadenken	— nadenkern	vergeten	— vergetern

2.4.2. Bei zusammengesetzten Eigenschaftswörtern wird das Grundwort aus einem Hauptwort gebildet:

langtöögsch (Tog, Töög im Pl.), neemoodsch (Mood), nie-, ööst(er)rieksch (Riek), suurmuulsch (Muul), scheefbeent (Been), suurpöttsch (Pott, pl.: Pött), dallohrig (daal/Ohr), stiefnackt (Nack), wiesneest (Nees), groottöögsch (Tog, pl.: Töög)

2.4.3. Wie im Hochdeutschen werden Adjektivendungen an Substantive bzw. deren Stamm angehängt:

frucht*bor*, lees*bor*, sünner*bor*, wunner*bor*, ehr*bor*,
butenland*sch*, granaat*sch*, schaam*sch*, tillfööt*sch*, utland*sch*, spreek*sch*, aber verkürzt: verföhr*sch*
breek*haft*, fehler*haft*(ig), krank*haft*, lögen*haft*
dummer*haftig*, duur*haftig*, jungs*haftig*, lögen*haftig*, snack*haftig*, sööt*haftig*
gift*ig*, giez*ig*, hand*ig*, mod*ig*, nöd*ig*, scham*ig*, sliem*ig*, wicht*ig*
fründ*lich*, höög*lich*, maneer*lich*, minsch*lich*, schick*lich*, verdreet*lich*, wesent*lich*
hupen*wies*, massen*wies*, stoot*wies*, stünnen*wies*, tiet*wies*, drüppen*wies*, sprang*wies*
duur*sam*, kleed*sam*, spoor*sam*, lied*sam* (= verdreeglich),
töög*sam*, verdrag*sam*, arbeit*sam*, raat*sam*, swieg*sam*, een*sam*

2.4.4. Wortfamilie ALT

Segg mal, wo oolt is de Oolsch (= Ollsch) egentlich? — Meenst du de ole (olle) Fru mit dat slohwitt Haar, de in't Olenhuus wahnt? — Jo, de meen ik. — De ehr Öller is swoor to schatten (= taxeren). Avers mien Öllern meent, se is (bzw.: weer) över tachentig. — Se is tomist hooch in de Johren. De Lüüd seggt jo, se keem ut dat Oolland bi Hamborg. — Nich elkeen, de oolt is, kümmt glieks ut das Oolland. Wat'n Blöödsinn! Butendem müß dat denn jo dat Olenland heten.

3. Fragewörter (Interrogativa)

können Fragen direkt einleiten (WER war das?) oder indirekt (Ich weiß nicht, WER das war).

        I. ob?   II. wer?
           wann?   wie?
           warum?   wo?
           was?   wodurch?

Ob ich ihn mal anrufe?
Wann werden diese Fensterscheiben geputzt?
Warum wird hier aufgeräumt? — Daß/Damit die Leute nur Gutes von uns denken.
Es ist nicht alles Gold, *was* glänzt. (Dieses „WAS" ist ein Relativpronomen, das nach „alles" stehen muß: vgl. 4.3.)
Warum ist er so dumm und tut das (= ... dumm, das zu tun)?
Warum sollten wir wohl? (Für sich könnte die plattd. Frage auch bedeuten: Was sollten wir wohl)
Was hat der Tölpel nun schon wieder?
Wer nichts tut, kann auch nichts entzweimachen.
Sag mal, *wie* hast du ihn umgestimmt?
Ich möchte mal wissen, *wie* du das/es fertiggekriegt hast!
Woher kommen eigentlich all die Fliegen mit einem Mal (= plötzlich)?
Wo habt ihr es gefunden?
Wieviele Schuhe hast du heute geputzt?
Wozu brauchst du denn die Kneifzange?
Wohin geht die Reise?
Welches Pferd gehört dir?
Wo ein großer Kerl hinfällt, kann auch ein großer wieder aufstehen. (Sinn: Wo man viel einsetzt, kann man auch viel herausholen.)
Wodurch er das zustande gebracht hat? Durch Festigkeit! Der faßt/bohrt nach.

4. Fürwörter (Pronomina)

4.1. Persönliche Fürwörter (Personalpronomina)

stehen „für" ein anderes (meist Haupt-) Wort: *Er* (der Industrielle/der Strom) ist mächtig. — Habt ihr *sie* (die Schauspielerin/die chinesische Vase) bewundert?
Worauf willst *du* denn los? fragte *er*. — *Ich* reise (bis) nach Fehmarn, antwortete *sie*. — Dort sind *wir* letztes Jahr gewesen, rief ein kleines Kind dazwischen. — Man konnte sehen, wie glücklich *es* noch war.

3. Fragewörter (Interrogativa)

können Fragen direkt einleiten (KEEN weer dat?) oder indirekt (Ik weet nich, KEEN dat weer).

>   I. of? wat?
>   wonehr? wannehr?
>   worüm? wat?
>   wat?
>   II. wokeen? keen?
>   woans? wo?
>   woneem? neem?
>   dörch wat? von —?

Wat ik em maal anroop?
Wonehr ward disse Finsterschieben putzt?
Worüm warrt hier oprüümt? — Dat de Lüüd bloots wat Godes von us denkt.
Nich allens, *wat* glänzen deit, is Gold. (Dieses „WAT" ist ein bezügliches Fürwort, das nach „all/allens" stehen muß: vgl. 4.3.)
Wat is he so dumm un deit dat?
Wat schulln wi woll?

Wat hett de Döösbattel nu al wedder?
Keen nix deit, kann ok nix tweimaken. („Keen" aus „wokeen")
Segg maal, *woans* hest du em ümstimmt?
Ik much maal weten, *wo* du dat fardigkregen hest!
Neem kaamt egentlich all de Flegen mitmaal her? („Neem" aus „woneem")
Woneem hebbt ji dat funnen?
Wovele Schöh hest du hüüt putzt?
Wo bruukst du denn de Kneeptang *to*?
Woneemhen geiht de Reis?
Welk Peerd höört di to?
Neem en groten Keerl henfallt, kann ok en groten wedder opstahn.

Dörch wat he dat fardigkregen hett? Dörch Stevigkeit! De purrt na!

4. Fürwörter (Pronomina)

4.1. Persönliche Fürwörter (Personalpronomina)

stehen „für" ein anderes (meist Haupt-) Wort: *Er* (der Industrielle/der Strom) ist mächtig. — Habt ihr *sie* (die Schauspielerin/die chinesische Vase) bewundert?
„Woneemhen wullt *du* denn op daal?" fraag *he*. — „*Ik* reis na Fehmern hento", anter *se*. — „Dor sünd *wi* verleden Johr west!" reep en lütt Göör (dor) mank. — En kunn sehn, wo glücklich *dat* noch weer.

Dann fragte Lischen *es:* „*Ihr* mögt wohl auch gern an der See sein? *Wir* auch. — Ja, *wir* bauen immer große Burgen in den Sand, sagte der Kleine. Und seine Mutter meinte: Die Kinder wollen spielen und was tun. Und wenn *sie* eine Burg mit Gräben und Brücke bauen, dann sind *sie* eifrig dabei.

Liebe Leser, jetzt kennen *Sie* die Fürwörter im ersten Fall (auf die Frage: WER tut was/hat was getan?). Was nun noch fehlt, ist nur der vierte Fall, denn der dritte ist genauso. Die Frage wäre: WEN hast du gesehen? WEM hast du es gegeben? Das gilt auch für die *Rückbezüglichen* Fürwörter. (Reflexivpronomina).
Ich habe *mich* oft gefragt, ob er noch bei Verstand ist.
Du sollst *dich* nicht so aufspielen!
Bei diesem Verkauf hat er *sich* arg (schlimm) die Finger verbrannt. Ich hatte *ihm* das vorausgesagt. Und *sie* hatte ich auch gewarnt.
Sie haben uns schon wieder eingeladen.
Habt ihr's (= ihr es) *euch* jetzt endlich überlegt? (*Rückbezügliches* Fürwort wie „sich").
Ich muß heute noch von *euch* hören, was ihr tun wollt.
Jan war gestolpert, und so sauste er wie ein Habicht in (unter) die verdutzten (verstörten) Frauen vor dem Marktstand, als wollte er *sie* auffressen. Aber das Schlimmste war, daß er ausgerechnet die Hübscheste mit *sich* zu Boden riß und niemand *ihm* glauben wollte, daß er das nicht ändern konnte (hatte ändern können).

Man kann „us" oder „uns" und „ju" oder „juuch" sagen.

Aufgepaßt! Sonderbar: Er hört mir zu. — Aber: Das gehört mir.
Der Kanarienvogel *hört mir zu/gehört mir.* (Der Ton macht die Musik!)

4.2. Besitzanzeigende Fürwörter (Possessivpronomina)

Mein Fernschreiber ist ausgezeichnet.
Wie heißt *deine* Apfelsorte, die sich bis Pfingsten hält?
Das hat alles *seine* Wissenschaft.
Die Stewardess am Flughafen weiß genau Bescheid (kennt *ihren* Aufgabenbereich).
Unser deutscher Schäferhund ist — nach *meinem* Geschmack — der schönste Hund der Welt.
Das Kind verteidigt *sein* Spielzeug.
Habt ihr schon gesehen? In *eurem* Zaun wohnt ein Zaunkönig.
Im Sommer reden die Segler vom Segeln und im Winter von ihren Booten.

Denn fraag Lischen *dat*: „*Ji* möögt woll ok geern an de See wesen? *Wi* ok."
„Jo, *wi* buut jümmer grote Burgen in'n Sand", sä de Lütt. Un siene Mudder meen: „De Gören wüllt spelen un wat doon. Un wenn *se* en Burg mit Grabens un Brüch buut, denn sünd *se* hild dorbi."

Leve Lesers, nu kennt *Se* de Förwöör in'n eersten Fall (op de Fraag: KEEN deit wat/hett wat daan?). Wat nu noch fehlt, is man de veerte Fall, denn de drütte is jüst so. De Fraag weer: KEEN hest du sehn? KEEN hest dat geven?
Se hebbt *mi* oftins fraagt, wat he noch bi Verstand is.
Ik schall *di* nich so verwöhnen!
Bi dissen Verkoop hett he *sik* böös de Fingern verbrennt. Ik harr *em* dat vöruutseggt. Un *ehr* harr'k ok wohrschuut.
Se hebbt *us* (= uns) al wedder inladt.
Hebbt ji *ju* dat nu endlich överleggt? (*Rückbezügl.* Fürw. wie „sik")
Ik mutt hüüt noch von *ju* hören, wat ji doon wüllt (auch: juuch).
Jan weer stöltert, un so suus he as'n Stööthaav mank de verdattert' Fruunslüüd vör den Marktstand, as wull he *jem* opfreten. Avers dat Leegste weer, wat he graad de Smuckste mit *sik* hendaal reet un nüms *em* glöven wull, wat he dat nich ännern kunn (harr ännern kunnt).

En kann „us" or „uns" un „ju" or „juuch" seggen.

Oppaßt! Sünnerbor: He höört mi tó. — Avers: Dat höört *mí* to.
De Kanarrnvagel höört *mi to*. (De Ton maakt de Musik!) OK: Kanarn-vagel.

4.2. Besitzanzeigende Fürwörter (Possessivpronomina)

Mien Fernschriever is sünnerlich.
Wo heet *dien* Appelsort, de bet Pingsten wohrt?
Dat hett all *sien* Wetenschop.
De Stewardess an'n Flooghaben weet *ehren* Lex.
Us düütsche Scheperhund is — na *mien* Smack — de schönste Hund von de Welt.
Dat Kind verdeffendeert *sien* Speeltüüg.
Hebbt ji al sehn? In *juun* Tuun wahnt'n Tuunkrüper (= Nettelkönig, Zaun-).
In'n Sommer snackt de Seilers von't Seilen un in'n Winter von *ehr* Bööt (or: von *jem-ehr* Yachten).

Merken Sie sich besonders: Männlicher Besitz in der Einzahl, **3.+4. Fall**
(dem + den Hund)
Hast du meinen/deinen/seinen/ihren/unseren/euren/ihren Hund gesehen?
Warum willst du meinem/deinem ... Hund jede Woche einen neuen Knochen geben?
Merkwürdig! Karl Marx glaubte, wenn alles dem Volk (der Partei) gehöre, dann würden die Menschen nicht mehr *Mein und Dein* (hier: Hauptwort) verwechseln. Aber es ist nachgerade (allmählich) bekannt: Keiner vergißt, was sein ist! Das macht mich nachdenklich.

Wessen Tochter?

ihre Tochter,   die Mutter fährt zu ihrer Tochter

Aber — fährt sie nicht zu ihrer eigenen Tochter, dann heißt es:
   die Mutter fährt zu *deren* Tochter

Im Afrikaans und im Russischen verwendet man ein besonderes Possessivpronomen („se" und „svoj, svajá, svajó") für alle Personen (mein, dein, ... unser, euer, ...), wenn das Fürwort den Besitz des Satzgegenstandes bezeichnet.

4.3. Bezügliche Fürwörter (Relativpronomina) (vgl. 5.2.)

Der Mann/die Frau, *der/die* dort steht, ist reich. Die Ärztin, *der* wir die Liste gebracht haben, ist aus (den) Vierlanden.
Der Junge, *den* wir gesehen haben, ist Gerdas Sohn.
Das Kind, *dem* ich gratuliert habe, heißt Fritz.

Es ist nicht alles Gold, *was* glänzt.   **Nach unbestimmten Zahlwörtern**
Es gibt nichts, *was* es nicht gibt.   **wie „alles, etwas, nichts"**
Das wenige, *was* ich bei mir habe,   **heißt das Relativpronomen**
habe ich mir geliehen (= entliehen).   **„was".**

Markt Se sik sünder: Maskulin Besitt in de Eentall, **drütte/veerte Fall** (den Hund)
Hest du mienen/dienen/sienen/ehren/unsen/juun/(jem-)ehren Hund sehn?
Worüm wullt (= wist) du mienen/dienen/ ... Hund elk Week'n neen Knaken geven?
Annershaftig! Karl Marx glööv, wenn allens dat Volk (de Partei?) tohöör, denn würrn de Lüüd nich mehr *Mien un Dien* verwesseln. Avers dat is all-nagraad (= bilütten) begäng: Keeneen vergitt, wat sien is! Dat maakt mi nadenkern.

Wokeen siene Dochter?

Platt: ehre Dochter,   de Mudder fohrt to ehre Dochter
Afrikaans: *haar* dogter,   die moeder ry[1] na *se* dogter
Russisch: *jijo* dotch   match jedet k *svojej* dotcheri

Avers — fohrt se nich to ehr egen(e) Dochter, denn heet dat: de Mudder fohrt to *de ehre* Dochter, . . . na *haar* d., . . . k *jijo* d.

In't Afrikaans un in't Russisch bruukt en een besünner Possessiv-pronomen („se" un „svoj, svoja, svojo") för all Personen (mien, dien, . . . uns, juun, . . .), wenn dat Pronomen den Besitt vun dat Subjekt betekent.

4.3. Bezügliche Fürwörter (Relativpronomina) (vgl. 5.2.)

De Mann/Fru, *de* dor steiht, is riek. De Doktersch, *de* wi de List bröcht hebbt, is ut (de) Veerlannen.
De Jung, *den* wi sehn hebbt, is Gerda ehr Söhn.
Dat Kind, *dat* ik graleert heff, heet Fritz.

Nach unbestimmten Zahlwörtern wie „all/allens, wat, nix" heißt das be-zügliche Fürwort nicht „dat" (engl.: which), sondern „wat" =(engl.: that):

Nich allens, *wat* glänzen deit, is Gold. All *that* glitters is not gold.
Dat gifft nix, *wat* dat nich gifft. Dat wenig, *wat* ik bi mi heff, heff ik utlehnt.

---

[1] engl.: to ride (= fahren) one's car/in a bus.

5. Hauptwörter (Substantiva)

5.1. Die Bildung von Hauptwörtern

5.1.1. Endung auf *-ung*

Hauptwörter auf *-ung* gibt es fast keine im Plattdeutschen:

Bei diesem Schuften bin ich gar nicht zur *Besinnung* gekommen.
Manche Menschen lesen gern *Erzählungen*, weil die nicht so lang sind.
Steht dort was auf der Flasche über die *Benutzung*? Die *Benutzung* von Taschenrechnern ist verboten. – Heirat war ihre einzige *Bedingung*.
Die nähere *Umgebung* habe ich mir gerade angesehen.
Am liebsten hätte ich ihnen meine eigene *Meinung* dazu gesagt.
Da sträubte sich sein Haar vor *Aufregung*.
Sie schickte *Einladungen* an die Verwandtschaft.

5.1.2. Weibliche Endung auf *-sch* (im Plattdeutschen)

Arbeiterin, Lehrerin
Wer setzt eigentlich die Preise fest – der Bäcker oder die Bäckersfrau? – Das fragst du noch? Die Bäckerin hat die Hosen an! Du solltest mal hören, wie unsere Nachbarin, die ihre Schwester ist, über sie redet. Dann wüßtest du Bescheid. – Eure Nachbarin? Meinst du die Möller oder die Lehmann? (Die Möllersche/Lehmannsche wäre im Hochdeutschen ironisch)

In seinen ersten Jahren am Theater hatte Hans Albers einen wilden Tanz aufzuführen. Das war was für ihn! Er sprang wie toll umher und fiel plötzlich in den Kasten der Souffleuse. Die Zuschauer brüllten vor Lachen, und Hans Albers war auf einen Schlag bekannt. – Aber er hatte das vorher mit der Vorsagerin abgemacht, damit sie beizeiten aus dem Kasten rausgehen konnte.

1. Fall	4. Fall
ein teurer Fernsehapparat	einen teuren Fernseher
eine lange Trockenheit	eine lange Trockenheit
ein behagliches Hausschuhkino	ein behagliches Hausschuhkino

„en" vor einem Eigenschaftswort wird nicht dekliniert. – **Ein Adjektiv vor einem Neutrum wird nicht gebeugt** (hat bloß den Wortstamm oder – nach dem hochdeutschen Vorbild – „es" am Ende).

5. Hauptwörter (Substantiva)

5.1. Die Bildung von Hauptwörtern

5.1.1. Endung auf -ung

Hauptwöör op „*-ung*" gifft meist keen in't Plattdüütsch:

Bi dit Wurachen bün ik gor nich to'n *Besinnen* kamen.
Welk Lüüd leest geern *Verteln*, wiel de nich so lang sünd.
Steiht dor wat op de Buddel över den *Gebruuk*? De *Gebruuk* von Taschenrekers is verbaden. – Heirat weer ehr eenzig *Beding*(en).
De neger *Ümgegend* (= Ümwelt) heff ik mi jüst ankeken.
Op't leevst harr ik jem mien egen *Meen* (= Menen) dorto seggt.
Dor strüüv sik sien Hoor vör *Opregen*.
Se schick *Inladen* na de Verwandtschop.

5.1.2. Weibliche Endung auf -*sch*[1]

Arbeider*sch*(e), Lehrer*sch*(e)
Keen sett egentlich de Priesen fast – de Bäcker or de Bäckersfru? – Dat fraagst du noch? De Bäcker*sch* hett de Büxen an! Du schust maal hören, wo uns Naber*sch*, wat ehr Süster is, över ehr snacken deit. Denn wußt du Bescheed. – Juun Naber*sch*? Meenst du de Möller*sch* or de Lehmann*sch*?

In sien eerste Johren an't Theater harr Hans Albers en wilden Danz optoföhren. Dat weer wat för em! He sprung as unklook ümher un full miteens in den Kassen vun de Souffleuse. De Tokiekers brüllen vör Lachen, un Hans Albers weer op'n Stutz bekannt. – Avers he harr dat vörher mit de *Toseggersch* afmaakt, ümdat se bitieden ut'n Kassen rutgahn kunn.

1. Fall	4. Fall
en düern Fernsehkassen	en düern Fernsehkassen
en lange Dröögde	en lange Dröögde
en moi/mojes Puschenkino	en moi/mojes Puschenkino

„en" vör'n Adjektiv warrt nicht beugt. – En Egenschopswoort vör'n neuter (= netraal) Woort warrt nich beugt (hett bloots den Woortstamm or – na dat hoochdüütsch Vörbild – „es" an't Enn.

---

[1] Das russ. Suffix „-scha" für einige weibl. Berufsbezeichnungen – doktorscha, aptekarscha, direktorscha, musikantscha, inspektorscha (= Inspektors*frau*!) – ist offenbar aus dem Niederdeutschen entlehnt (so: Prof. Dr. Daniel Weiss, Slavisches Seminar, Univ. Hmb., brieflich mit Lit. Angaben).

Hast du einen handlichen Eimer gekauft?
Ich habe mir seit Jahren einen handlichen Eimer gewünscht. —
Nun brauchst du nur noch einen ordentlichen Spaten, und dann kannst du endlich arbeiten. Das ganze Dorf wartet schon darauf!
Eine Zuckerrübe ist nicht genug für so ein gutes Pferd, zwei muß es schon haben.
Ein großer Pfannkuchen reicht doch nicht zum Mittagessen! Ich muß vier haben.
Daß du so eine kümmerliche Kartoffel auf deinen Teller legst, das zeigt schon, was du für ein Geizhals bist.
Ein ungebundenes Leben — das ist alles, was der junge Mann sich wünscht.
Ein bißchen Wind braucht man zum Segeln.
Eine warme Glut ist noch im Feuer.
Eine frühe Kartoffel schmeckt am besten. — Ein alter Weihnachtsmann hat schon manchem Kind ein besonders feierliches Gefühl gegeben.

Mehrzahl

1. Fall: Die ärmlichen Leute sind dennoch zufrieden. Piekfeine Anwälte kamen zusammen. Einzelne Kinder brauchen die Freundschaft anderer Kinder.

Fehlt der Artikel „de", dann kann man das Adjektiv allein als Stamm gebrauchen: Pükfein Afkaten, inkelt Kinner.

3. Fall: Ich bin dort mit viel*en* Freunden gewesen. Hilfe kam zuerst von den nächst*en* Nachbarn. Aus verzogen*en* Kindern werden meistens schwache Menschen.
Des Anthropologen letzter Weg führte ihn zu hungrig*en* Menschenfressern.

5.1.3. Endung auf *-lüüd*

Was hälst du von Frauen in den Parteien? — Die Frage ist falsch gestellt. Man müßte prüfen, was ein Politiker wissen und können muß. Darauf kommt es an. Einige Männer haben nur den größeren Mund und sind frecher, spielen mit dem Feuer. — Vielleicht sind die Städter pfiffiger in der Politik als die Landbevölkerung, weil sie mehr hören und erleben? — Nein, überall gibt es schlaue Füchse und ahnungslose Dussel, nicht nur unter den Dörflern.

5.1.4. Andere Endungen

Erleb*nis*, Bot*schaft*, Brauer*ei*, Dunkel*heit*, Freundlich*keit*,
Frager*ei*, Freund*schaft*, Faul*heit*, Wissen*schaft*.
Kein Land mehr und kein anderes Schiff in Sicht! Das ist ein großes *Erlebnis*

Hest en handig Emmer köfft? („Emmer" als sächlich aufgefaßt. Man hätte auch „handiges E." sagen können)
Ik heff mi sörr Johren en handigen Emmer wünscht (hier männlich). – Nu bruukst du bloots noch en origen (= ornlichen) Escher, un denn kannst du endlich arbeiten. Dat heel Dörp töövt dor al op!
Eene Zuckerrööv is nich noog för so'n good Peerd, twee mutt't al hebben.
Een groten Pankoken langt doch nich to't Meddageten! Ik mutt veer hebben.
Wat du so en schedderige Kantüffel op dienen Teller packst, dat wiest al, wat du för en Pennschieter büst.
En loosbannig Leben – dat is all, wat de Jungkeerl sik wünschen deit.
En beten Wind bruukt en to't Seilen.
En warme Gloot is noch in't Füür.
En fröhe Kantüffel smeckt op't best. – En ole Wiehnachtsmann hett al männig Kind en sünder fierfraam Geföhl geven.

Mehrzahl

1. Fall: De puckigen Lüüd sünd liekers tofreden. Pükfeine Afkaten kemen tohoop. Inkelte Kinner bruukt de Fründschop von anner(e) Gören.

Fehlt de Artikel „de", denn kann'n dat Egenschopswoort alleen as Stamm bruken: Pükfein Afkaten, inkelt Kinner.

3. Fall: Ik bün dor mit vel*e* Fründen west. Help keem toeerst von de neegst*e* Nabers. Ut vertriet*e* Gören ward meisttiets swacke Minschen.
Den Anthropolog sien letzte Weg föhr em to hungrig*e* Minschenfreter.

5.1.3. Endung auf -*lüüd*

Wat hollst du von Fruuns*lüüd* in de Parteien? – De Fraag is falsch stellt. En müß pröven, wat'n Politiker weten un könen mutt. Dor kümmt dat op an. Welk Manns*lüüd* hebbt man en grötter Muul un sünd driester, Füerpüster. – Villicht sünd de Stadt*lüüd* plietscher in de Politik as de Land*lüüd*, wieldat se mehr hööt un beleevt? – Ne, allerwegens gifft dat slaue Vossen un ahnweten Dösels, nich bloots mank de Dörps*lüüd*.

5.1.4. Andere Endungen

Beleev*nis*, Bott*schup*, Bruer*ee*, Düster*nis* (= Bieter*nis*), Fründlich*keit*, Frager*ee*, Fründ*schop*, Fuul*heit*, Weten*schop*.
Keen Land mehr un keen anner Schipp in Sicht! Dat is en groot *Be-*

auf See. – Ja, aber das eigene Schiff muß in Sicht bleiben; sonst gehst du unter!
Wir haben die Nachricht (Bot*schaft*, den Bescheid) gekriegt.
Faul*heit* laß nach! – In Wahr*heit* gibt es kaum Freund*schaft* zwischen Staaten. Das ist alles Augenwischer*ei*.

5.1.5. Substantivierte Infinitive (Gerundia)

Das Wandern ist des Müllers Lust.
Nun laß *das* ewige *Stöhnen! – Vogelschießen* ist ein schönes Schulfest. Er will mal probieren, *das Tanzen* zu lernen. *Das* viele *Warten* ist eine sehr wichtige Aufgabe für Soldaten; sonst würde es mehr Kriege geben.

5.2. Die Beugung (Deklination) der Haupt- und Eigenschaftswörter

1. Fall	4. Fall
der (dritte) Mann	den (dritten) Mann
der (närrische) Junge	den (närrischen) Jungen
die (hübsche) Frau	die (hübsche) Frau
das (üppige) Mädchen	das (üppige) Mädchen
das (kleine) Kind/das (feste) Eis	das (kleine) Kind/das (feste) Eis

Der dritte Fall (im Platt) ist wie der vierte, und der zweite ist gerade (= genau) so, nur mit vorangehendem „von/vun".
Den Schlüssel habe ich dem Mann/der Frau/dem Kind(e) gegeben.
Wo hast du den gefunden? Das ist der Schmalzkrug der Bäuerin. – Nein! Der gehört Stine. – Wetten, daß das der Krug der Bäuerin ist?
Guck mal! Eine Kreuzotter! – Ja, die kenn' ich. Das ist unseres Lehrers Otter (die Otter unseres Lehrers).
Die Kleidung der Totengräber sieht aber feierlich aus.
Die Bedingungen, unter denen wir hier arbeiten müssen, sind verbesserungswürdig (bedürfen der Verbesserung).
Es ist nicht ein Zeichen von Dummheit, wenn man sich einfach ausdrückt, sondern wohl von Geltungssucht, wenn man es kompliziert (umständlich) sagt.

5.3. Ausdrucksweise: verbal oder substantivisch?

Das ist eine hervorragende Leistung (von ihr). (Im Platt verbal)
Abwechslung bringt auch Erholung. – Sie haben nach neuem Bauland ausgespäht, denn der Wohnraum ist nur recht gering gewesen/gab es nur ungenügend. – Er arbeitete in Anlehnung an Dürer. – Die Schaffung von Arbeitsplätzen ist oberstes Gebot.

leevnis op See. – Jo, avers dat egen Schipp mutt in Sicht blieven; sünst geihst ünner!
Wi hebbt (dat) Bott (= de Bott*schup*, den Bescheed) kregen.
Fuulheit laat na! – In *Wohrheit* gifft dat kuum *Fründschop* twischen Staaten. Dat is all *Ogenwischeree*.

5.1.5. Substantivierte Infinitive (Gerundia)

Dat Wannern is den Möller siene Lust.
Nu laat *dat* ool *Süchten*! – *Vagelscheten* is'n schöön Schoolfest. He will maal probeern, *dat Danzen* to lehren. *Dat* vele *Töven* is'n heel wichtige Opgaav för Soldaten; anners würr dat mehr Kriege geven.

5.2. Die Beugung (Deklination) der Haupt- und Eigenschaftswörter

1. Fall	4. Fall
de (drütte) Mann	den (drütten) Mann
de (fimmelige) Jung	den (fimmeligen) Jung
de (smucke) Fru	de (smucke) Fru
de (dralle) Deern	de (dralle) Deern
dat (lütt) Kind/dat (fast) Ies	dat (lütt) Kind / dat (fast) Ies

De drütte Fall is as de veerte, un de tweete is jüst so, bloots mit „von/vun" dorvör.
Den Slödel heff ik den Mann/de Fru/dat Kind geven.
Woneem hest den funnen? Dat is de Smoltkroog von de Buursfru. – Ne! De höört Stine to. – Wetten, wat dat de Buursfru ehr Kroog is?
Kiek maal! En' Krüüzadder! – Jo, de kenn ik. Dat is unsen Lehrer sien' Adder.
Dat Tüüg von de Kuhlengrävers süht avers fierfraam ut.
Woans wi hier arbeiten mööt, dat mutt verbetert warrn. ODER: De Ümstänn, ünner de wi hier arbeit't, mööt ännert warrn.
De eenfach snackt, de is nich dumm; avers de överspöönsch sprickt (= geel snackt), will woll mehr gellen.

5.3. Ausdrucksweise: verbal oder substantivisch?

Wat se doon hett, is sünder. Wat doon worrn is, is sünder. – Wat anners maken – rauht ok. – Se hebbt na nie Buland utkeken, denn de Ruum to wahnen is man wat minn wesen. He hett't na Dürer maakt. – Toeerst mutt för Arbeitsstellen (= steden) sorgt warrn. = Nu mööt de Lüüd eerstmaal wat to doon kriegen.

6. Mittelwörter (Partizipien)

6.1. Das Mittelwort der Gegenwart (1. Partizip) als Beifügung (attributiv)

kullern: a) Infin.: kugeln, b) Partiz.: kugel*nd*

Ein *rollender* Stein setzt kein Moos an. = A *rolling* stone gathers no moss (engl.). — *singende* Vögel, *krähende* Hähne, *tickernde* Fernschreiber, *flackernde* Mattscheiben, *rauchende* Schornsteine, *steinewerfende* Hausbesetzer, *riechende* Jauche.
Er stand mit *lachendem* Gesicht vor ihr. — Laßt *schlafende* Hunde liegen (*Schlafende* Hunde soll man nicht wecken).
Quietschende Wagen halten am längsten.
Die *drohenden* Regenwolken wurden immer größer.
Bei dem *dröhnenden* Donner konnte ich nicht schlafen.
Der *wachsende* Umschlag im Hafen zeigt deutlich: Es geht wieder aufwärts!

6.2. Das Mittelwort der Vergangenheit (2. Partizip)

Gewußt, wie! *Weißgekalkte* Hauswand, *verseuchte* Umwelt, *geplagter* Biotop. *Gebranntes* Kind scheut das Feuer. — Das ist nur ein *verrosteter* Nagel. — Halb *besoffen*, ist *weggeworfenes* Geld. — *Gewaschen* und *gekämmt*, bist du ein ganz ordentlicher Mensch. — Sie hielt ihr *gegebenes* Wort. — Gut *begonnen*, ist halb *gewonnen*. — Hat das Kalb die Milch schon *gesoffen*? — Wie *gewonnen*, so *zerronnen*.
Deutschland bleibt nicht auf ewig *geteilt*. Die Rechnung wird noch *geschrieben*. Viele sind *gerufen*, wenige *auserwählt*.
Viele Staaten haben die Umwelt *verseucht*, lange Zeit *geschwiegen*, die ganze Welt *erschreckt* und in Angst *gehalten* und ein bißchen später *vorgeschlagen*, die Länder sollten in Zukunft ihre Nachrichten besser austauschen. Darauf hat mancher vor Verwunderung den Kopf *geschüttelt*. Hoffentlich halten sich die Besserwisser („Klugscheißer") in Zukunft daran.

Aufpassen: Wenn etwas verwunderlich ist oder wenn man etwas plötzlich, hastig oder Hals über Kopf tut, dann wird „ge" vorgestellt: aus dem Busch *ge*saust.

Der jähzornige Kerl hat mir mit einem Mal den Teller an den Kopf *ge*worfen. — Plötzlich hat ihn solche Angst überwältigt, daß er mit seinem Revolver in die Dunkelheit *ge*schossen hat.

So — und nun hatte der große Gummibaum dann schon — rund um seinen Stamm — unter all seinen Zweigen — acht kräftige Beine ... auf 13 Meter hohen — fauststarken — selbst*ge*machten Stützen. Er sich unversehens um*ge*dreht und ab nach draußen.

6. Mittelwörter (Partizipien)

6.1. Das Mittelwort der Gegenwart (1. Partizip) als Beifügung (attributiv)

kullern: a) Infin.: kugeln, rollen, b) Partiz.: kugeln*d*, rollen*d*
En *kullern* Steen sett keen Moos an. — Keen „d", man graad de Grundform: *singen* Vagels, *kreihen* Hähn, *tickern* Fernschrievers, *flackern* Mattschieven, *roken* Schosteens, *steensmieten* Huusbesetters, *rüken* Gülle.
He stuun mit'n *lachen* Gesicht vör ehr. — Laat *slapen* Hunnen liggen.
Gnarren Wagens hollt op't längst.
De *drauhen* Regenwulken wörrn jümmer grötter.
Bi den *dröhnen* Dunner kunn ik nich slapen.
De *anstiegen* Ümslag in'n Haben wiest düütlich: Dat geiht wedder in de Hööcht (= opwarts)!

6.2. Das Mittelwort der Vergangenheit (2. Partizip)

Weten, woans! — Witt*kalkte* Huuswand, *versüükte* Ümwelt, *plaagt* Biotop.
Brennt Kind hett Angst vör't Füür. — Dat's man'n *verrosten* Nagel. — Half *besapen*, is *wegsmeten* Geld. — *Wuschen* un *kämmt*, büst du'n ganz origen Minschen. — Se höll ehr *geven* Woort. — Goot *begunnen*, is half *wunnen*. — Hett dat Kalf de Melk al *sapen*? — As *wunnen*, so *runnen*.
Düütschland blifft nich op ewig *deelt*. De Reken warrt noch *schreven*.
Vele Lüüd sünd *ropen*, wenige *utwählt*.
Vele Staaten hebbt de Ümwelt *versüükt*, lange Tiet *swegen*, de ganze Welt *verschreckt* un in Angst *hollen* un en beten later *vörslaan*, de Länner schullen in Tokunft ehr Narichten beter uttuschen. Dunn hett männigeen vör Verwunnern den Kopp *schüddelt*. Sachs hoolt sik de Klookschieters in Tokunft doran.

Oppassen: Wenn wat wunnerlich is or wenn en wat op'n Stutz, fix or överkopp deit, denn warrt „ge" dorvörsett[1]: ut den Busch *ge*suust.
De jachmödige Keerl hett mi mit'n Maal den Töller an'n Kopp *ge*smeten. — Jach hett he dat so mit de Angst kregen, wat he mit sienen Revolver in de Düsternis *ge*schaten hett.
So — un nu harr de groot Gummiboom denn al — rund um sien' Stamm — unner all sien Tellns — acht stebige Been ... op 13 Meter hooge — fustfaste — sülbst*ge*mokte Stütten. — He sik boots ümgedreiht un af na buten.

---

[1] in enkelte Gegenden nich begäng.

7. Tätigkeitswörter (Verben)

7.1. Haben (2. Mittelwort: gehabt) Sie ist Dreißigerin/dreißig (Jahre alt).

ich habe	wir haben	(Regional	Ich habe einen neuen Wagen.
du hast	ihr habt	auch:	Du hast schon wieder was zu
er, sie, es	sie haben		nörgeln! Der Bursche hat sein
hat	Sie haben		Mädchen von Herzen lieb. Sie haben
			jeder einen schönen Blumenstrauß.

Haben Sie einen großen Garten? Er hat viel Geld. Habt ihr die Fahrkarten? – Der Besuch ist hier gewesen. Sie sind früher mal reich gewesen.

Sehen (2. Mittelwort: gesehen)

ich sehe, du siehst, er sieht,   Dort hinten sehe ich sechs Schafe.
wir/sie/Sie sehen, ihr seht.   Nun sehen Sie, was Sie angerichtet
   haben. Wenn du nichts siehst,
mußt du dir eine Brille kaufen. Er sieht aus wie sein eigener Großvater.
Ihr seht die Umweltverseuchung, aber ihr tut nichts.

Sagen (2. Mittelwort: gesagt)

ich sage, du sagst, er sagt,   Hast du ihr gesagt, sie solle nicht
wir/Sie/sie sagen, ihr sagt.   immer in der Küche bleiben? Man
   sagt, Wurzeln (Karotten) seien gut
fürs Blut. Du sagst, er sei unfreundlich. Aber wenn du immer gähnst, wenn er gerade von seinen Segelfahrten (Seglersprache siehe Platt!) erzählt, das muß ihn ja verärgern.

Sein (2. Mittelwort: gewesen)

ich bin, du bist, er ist,   Sind Sie schon im Sachsenwald
wir/Sie/sie sind, ihr seid.   gewesen? Dort ist das Grab Bismarcks, des Schmiedes des (Zweiten) Deutschen Reiches.

Sag mal, bist du nicht der Zwillingsbruder von . . .
Nein, ich bin sein Vetter. Was ist das gestern für ein Gegacker gewesen? Als Jochen sich ein paar Bickbeeren holen wollte, ist da eine Ameise im Kühlschrank gewesen. Unser Tennis-As liegt noch gut im Rennen. Ja, bisher ist ihm niemand überlegen.

7. Tätigkeitswörter (Verben)

7.1. Hebben (2. Mittelwort: hatt)

ik heff	wi hebbt (Regional	Se hett de Dörtig to faten.
du hest	ji hebbt auch:	Ik heff en nien Wagen.
he, se, dat	se hebbt hebben)	Du hest al wedder wat to quesen!
hett	Se hebbt	De Jungkerl hett sien Deern von
		Harten leef. Se hebbt elkeen en
		schönen Rükelbusch (= Blomen-
		struuß).

Hebbt Se en groten Goorn? He hett veel Geld. Hebbt ji de Fohrkorten? Regional: De Besöök *hett* (statt: is) hier west. Se *hebbt* (sünd) fröher maal riek west.

Sehn (2. Mittelwort: sehn)

ik seh, du sühst, he süht,   Dor hinnen (= achter) seh ik söß
wi/ji/Se/se seht (ok: sehn)   Schaap.Nu seht Se, wat Se anricht't
hebbt. Wenn du nix sühst, muttst di
en Brill köpen. He süht ut as sien egen Grootvadder. Ji seht de Ümweltsüük, avers ji doot nix.

Seggen (2. Mittelwort: seggt)

ik segg, du seggst, he seggt,   Hest ehr seggt, se schull (Konj.!)
wi/ji/Se/se seggt (= seggen)   nich jümmer in de Köök blieven?
En seggt, Wötteln weern goot för't
Bloot. Du seggst, he weer ünnerfiendsch. Avers wenn du jümmer hujahnen deist, wenn he graad von sien Seiltörns vertellt, dat mutt em jo vergretzen.

Wesen/Sien (2. Mittelwort: west/sien)

ik bün, du büst, he is,   Sünd Se al in's Sassenwoold west?
wi/ji/Se/se sünd.   Dor is dat Graff von Bismarck,
den Smitt von't (Tweete) Düütsche Riek.

Segg maal, büst du nich de Tweschenbroder von . . .
Ne, ik bün sien Vedder. Wat is dat güstern för'ne Kakelee west? As Jochen sik en poor Bickbeern hollen wull, is dor en Mier (Miegeem) in't Iesschapp west. Us Tennis-Crack liggt noch goot in't Rennen. – Jo, bether to is em nüms över.

Liegen (2. Mittelwort: gelegen)

Ich liege, du liegst, er, sie, es liegt, wir/Sie/sie liegen, ihr liegt.

1. Immer wenn (Sobald) er ein bißchen Geld auf der Bank hat, schwelgt er wieder von seinem Reichtum. 2. Kann ich dich noch Viertel nach elf anrufen? 3. Nein, um die Zeit liege ich schon in der Falle (im Bett). Ruf' mich man halb zehn an. — 4. Oh, wie bin ich müde! — Ja, das sehe ich. Du solltest dich hinlegen. 5. Es liegt an dir selbst, wenn du dich immer wieder erkältest.

Lügen (2. Mittelwort: gelogen)

Ich lüge, du lügst, er, sie, es lügt, wir/Sie/sie lügen, ihr lügt,

1. Sag mal, warum ist das Mädchen so mürrisch? — Weiß nicht. — 2. Du kennst sie doch gut. Du mußt es doch wissen. — 3. Ich müßte lügen. Vielleicht ist ihr der Freund weggelaufen. 4. Dem neuen Reisenden darf man nicht trauen. 5. Der lügt, ohne rot zu werden. 6. Ja, der will einen mit vielen Worten verdummen. 7. Mir läuft es kalt den Rücken hinunter, wenn ich bedenke, wie du kürzlich gelogen hast. 8. Ihr müßt nicht so viel Wesens machen, wenn andere Leute mal übertreiben. 9. Ihr selbst lügt doch, daß sich die Balken biegen.

Werden (2. Mittelwort: geworden)

Ich werde, du wirst, er, sie, es wird, wir/Sie/sie werden, ihr werdet.

1. „Ich werde dies Jahr achtzig", sagte der Alte stolz. 2. Auf diesem Schlag werden die Kartoffeln größer. 3. Die Länder der dritten Welt sind immer ärmer geworden. 4. Wenn Hein so weitermacht, wird er noch vor die Hunde gehen. 5. Du wirst noch erleben, daß die Leute froh sind, wenn sie Arbeit und ein Dach über dem Kopf haben. 6. Nun fängt das Jammern/Gejammer wieder an! Anders herum wird ein Schuh d'raus: 7. Sobald alles wieder läuft, werden höhere Löhne und bessere Wohnungen geboten werden. 8. Dir ist dein Posten zu Kopf gestiegen. Nun weißt du kein Maß zu halten. 9. Bei einem Jungen sagt man: „Ihn sticht der Hafer". 10. Aber mancheiner wird nicht klug, und wenn er noch so alt geworden ist.

Leben (2. Mittelwort: gelebt)

Ich lebe, du lebst, er lebt, wir/Sie/sie leben, ihr lebt.

1. Karl hat lange in Spanien gelebt, aber sein Platt hat er nicht vergessen. 2. Solange wir genug zu leben/zu essen/zum Leben haben, geben wir nicht auf. 3. Ein Apotheker lebt nicht schlecht, wenn ihm kein anderer Pillendreher ins Gehege kommt. —

Liggen (2. Mittelwort: legen)

ik ligg, du liggst, he, se, dat liggt, wi, ji, Se, se liggt (= liggen)   1. Jümmer wenn (Sodraad) he'n beten Geld op de Bank to liggen hett, swöögt he wedder von sienen Riekdom. 2. Kann ik di noch Veddel na ölben anropen? 3. Ne, üm de Tiet ligg ik al in de Puuch. Roop mi man halbig teihn an. — 4. Oh, wat bün ik mööd! — Jo, dat seh ik. Du schust liggen gahn. 5. Dat liggt an di sülben, wenn du di jümmer wedder verküllst.

Legen (2. Mittelwort: lagen)

ik leeg, du lüggst, he, se, dat lüggt, wi, ji, Se, se leegt (= legen).   1. Segg maal, worüm is de Deern so suurmuulsch? — Weet nich. — 2. Du kennst ehr doch goot. Du muttst't doch weten. — 3. Dor schall ik üm legen. Villicht is ehr de Jungkeerl weglopen. — 4. Den nien Handelsmann droffst nich truen. 5. De lüggt, ahn rood to warrn (ahn sik rood antosteken). — 6. Jo, de will'n dumm un dösig snacken. 7. Mi löppt dat koolt den Rüch hendaal, wenn ik bedenken do, wo du kortens lagen hest. 8. Ji mööt nich so veel Weeswark maken, wenn anner Lüüd maal överdrievt. 9. Ji sülben leegt doch, wat sik de Balken böögt.

Warrn (2. Mittelwort: worrn)

ik warr, du warrst, he, se, dat warrt, wi, ji, Se, se ward.   1. „Ik warr dit Johr tachentig", sä de Ool stolt. 2. Op dissen Slag ward de Kantüffeln grötter. 3. De Länner von de drütte Welt sünd jümmer armer worrn. 4. Wenn Hein so wiedermaakt, warrt he noch vör de Hunnen gahn. 5. Du warrst noch beleven, wat de Lüüd froh sünd, wenn se Arbeit un'n Dack över'n Kopp hebbt. 6. Nu fangt dat Gedibber wedder an! Anners rüm warrt dor en Stevel ut: 7. Sodraad allens wedder löppt, ward högere Löhn un betere Wahnungen baden warrn. 8. Di is dien Posten to Kopp stegen. Nu weetst du keen Maat to hollen. 9. Bi enen Jung seggt'n: „Em stickt de Haver." 10. Avers männigeen warrt nich klook, un wenn he noch so oold worrn is.

Leben/Leven (2. Mittelwort: leebt/leevt)

Ik leeb/leev, du leebst/leevst, he, se, dat leebt/leevt, wi, ji, Se, se leebt/leevt.   1. Korl hett lang in Spanien leevt, avers sien Platt hett he nich vergeten. 2. Solang wi noog to leven/ to eten/ to'n Leven hebbt, geevt wi nich op. 3. En Afteker leevt nich slecht, wenn em keen anner Pillendreiher in't Geheeg kümmt. — Avers de Kusenbrekers leevt beter (Ku-

Aber die Zahnklempner leben besser. Nur wenn ein Zahnarzt Zahnschmerzen hat, dann verschwinde!

Legen (2. Mittelwort: gelegt)

ich lege, du legst, er, sie, es legt, wir/Sie/sie legen, ihr legt.

1. Gestern wollte ich noch etwas mit dir klöhnen (sprechen), aber du warst wohl nicht zu Haus, als ich anrief. 2. Doch, ich bin den ganzen Abend hier gewesen. Wann hast du denn angerufen? 3. Zehn Uhr. – Um zehn hatte ich mich gerade hingelegt. 4. Dann hätte ich dich hören müssen. Moment! Hattest du deine Uhr schon gestern zurückgestellt? 5. Klar, gestern fing die Winterzeit an. – Nein, mein Jung'! Heute nacht 12 Uhr werden die Uhren zurückgestellt. 6. Kein Wunder, daß ich dich nicht gehört habe. 7. Sag mal, machst du gar keine Trecker mehr (= stellst du keine Zugmaschinen/ Ackerschlepper mehr her)? 8. Nein, ich habe meine Produktion umgestellt und mich auf Lagerfahrzeuge gelegt. 9. Ich lege lieber einen Teil still und halte die Kosten niedrig, als alles aus der Hand zu legen, wie Hinnerk es letzte Woche getan hat. 10. Mancher fleißige junge Mann hat sein Geld nicht angelegt, sondern verjubelt. 11. Es nützt nichts, wenn man beim Ausmisten angestrengt arbeitet, sondern man muß wissen, wie das Stroh gelegt worden ist. Man muß die Lagen kennen. (Einzahl: die Lage).

7.2. Umschreibung mit „doon" (tun)

Wenn man im Englischen etwas besonders betonen will, kann man (es) mit „to do" umschreiben: Sei (doch) ruhig! / Ich freue mich, daß Sie nach allem doch geantwortet haben. Und im Plattdeutschen? „Trinken tut er nicht mehr". Im Plattdeutschen ist es meistens nicht wesentlich anders. Was jemand will, weil es ihm wichtig ist, aber nicht gewiß, wird mit „doon" umschrieben. Was man zu tun pflegte (und was im Englischen mit „used to" = „would" oder mit der „ing-Form" gesagt wird), das wird im Niederdeutschen mit „doon" umschrieben. Anders ausgedrückt (mit anderen Worten):

Wenn man im plattdeutschen Satz ein Verb verwendet, das einem besonders wichtig ist, dann mag der Plattdeutsche gern das Wort „doon" hinzunehmen.

Laurits Salveit gibt die Beispiele „Haben *tun* wir alle einen", „Können *tut* er auch was", „Wenn er das Pferd nur kaufen *wollte/würde*!", „Ich *werde* doch meinen Fisch nicht stehlen!". In allen diesen (plattdeutschen!) Sätzen steht das Verb als Infinitiv da, wo es besonders auffällt, und die Verneinung steht direkt davor.

sen = Backenzähne). Bloots wenn en Tähndokter Tähnpien hett, denn wohr di weg!

Leggen (2. Mittelwort: leggt)

ik legg, du leggst, he, se, dat leggt, wi, ji, Se, se leggt (= leggen) 1. Güstern wull ik noch'n beten mit di snacken, avers du weerst woll nich to Huus, as ik anreep. 2. Doch, ik bün den ganzen Avend hier west. Wonehr hest du denn anropen? 3. Klock teihn. – Klock teihn harr ik mi jüst op de Siet leggt. 4. Denn harr ik di hören müßt. Momang! Harrst du dien Klock al güstern trüchstellt? 5. Kloor, güstern fung de Winterstiet an. – Ne, mien Jung! Hüüt nacht Klock twölf ward de Klocken trüchstellt. 6. Keen Wunner, wat ik di nich höört heff. 7. Segg maal, maakst du gor keene Treckers mehr? 8. Ne, ik heff miene Produkschoon ümstellt un mi op Lager-Fohrtüüg leggt. 9. Ik legg lever en Deel still un holl de Utgiften (= Kösten) minn (= lütt), as allens ut de Hannen to leggen, as Hinnerk dat verleden Week daan hett. 10. Männigeen flietig (nerig) Jungkeerl hett sien Geld nich anleggt, man verhuchheit. 11. Dat bringt nix, wenn'n bi't Utmissen fohrwarken deit, ne, en mutt weten, woans dat Stroh leggt worrn is. En mutt de Leggen kennen. (Eentall: de Legg)

7.2. Umschreibung mit „doon" (tun)

Wenn'n in't Ingelsch wat besünners herutstellen will, kann'n mit „to do" ümschrieven: Do be quiet! / I am glad you did answer after all. Un in't Plattdüütsch? „Drinken deit he nich mehr." In't Plattdüütsch is't meisttiets nich veel anners. Wat en will, wieldat em't wichtig is, avers nich wiß, warrt mit „doon" ümschreven. Wat'n to doon pleeg (un wat in't Ingelsch mit „used to" = „would" or mit de „ing-Form" seggt warrt), dat warrt in't Nedderdüütsch mit „doon" ümschreven. Annersrüm vertellt: Wenn'n in'n plattdüütschen Satz en Verb verwennt, dat'n besünners wichtig is, denn mag de Plattdüütsche geern dat Woort „doon" hentonehmen.

Laurits Salveit[1] gifft de Bispillen „Hebben *doot* wi all een", „Könen *deit* he ok wat", „Wenn he dat Perd man köpen *deit*!", „Ik *do* doch mienen Fisch nich stehlen!". In all disse Sätz steiht dat Verb as Infinitiv dor, woneem dat besünners opfallt, un dat „nich" steiht direkt dorvör.

---

[1] „Syntax", in: Cordes/Möhn, Handbuch zur niederdeutschen Sprach- und Literaturwissenschaft, 3.4.3.4. un 3.4.2.5.).

Der Mecklenburger Fritz Reuter schreibt:
„... und daß Axel darauf verfiel, beweist, daß es mit seinem Stolz als Mann und als Edelmann (*jetzt*) gefährlich bergab ging."

„... und nun sollte er dem Hawermann das Gehalt geben ... und er wußte gar nicht mal, ob seine Kasse auch langen *würde*."

Der Finkenwerder Rudolf Kinau meint:
„... und habe ein Gesicht gemacht, als wenn mir die ganze Bahn allein gehörte (gehören *würde*: Konjunktiv bzw. Konditional für den Irrealis)."

„... Rasen auf jeder Seite. Und der wird jede Woche einmal gemäht ... Damit da ja (bloß) keine kleine Blume ... dazwischenkommt! ... und damit sich da kein Maulwurf ranwagen *möge* (= damit sich nicht *etwa* ein M. daranw*age*)! ... Wenn es bei uns Menschen doch auch so wäre! Daß einer den anderen so gelten ließe (lassen *würde*), wie er ist! Daß niemand von sich meinte (meinen *sollte*): Er sei dreimal so klug ..."

„Daß ihr euch hier ... rumtreiben *mögt*?!" ... „Sie (gemeint: die Möwen) schlugen sich den Bauch voll — mit allem, was ihnen *irgend* vor den Schnabel kam (= ... vor den Schnabel kommen *mochte*)."

„Nun bin ich auch mit dorthin gefahren (= ... auch mal dort gewesen) — nach so einem großen, dicken Berg, der ab und zu Feuer speiht (zu speihen *pflegt*)."

„... nach dem Mond rauf ... Sie wollen nun mit aller Kraft irgendwohin, wo es noch gar keinen Menschen gibt („geben *tut*" analog zu „zu finden *ist*": Verb zur Betonung in der Grund- oder Nennform, die ja die Handlung am deutlichsten benennt.)."

Magreta Brandt, von der Elbe auf der Holsteiner Seite, schreibt:
„Zündet man ein Licht an, wird es hell, heißt es. So laßt uns was dabei und hoffen, daß auch in unserem Alter ein Licht hell leuchten *möge*!"
„Vater mag sich wohl nachts auf seinem Bettlaken hin- und herwälzen, *wann immer* er an die mageren Zahlen und seinen kleinen Jan-Hinnerk denkt (= wenn er an ... denken *muß*)."

Und der Hamburger Günter Harte sagt:
„Wir paßten als Jungen stets sehr auf, daß uns niemand anfuhr (*auf keinen Fall* jemand anfuhr)." „Die Platten, die der alte freundliche Wirt uns aufzutischen *pflegte*, da läuft mir noch heute das Wasser im Mund zusammen." „Aber wenn ich das *so* bedenke: Jeder nach seinem Geschmack, heißt es ja." „Man soll dem Ochsen, der *das Dreschen besorgt*, das Maul nicht verbinden."

Schließlich sollten wir noch den Niedersachsen Heinrich Behnken anhören:

De Meckelnbörger Fritz Reuter[1] schrifft:
„...un dat Axel dorup verföll, bewis't, dat dat mit sienen Stolz as Mann un Eddelmann gefährlich bargdal gahn *ded*."
„...un nu süll hei Hawermannen sin Gehalt gewen ... un hei wüßt gor nich mal, wat sin Kass' ok langen *ded*."
De Finkwarder Rudolf Kinau[2] meent:
„...un hebb'n Gesicht mokt, as wenn mi de ganze Bohn alleen hörn *dä*."
„... Rasen up jeeder Siet. Un de ward jeeder Week eenmol meiht ... Dat doar blooß keen lütte Bloom ... twüschen kummt! ... un dat sik doar keen ... Mullwupp ranwogen *deit*! ... Wenn't bi uns Minschen doch ok so wür! Dat een den annern so gelln loten *dä*, as he is! Dat nüms van sick meenen *dä*: He wür dreemol so klook ...".

„Dat Ji Jo hier ... rümdrieben *doot*?!" ... „Se (gemeint: de Meeben) haun sick den Buk vull – mit allens, wat jem vör'n Snobel kommen *dä*."

„Nu bün ik doar ook mol mit hin wesen – no son grooten dicken Barg, de af un an ... Füer speen *deit*."

„... no'n Mond rup ... Se wöt nu mit Gewalt eenerwegens hin, nem dat noch goarkeen Minschen geben *deit*."

Magreta Brandt[3], von de Elv op de Holsteener Sied, schrifft:
„Stickt'n Lichten an, warrt dat hell, heet dat. So laat uns wat darbi doon un höpen, wat ok in uns 'Öller en Licht hell lüchten *deit*!" „Vadder mag wull nachts op sien Bettlaken hin- un herwülltern, wenn he an de magern Tellen un sienen lütten Jan-Hinnerk dinken *deit*."

Un de Hamborger Günter Harte[4] seggt:
„Wi passen as Jungs mächtig op, dat uns keeneen anfeuhren *dä*." „De Platten, de de oll fründliche Wirt uns opdischen *dä*, dor loppt mi noch hüüt dat Woter in'n Mund tosomen." „Ober wenn ik mi dat bedenken *do*: elkeen no sien Möög, heet dat jo." „En sall den Ossen, de dor döschen *deit*, dat Muul nich verbinnen."

Opletzt schulln wi noch den Neddersassen Heinrich Behnken[5] anhören:

---

[1] Ut mine Stromtid, Philip Reclam, Jun. Stuttgart, 1964, Zweiter Teil, Seite 534 und 535.
[2] Land in Sicht (1965) Seite 83, 8, 58, 59, und: Langs de Küst (1968) Seite 88, 89, Quickborn-Verlag GmbH, Hamburg.
[3] „Gesine Oldenborg (1957)", in: Hackels ut de Reetdack-Kaat, Verlag Georg Christiansen, Itzehoe, 1972, Seite 93, un „Bi Jan-Hinnerk in de Köök", a.a.O., Seite 127.
[4] „Lütt beten Platt mit't Abendblatt – die Wochenend-Plauderei von G.H.", im: Hamburger Abendblatt (Daten nicht gesammelt).
[5] „Unruhige Nacht", in: Scharp un sööt, Verlag der Fehrs-Gilde, Hamburg, 1970, Seite 12.

„Sie wußte gar nicht, wie es *nur* anging (= wie es nur möglich war), aber sie konnte und konnte nicht einschlafen; ob sie sich *nun* auf die linke oder rechte Seite drehte (drehen *mochte*) . . . der Schlaf wollte nicht kommen."

Wer diese Sätze ins Latein übersetzen will, weiß wohl, daß er häufig den Konjunktiv gebrauchen muß, das heißt, immer dann, wenn der Lateiner etwas will oder Angst vor etwas hat (und davon einen Satz bildet). Das gilt auch für Französisch und Spanisch, zum Beispiel nach einem großen Teil von Konjunktionen. — Wird auch im Französischen mit „faire" (= tun) umschrieben? Ja, wenn „ne . . . que" (= nur) dem Verb zugehört: Au lieu de vivre, il ne *fait* que travailler (= Anstatt zu leben, „*tut* er nur arbeiten". Anders wäre der Satz „Il ne *fait rien* que travailler". = Er *tut nichts* als arbeiten). — Wer aber nicht so scharf auf Fremdsprachen ist, der soll die Finger (wörtlich: Hände) davon lassen und lieber Plattdeutsch lernen. Das ist nicht so schwierig.

Nachweise der Verfasser im plattdeutschen Teil.

Hier sollen statt dessen Meyer/Bichel (vgl. Lit. Verz.) zu Wort kommen:

Umschreibung mit „doon"
1. Im *Haupt*satz, um den Begriff des Verbs in allgemeiner Form zu erweitern und zu ergänzen: „Dorbi woor snackt un spaaßt un *daan*, dat de Tiet vergüng as in en Droom" (Fehrs). Bei M/B Seite 103
2. Im *Haupt*satz am Satzanfang zur Hervorhebung des Verbs: Rutkamen *deit* he nie. — Verstahn *deit* se allens. Bei M/B Seite 104
3. Im *Neben*satz allgemein gebräuchlich; zur Verstärkung des Verbs: „De Wind wörr ümmer duller, dat de ganz oll Kaat bevern *de*."

(Schetelig)

7.3. Wortschatzerweiterung und Wiederholung

1. Er hat seit Wochen Alpträume (Kopfschmerzen). 2. Das habe ich auch gehabt, als ich noch jede Nacht zwei Stunden zu lange im Bett gelegen habe. 3. Sieben Kräne/Kraniche sind dort zu sehen — drei große aus Eisen und vier kleine im Federkleid. 4. Auf englisch heißen sie „cranes". 5. Früher haben die Leute unwissend in den Tag gelebt, aber heutzutage sind sie viel klüger! 6. Wenn ihr gefragt werdet, wo(hin) es zum Bauern Ackermann geht, dann sagt man: „Geradeaus!", denn ich mag heute keinen Besuch haben. 7. Das Futter wird auf die Schiebkarre gelegt. 8. Alles, was wichtig ist, ist schon gesagt worden. 9. Und was man jetzt noch sieht, braucht man nicht zu sagen. 10. Ich weiß nicht, warum er immer so lange aufbleibt (aufbleiben mag). 11. Der Kanarienvogel hat fünf Jahre gelebt. 12. Es ist zwar schon viel gelogen worden, aber diesmal (= dieses Mal) glaube ich es. 13. Was sagst du? Sie liegt schon wieder

„Se wüß gar nich, wo't angahn *dä*, aber se kunn un kunn nich slaap warrn; wat se sik op de linke oder rechte Siet dreihn *dä* . . . de Slaap wull nich kamen."

Keen disse Sätz in't Latien översetten will, weet woll, wat he fakens den Konjunktiv bruken mutt, dat heet, jümmer denn, wenn de Latiener wat will or Angst vör wat hett (un dor'n Satz von maakt). Dat gellt ok för Franzöösch un Spanisch, to'n Bispill na en groten Deel von Konjunkschonen. — Warrt ok in't Franzöösch mit „faire" (= doon) ümschreven? Jo, wenn „ne . . . que" (= nur) dat Verb tohöört: Au lieu de vivre, il ne *fait* que travailler (= Statts to leven, „*deit* he bloots arbeiten". Anners weer de Satz „Il ne *fait rien* que travailler". = He *deit nix* as arbeiten). — Keen avers nich so scharp op Frömdspraken is, de schall de Hannen von af laten un lever Plattdüütsch lehren. Dat knippt nich so.

7.3. Wortschatzerweiterung und Wiederholung

1. He hett sörr (= siet) Weken Mahrgräsen (= Koppien). 2. Dat heff ik ok hatt, as ik noch elk Nacht twee Stünnen to lang in't Bett (in de Fall) legen heff. 3. Söben Kranen sünd dor to sehn — dree grote ut Iesen un veer lütte in'n Fedderkleed. 4. Op ingelsch heet se „cranes" (Kräne und Kraniche). 5. Fröher hebbt de Lüüd ahnweten in den Dag leevt, avers hüüttodaags sünd se veel klöker! 6. Wenn ji fraagt ward, woneem dat to'n Buurn Ackermann geiht, denn seggt man: „Liekut!", denn ik mag hüüt keen Besöök hebben. 7. Dat Foder warrt op de Schuufkaar leggt. 8. Allens, wat wichtig is, is al seggt worrn. 9. Un wat'n nu noch süht, bruukt'n nich to seggen. 10. Ik weet nich, worüm he jümmer so lang opblieven deit. 11. De Kanarrnvagel hett fief Johr leevt. 12. Dat is twors al veel lagen worrn, avers ditmal glööv ik dat. 13. Wat seggst

auf meiner Luftmatratze? 14. Düsenflugzeuge sind wohl schneller als Motorflugzeuge, aber sie fliegen auch höher, und aus der Höhe kann man nichts mehr sehen. 15. Das soll wohl so sein, damit die Gäste an Bord besser schlafen können und nicht dem Piloten hinderlich sind. 16. Die Worte werden gesagt/Das ist gewesen./Habt ihr es gehabt? 17. Hat sie euch gefragt?/Man hat uns reingelegt. 18. Was wird nun werden? Pokern will gelernt sein. 19. Einerlei, ich kann es nicht ausstehen. 20. Ich habe mir das Buch schon zurechtgelegt, damit ich es nicht in der letzten Minute vergesse (vergessen möge). 21. Die gestampften Kartoffeln[1], die ihre Mutter uns auftischte, sind oft gepriesen worden – von manchem Feinschmecker. 22. Wer (Im Platt auch: De) es bisher fast alles gewußt hat, (der) hat gewonnenes Spiel! 23. Sonst weiß er zumindest, daß er sein Geld nicht vergebens ausgegeben hat. 24. Und jetzt noch schnell etwas für die Leser, die (wie verrückt) „pauken" mögen: 25. Liegst du?/Sie lügt!/ihr legt. 26. Wir haben gelegen./Habt ihr gelogen? 27. Wir sind gewesen./du hast gehabt. 28. Ich habe gelegt./Sie liegt. 29. Ich lüge nicht./Ihr könnt es gebrauchen (= benutzen) ODER brauchen (möglicherweise nötig haben). 30. Er glaubte, die Buschmänner seien schon vor der Einwanderung der Bantus (= Neger) in Südafrika fast zugrunde gegangen. 31. „Grasland" („Mahdland"), „häufe(l)n", „Kraut" und „Molke" heißen auf friesisch (siehe plattdt. Teil) ... Das ist fast wie Platt. – Nein! Das scheint nur so. Die Friesen kann man nicht verstehen. Deren Sprache ist ganz anders.

7.4. Können (2. Mittelwort: gekonnt)

Ich kann, du kannst, er/sie/es kann, wir/Sie/sie können, ihr könnt

1. Können Sie nicht den Führerschein machen, um auch zu einer abgelegenen Stelle irgendwo zu fahren? 2. Worauf wollen Sie hinaus? 3. Von zehn nach sieben bis zwanzig vor drei kannst du mich im Treibhaus anrufen. 4. Warum kann ich dich nicht um fünf nach sieben anrufen? 5. Weil mir das ungelegen kommt, wenn ich gerade den Laden in Gang/Schwung bringe. 6. Aber dein Meister hat dabei noch telefonieren können. 7. Ja, der hat reden können, weil ich die Arbeit getan habe. 8. Mir schwante schon so etwas. 9. Halt bloß das Maul/den Mund, du Besserwisser (Klugschnacker)!

Müssen (2. Mittelwort: gemußt)

ich muß, du mußt, er/sie/es muß, wir/Sie/sie müssen, ihr müßt

---

[1] Stampfkartoffeln.

du? Se liggt al wedder op miene Luftmatratz? 14. Düsenflegers (Mien Vörslag: Düsenfloogtügen) sünd woll gauer as Motorflegers (Motorfloogtügen), avers se fleegt ok höger, un ut de Hööch kann'n nix mehr sehn. 15. Dat schall woll so wesen, dat (= ümdat) de Gäst an Boord beter slapen köönt un nich den Piloten hinnern doot. 16. De Wöör ward seggt./ Dat is west (= wesen). / Hebbt ji dat hatt? 17. Hett se ju fraagt?/En hett us rinleggt. 18. Wat warrt nu warn? Pokern will lehrt wesen. 19. Eendoon, ik kann't nich hebben. 20. Ik heff mi dat Book al trechleggt, dat (= wat) ik dat nich in de letzte Minuut vergeten do. 21. De stoovten Kantüffeln, de ehr Mudder us opdischen dä, sünd oftins priesen worrn von männigeen Leckertung. 22. Keen't bether to meist allens weten hett, (de) hett wunnen Spill! 23. Anners weet he tomist, wat he sien Geld nich vergeevs utgeven hett. 24. Un nu noch gau wat för de Lesers, de „för dull lehren" möögt: 25. Liggst du?/Se leegt!/ji leggt. 26. Wi hebbt legen./Hebbt ji lagen? 27. Wi sünd west (= wesen)./Du hest hatt. 28. Ik heff leggt./se liggt. 29. Ik leeg nich./ji köönt dat bruken. 30. He glööv, de Buschmanns weern al vör dat Inwannern von de Bantus (= Negers) in Süüdafrika meist ünnergahn (vör de Hunnen gahn). 31. „Meed", „hüpen", „Kruut" un „Waddik" heet op freesch „Meedland", „huppen", „Krüüd" un „Waddick". Dat is meist as Platt. — Ne! Dat lett[1] man so (= Dat schient bloots so). De Fresen kann'n nich verstahn. De ehr Spraak is heel anners.

7.4. Könen (2. Mittelwort: kunnt)

Ik kann, du kannst, he/se/dat kann, wi/ji/Se/se köönt (= könen)

1. Köönt Se nich den Föhrerschien maken, üm ok to en afsiets Stell enerwegens to fohren? 2. Wo wüllt Se op to? 3. Von teihn na söben bet twintig vör dree kannst mi in't Drievhuus anropen. 4. Worüm kann'k di nich üm fief na söben anropen? 5. Wieldat mi dat ungelegen kümmt, wenn'k den Laden in Gangen bringen do. 6. Avers dien Meister hett dorbi noch (= hett dor noch bi) telefoneren kunnt. 7. Jo, de hett snacken kunnt, wieldat ik de Arbeit daan heff. 8. Mi swaan al sowat. 9. Holl bloots dien Muul, du Klookschieter!

Möten (2. Mittelwort: müßt)

ik mutt, du muttst, he/se/dat mutt, wi/ji/Se/se mööt (= möten)

---

[1] vgl.: „Es läßt, als ob die Fahrzeuge hoch in die Luft hinauf segelten . . ." (Lorenz Lorenzen, Genaue Beschreibung der wunderbaren Insel Nordmarsch 1749, Neudruck: Helmut Buske Verlag, Hamburg, 1982, S. 74).

1. Du mußt dir einen größeren Hund kaufen zum Wachen. 2. Dieser wird ja noch größer. 3. Dann muß er aber bald wachsen; sonst wird er zu alt. 4. Müssen wir morgen zu der Auktion fahren? 5. Ja, das müssen wir, aber das ist leicht getan/leicht zu tun. 6. Warum hat er plötzlich seine Schaluppe abgestoßen? 7. Er sagt, er hat es gemußt. 8. Diese Woche muß er zwei hohe Rechnungen bezahlen und einen Wechsel einlösen. 9. Seine Fischerei kann er sich dann an den Hut stecken. — Ja, das ist vorbei.

Sollen (2. Mittelwort: gesollt)

Ich soll, du sollst, er/sie/es soll, wir/Sie/sie sollen, ihr sollt

1. Wir sollen ihn später am Tag besuchen. 2. Das soll ein ganz kleines Dorf sein. 3. Sie hat/hatte (auch: hätte) erst fragen sollen. (Warum nicht „gesollt"? Es heißt doch: Sie hätte es gesollt. Nach voraufgehender Grundform steht das 2. Mittelwort auch in der Form eines Infinitivs — aber nur im Hochdeutschen!) — 4. Du sollst die Ware in vierzehn Tagen abliefern.

Singen (2. Mittelwort: gesungen)

Ich singe, du singst, er/sie/es singt, wir/Sie/sie singen, ihr singt

1. Wenn das Mädchen im Hause singt, bleibt mancheiner mitten auf der Straße stehen und hört zu. 2. Ihr beiden habt gleich gut gesungen. 3. Darum bekommt ihr jede(r) einen Apfel (Platt auch: jede/jeder). 4. Singst du morgen früh in der Kirche? 5. Wenn man dich in deinem Redefluß (= dich schwätzen, rappeln) hört, kann man nicht glauben, daß du so wunderbar singen kannst. — Das plattdeutsche Verb bedeutet auch: rasseln, prasseln (im übertragenen Sinn).

Dürfen (2. Mittelwort: gedurft)

Ich darf, du darfst, er/sie/es darf, wir/Sie/sie dürfen, ihr dürft

Wenn du nicht darfst, laß die Finger (Hände!) davon (ab)! — Wer nichts darf, (der) wird bald die Lust verlieren. — Ihr dürft tun, was ihr wollt, wenn ihr wollt, was ihr sollt. — Das darfst du nicht! — Ein vierblättriges Kleeblatt darf ich doch abpflücken!

Mögen (2. Mittelwort: gemocht)

ich mag, du magst, er/sie/es mag, wir/Sie/sie mögen, ihr mögt

1. Du muttst di'n grötter'n Hund köpen to't Waken (= Wachten). 2. Disse warrt jo noch grötter. 3. Denn mutt he avers bald wassen; anners warrt he to oold. 4. Mööt wi morgen to de Aukschoon fohren! 5. Jo, dat mööt wi, avers dat is licht to[1]. 6. Worüm hett he mitmaal siene Sluup afstött? 7. He seggt, he hett dat müßt. 8. Disse Week mutt he twee hoge Rekens betahlen un eenen Wessel inlösen. 9. Siene Fischeree kann he sik denn an'n Hoot steken. — Jo, dat is vörbi.

Schölen, Süllen (2. Mittelwort: schullt:süllt)

JE NACH MUNDART: Ik schall oder ik sall
Du schallst/schast   oder du sallst
he/se/dat schall   oder he/se/dat sall
wi/ji/Se/se schüllt (= schölen)"   oder wi/ji/Se/se süllt (= süllen)

1. Wi schüllt em later vondaag besöken. 2. Dat schall en heel lütt Dörp wesen. 3. Se hett/harr eerst fragen schullt. 4. Du schast de Woor in veertihn Daag aflevern.

Singen (2. Mittelwort: sungen)

Ik sing, du singst, he/se/dat singt, wi/ji/Se/se singt (= singen)

1. Wenn de Deern in't Huus singt, blifft männigeen merrn op de Straat stahn un höört to. 2. Ji beiden hebbt lieker goot sungen. 3. Dorüm kriegt ji elkeen'n Appel. 4. Singst du morgen fröh in de Kark? 5. Wenn'n di raastern höört, kann'n nich glöven, wat du so wunnerbor singen kannst.

Dröffen/Dörven: (2. Mittelwort: dröfft/dörvst)

Ik dröff/dörf, du dröffst/dörfst, he/se/dat dröff/dörf, wie/ji/Se/se dröfft/dörvt
Wenn du nich dröffst, laat de Hannen von af! — De nix dröff, de warrt bald de Lust verleern. — Ji dröfft doon, wat ji wüllt, wenn ji wüllt, wat ji schüllt. — Dat muttst du nich! (Vgl. dat ingelsch „must not" = nich dröffen). — En Kleverveer dröff ik doch afplücken!

Mögen (2. Mittelwort: mucht)

ik mag, du magst, he/se/dat mag, wi/ji/Se/se möögt

---

[1] Gemeint: „dat is licht to doon". Vgl. engl.: I'd like to (do that). = Ich hätte Lust dazu/ich möchte schon. — I'll be trying to (see him). = Ich werde es versuchen/ich werde mich bemühen, ihn zu sprechen. — Auch im Hochdeutschen *spart man die Grundform ein*: Können Sie Englisch? — Ja, Englisch kann ich ganz gut (sprechen). — Er kann etwas (= leistet viel!) = He hett wat loos (Aber keine Schraube!). — Dor kannst op af! = Darauf kannst du dich verlassen!

Die Kinder haben mir erzählt, sie mögen gern Platt sprechen. — Das mag ich auch; mir fällt nur nichts ein, worüber ich reden kann. — Mögen Sie nicht gern Drachenfliegen? — Ja, klar! — Dann können/könnten Sie den Kindern erzählen, wie Sie es/das tun und wo die Drachenflieger üben können. — Mögt ihr Maikäfer leiden? — Ich mag sie, wenn sie aus Schokolade sind und ich sie essen kann. — Die Hühner fressen sie auch so. — Ja, die. — Und du frißt doch viel mehr als ein Huhn. — Ich bin ja auch größer.

Wollen (2. Mittelwort: gewollt)

ich will, du willst, er will, wir/Sie/sie wollen, ihr wollt

Nach dem Brand sagten sie, sie wollten mit doppelter Kraft (Faust) wieder aufbauen. — Willst du mit zum Segeln? — Nein, ich will lieber zum Ringreiten. — Hat Hermann heute nachmittag Zeit? Wir wollen fischen gehen. — Ich weiß nicht. Er schläft gerade. — Tu, was du willst, die Leute reden doch! — Willst du dir einen weißen Fuß machen (dich in jemandes Gunst einschmeicheln)? — Wir wollen sein ein einzig Volk von Brüdern! (Wir wollen als Brüder zusammenstehen!) — Alle, die morden wollen, müssen ermordet werden, sagte Sekou Touré. Damit hat er sein eigenes Todesurteil ausgesprochen! — Habt ihr einen Marder auf dem Boden? — Einen? Wir haben mindestens drei Marder!

Wissen (2. Mittelwort: gewußt)

ich weiß, du weißt, er weiß, wir/Sie/sie wissen, ihr wißt

Wer weiß, braucht nicht zu glauben. — Ich habe es gewußt, aber wieder vergessen. — Dann hoffe man, daß es dir (= daß dir das) wieder einfällt. — Weißt du, was du tun mußt? — Na, was denn? — Ich frag' dich ja! — Dann weiß ich es: Ich muß mir deinen Blödsinn anhören.

Wachsen (2. Mittelwort: gewachsen)

ich wachse, du wächst, er/sie/es wächst, wir/Sie/sie wachsen, ihr wachst
Die Föhren sind äußerst schnell gewachsen. — Flundern wachsen auch schnell. — Das kannst du doch nicht vergleichen! — Ich weiß, aber es hat mich doch gewundert, wie groß die Flundern geworden sind.

7.5. Wortschatzerweiterung und Wiederholung

Wir können ihn gut leiden. — Du solltest es ihnen auf gut deutsch sagen (= direkt vor den Kopf sagen). — Sie sind nur ihr fades Bier gewohnt. — Das wässerige Zeug dürfen sie allein trinken. — Was hast du

De Kinner (= Gören) hebbt mi vertellt, se möögt geern Platt snacken. — Dat mag ik ok; mi fallt bloots nix in, wo ik över snacken kann. — Möögt Se nich geern Drakenflegen? — Jo, kloor! — Denn köönt/kunnen Se de Kinner vertelln, woans Se dat doot un woneem de Drakenflegers öven köönt. — Möögt ji Maiservers lieden? — Ik mag jem, wenn se ut Schoklaad sünd un ik se eten kann. — De Höhner freet jem ok so. — Jo, de. — Un du frittst doch veel mehr as'n Hohn. — Ik bün jo ok grötter.

Willen/Wüllen (2. Mittelwort: wullt)

ik will, du wist/wullt, he will, wi/ji/Se/se wüllt

Na den Brand sän se, se wulln mit duppelte Fuust wedder opbuen. — Wist mit to't Seilen? — Ne, ik will lever to't Ringrieden. — Hett Hermann hüüt nameddaag Tiet? Wi wüllt fischen gahn. — Ik weet nich. He is an't Slapen. — Do, wat du wullt; de Lüüd snackt doch! — Wist/Wullt di en witten Foot maken? — „Wi wüllt as Bröder (= Broders) tosamenstahn!" (Nach Buurmann, Bd. X, 1972). — All, de moorden wüllt, mööt moordt warrn, sä Sekou Touré. Dormit hett he sien egen Doodsoordeel utsproken! — Hebbt ji'n Moort op'n Böön? — Een'? Wi hebbt tominnst dree Moorden!

Weten (2. Mittelwort: weten)

ik weet, du weetst, he weet, wi/ji/Se/se weet

Keen weet, bruukt nich to glöven. — Ik hefft weten, avers wedder vergeten. — Denn hööp man, wat di't wedder infallt (= infallen deit). — Weetst du, wat du doon muttst? — Na, wat denn? — Ik fraag di jo! — Denn weet ik't: Ik mutt mi dienen Blöödsinn anhören.

Wassen (2. Mittelwort: wussen)

ik waß, du waßt, he/se/dat waßt, wi/ji/Se/se waßt

De Föhren sünd bannig gau (= snell) wussen. — Flunnern waßt ok gau. — Dat kannst doch nich verglieken! — Ik weet, avers dat hett mi doch wunnnert, wo groot de Flunnern worrn sünd.

7.5. Wortschatzerweiterung und Wiederholung

Wi möögt em geern verdregen. — Du schust jem dat liek vör'n Kopp seggen. Se sünd bloots ehr Labberbeer wennt. — Den Plöör dröövt se alleen drinken. — Wo wist du op af? (= Wo büst du op af?) (= op daal?). — Mien

vor? — Meinem Freund in Ostpreußen geht es nicht gut. — Wie die Alten sungen, so zwitschern die Jungen.

Ob es mir auch schwer gefallen ist? Allerdings (Ich kann es dir sagen)! — Wer seinem Volk helfen will, muß dem Schicksalswagen in die Speichen fassen, anstatt nur zu sagen, man könne das Rad der Geschichte nicht zurückdrehen. — Politik zielt auf Veränderung zum Vorteil des eigenen Volkes.

Der Sinn des Lebens ist zu leben. Wenn sie dich ins Grab legen, ist es zu spät. Aber der Mensch lebt in seinen Nachkommen weiter und in seinen Taten.

7.6.1. Die Bildung der Vergangenheit (des Präteritums)

Bei schwachen Tätigkeitswörtern wie die Gegenwart,
nur die dritte Person Einzahl verliert das „t":
Er nörgelt/nörgelte.
Das Gold glänzt/glänzte. — Er arbeitet/arbeitete. —
Sie nennt/nannte es/das einen Löffel
— Er gähnt/gähnte.

Bei starken Tätigkeitswörtern wechselt der Selbstlaut:

Ich schreibe/schrieb. —
Er stiehlt/stahl. — Sie kriecht/kroch. —
Du liegst/lagst. —

Aufpassen! Ich lüge + ich lag.

Wenn Sie fremde Sprachen erlernt haben, kennen Sie die Liste der Verben, die ihren Selbstlaut verändern. So eine Liste können Sie auch hier finden.

Die Mehrzahl hat am Ende nur „*en*": Wir schreib*en*/schrieb*en*. — Wir steh*en*/stahl*en*, wir kriech*en*/kroch*en*, wir lieg*en*/lag*en* (ich lag), — wir lüg*en*/log*en* (ich log).

Sollten Sie aber mal andere Mehrzahlformen finden, dann freuen Sie sich, daß unser Platt noch nicht von Auszehrung bedroht ist. Auch ist Hochdeutsch durch Martin Luther vereinheitlicht worden, und in der Schule haben die Kinder in ganz Deutschland dieselbe Schreibweise in ihren Büchern gelesen und gelernt. Wer aber heutzutage Plattdeusch lernt oder liest, muß wissen, daß er damit eine Mundart (von vielen) vor sich hat. Es gibt keine Schriftsprache, die für alle Plattdeutschen gilt. Mit anderen Worten könnte man sagen, daß der Unterschied zwischen der Gegenwart und der Vergangenheit im Platt nur gering ist: Nur die dritte Person Einzahl weist auf die Vergangenheit hin, wenn das End-t fehlt.

Fründ in Oostpreußen hett dat nich goot. — De Olen hebbt't oftins sungen, un hüüt twisselt de Jungen.

Of mi dat ok stuur (= swoor) fullen is? Ik kann di't seggen. — Keen sien Volk helpen will, mutt den Schicksalswagen in de Speken faten, statts bloots to seggen, en kunn dat Rad von de Geschicht nich trüchdreihen. — Politik teelt op Verännerung to'n Vördeel von dat egen Volk.

De Sinn von't Leven is to leven. Wenn se di in't Graff leggt, is't to laat. Avers de Minsch leevt in sien Nakamens wieder un in sien Daten (= Taten).

7.6.1. Die Bildung der Vergangenheit (des Präteritums)

Bi swacke Do-Wöör as de Gegenwart, bloots de drütte Persoon Eentall verleert dat „t": He queest/quees.
Dat Gold glänzt/glänz. — He arbeit't/arbeit. — Se nöömt/nööm dat enen Lepel. — He hujahnt/hujahn.

Bi starke Do-Wöör wesselt de Sülfsluut: Ik schriev/schreev. — He stehlt/stahl. — Se krüppt/krööp. — Du liggst/leegst. —

OPPASSEN! Ik leeg.

Wenn Se frömde Spraken studeert hebbt, kennt Se de List von Verben, de ehren Sülfstluut verännern doot. So'n List köönt Se ok hier finnen.

De Mehrtall hett an't Enn jüst „*en*": Wi schrievt/schriev*en*. — Wi stehlt/stahl*en*, wi kruupt/kröp*en*, wi liggt/leg*en* (ik l*ee*g). — Wi leggt/log*en* (ik l*oo*g).

Schulln Se avers maal annere Mehrtallformen finnen, denn freit Se sik, wat uns Platt noch nich von't Uttehrn bedrauht is. Ok is Hoochdüütsch von Martin Luther över eenen Kamm scheert worrn, un in de School hebbt de Gören in ganz Düütschland de sülvige Schrievwies in ehre Böker leest un lehrt. Keen avers hüüttodaags Plattdüütsch höört or list, mutt weten, wat he dormit eene Mundoort (von vele) vör sik hett. Dat gifft kene Schriftspraak, de för all plattdüütsche Lüüd gellen deit. Mit anner Wöör kunn en seggen, wat de Ünnerscheed twischen de Nu-Tiet un de Verleden Tiet in't Platt man minn is: Bloots de drütte Persoon Eentall wiest op de Vergangenheit hen, wenn dat Enn-„t" fehlt.

Ob das „en" am Ende der Verben im Plural auch die Vergangenheit bedeutet, hängt von der Mundart ab. In diesem Buch ist es die Vergangenheit.

Wenn Sie nun Platt sprechen wollen, dann brauchen Sie nicht zu sagen: „Ich habe mich in der Zeit geirrt", wie jemand sagen würde, der gedacht hatte, es wäre erst Dienstag, und dann hört, daß es bereits Mittwoch ist. Meistens besteht da kein Unterschied; dennoch wird jeder Sie verstehen, wenn Sie z.B. sagen: „Als wir gerade so schön tanzten, fing es plötzlich an zu regnen", denn es kann nur in der Vergangenheit gewesen sein.

Im Russischen gibt es nur eine Zeit für Perfekt, Präteritum und Plusquamperfekt. Dennoch kommen die Russen zurecht und sind nicht deswegen auf dem Holzweg. Sie haben allerdings einen „unvollendeten" und einen „vollendeten Aspekt" wie im Hochdeutschen ein Haus „bauen" oder „erbauen". Im letzteren Fall ist klar, daß das Haus fertiggestellt wird.

Wenn man im Englischen sagt: „There are many rich people here", dann heißt es nicht „Da sind viele reiche Leute hier", sondern „Es gibt viele reiche Leute hier". Das hat sich auch niemand ausgetüftelt, sondern das ist so gewachsen (hat sich von selbst herausgebildet).

7.6.2. Müssen Ich mußte, du mußtest, er mußte, wir/Sie/sie mußten ihr mußtet

In Neumünster mußte ich wieder umsteigen — Richtung Ascheberg. — Der Junge mußte das doch wissen. — Wenn wir durch den Urwald schlichen (Dauerhandlung), mußten wir aufpassen, daß wir nicht im Halbdunkel auf eine giftige Schlange traten oder einen müden Affen anrannten. — Die Ernte mußte eingebracht (geborgen) werden.

Mögen: Ich mochte, du mochtest, er mochte, wir/Sie/sie mochten, ihr mochtet

Jörn mochte kein lautes Wort, bei ihm gab es kein Auftrumpfen und Auf-den-Tisch-Schlagen. Er war der Oberste (Chef). Er hatte die Geschichte erlebt, ihm mußte man sie glauben. — Das magst/kannst du wohl sagen.

Was wir gern mochten, als wir auf den Kanarischen Inseln waren — den ganzen Strand entlanggehen.

Können: Ich konnte, du konntest, er konnte, wir/Sie/sie konnten, ihr konntet

Da fuhren soviele Züge, daß ich nicht zu eurem Bahnsteig rüberrufen konnte (Genau: hinüberrufen). — Konntest du ihm nicht etwas Gesellschaft leisten? — Wir konnten die Hunde nicht zurückhalten.

Of dat „en" an't Enn vun de Verben in de Mehrtall ok de Verleden Tiet bedüden deit, hangt von de Mundoort af. In dit Book is't de Vergangenheit.

Wenn Se nu Platt snacken wüllt, denn bruukt Se nich to seggen: „Ik bün in de Tiet verbiestert", as en seggen würr, de dacht harr, dat weer eerst Dingsdag, un denn hööt, dat't al Middewek is. Mehrst is dor keen Ünnerscheed; liekers warrt elkeen Se verstahn, wenn Se to'n Bispill seggt: „As wi graad so schöön danzen, fung't mitmaal an to regen", denn dat kann bloots in de verleden Tiet west wesen.

In't Russisch gifft't bloots eene Tiet för Perfekt, Präteritum un Plusquamperfekt. Liekers kaamt de Russen trecht un sünd nich dorüm op'n Holtweg. Se hebbt avers enen „imperfektiven" un enen „perfektiven Aspekt" as in't Hoochdüütsch en Huus „bauen" un „erbauen". In den tweeten Fall is kloor, wat dat Huus fardigstellt warrt.

Wenn'n in't Ingelsch seggt: „There are many rich people here", denn heet dat nich „Dor sünd vele rieke Lüüd hier", ne, dat heet, „Dat gifft vele rieke Lüüd hier". Dat hett sik ok nüms utklamüsert, ne, dat is so wussen (hett sik von sülven utbildt).

7.6.2. **Möten:** Ik müß, du müßt, he müß, wi/ji/Se/se müssen

In Niemünster müß ik wedder ümstiegen — na Aschbarg hento. — De Jung müß dat doch weten. — Wenn wi dörch den Ooorwoold (= Urwald) slieken deen, müssen wi oppassen, wat wi nich in't Tweedüüster op'n giftige Slang pedden or 'n möden Aap anrempeln deen. — De Aarn müß borgen warrn.

Mögen: Ik much, du muchst, he much, wi/ji/Se/se muchen

Jörn much keen luut Woort, bi em geev dat keen Uptruffen un Op-den-Disch-Hauen. He weer de Baas. He harr de Geschicht beleevt, em müß en se glöven. — Dat magst woll seggen.

Wat wi geern muchen, as wi op de Kanarrschen Inseln weern — den ganzen Strand langs gahn.

Könen: Ik kunn, du kunnst, he kunn, wi/ji/Se/se kunnen

Dor föhren so vele Töög, wat ik nich to jun Bahnstieg röverropen kunn. — Kunnst em nich en beten Sellschop doon? — Wi kunnen de Hunnen nich trüchhollen.

Haben: Ich hatte, du hattest, er hatte, wir/Sie/sie hatten, ihr hattet

Sie hatte es sehr eilig. – Hattet ihr nicht einen braunen Kater, der unseren Hund häufig in die Flucht schlug (vertrieb)? – Ja, den haben wir noch. – Als wir in Spanien waren, hatten wir immer schönes Wetter.

Legen: (im Platt zuweilen noch stark)

Ich legte, du legtest, er legte, wir/Sie/sie legten, ihr legtet

Die Henne legte gerade ein Ei, als der Fuchs kam. – Gerade als sie zeigen sollten, was sie konnten, legten sie das Ei in die Nesseln (= ging es schief mit ihnen = hatten sie Pech). – Du wußtest, daß dein Haus durch den Blitz in Flammen stand, aber du legtest dich auf die andere Seite, als ginge dich das nichts an! – Ich war von dem Grog so schauderhaft (enorm) müde.

Liegen: Ich lag, du lagst, er lag, wir/Sie/sie lagen, ihr lagt

Kennst du das Lied „Wir lagen vor Madagaskar und hatten die Pest an Bord"? – „In den Kesseln da brodelt das Wasser, und ab und zu ging einer über Bord." – Ein sinniges (= verständiges) Lied. – Mein Bruder lag auch vor Madagaskar, aber gegenüber, am Strand von Mozambik.

Sollen: Ich sollte, du solltest, er sollte, wir/Sie/sie sollten, ihr solltet

Da wohnte damals der Herr Schulrat, und bei ihm sollte ich mich melden. – Wir wußten nicht, was wir tun sollten. – Wenn Gretes kleiner Peter zu Bett sollte, dann gab es zuerst immer großen Lärm. – Als er uns fragte, ob wir auch kommen wollten, ahnten wir nicht, daß es so lustig werden sollte.

Sagen: Ich sagte, du sagtest, er sagte, wir/Sie/sie sagten, ihr sagtet

Hein sagte kürzlich, er würde sein Haus verkaufen. – Nein, er sagte, er würde es am liebsten tun. Das war nur so eine Rede. – Hast du gehört, was Lieschen sagte, als der Gastwirt so frech (naseweis) wurde? – Ja, sie hatte schon immer Haare auf den Zähnen. – Und ihre Eltern sagten auch immer (jederzeit), was sie dachten (Dauerform, gedankliche Kulisse, aber auch klangliche Vervollkommnung). – Geißler sagte über einige Linke, die seien so links, daß sie andere Leute, die rechtzeitig zur Arbeit kämen (Hier wie im Platt: Konjunktiv der Vergangenheit, weil der Konj. der Gegenwart sich vom Indikativ (Wirklichkeitsform) der Gegenwart nicht unterscheidet: kommen; anders: sie sind/seien. Aber im Platt immer Vergangenheit, die als Konjunktiv dient: Se sünd/weern), für „rechtsradikal" hielten.

Hebben: Ik harr, du harrst, he harr, wi/ji/Se/se harrn

Se harr dat bannig hild. — Harrn ji nich'n brunen Kater, de usen Hund faken verdrieven dä? — Jo, den hebbt wi noch. As wi in Spanien weern, harrn wi jümmer schöön Wedder.

Leggen: (towielen noch stark)

Ik lee, du leedst, he lee, wi/ji/Se/se leden

De Hehn lee graad en Ei, as de Voss keem (OR: De Hehn legg . . .). — Jüst as se wiesen schulln, wat se kunnen, leden (= leggen) se dat Ei in de Netteln (= gung dat scheef mit jem = mallören se). — Du wußt, wat dien Huus dörch den Blitz in Flammen stunn, avers du leedst di op de anner Siet, as gung di dat nix an! — Ik weer von den Grog so abasig mööd. —

Liggen: Ik leeg, du leegst, he leeg, wi/ji/Se/se legen

Kennst du dat Leed „Wi legen vör Madagaskar un harrn de Pest an Boord"? — „In de Ketels dor bruddelt dat Water, un af un an gung en över Boord." — En sinnig Leed. — Mien Broder leeg ok vör Madagaskar, avers güntöver, an'n Strand von Mozambik.

Schölen/Schüllen: ik s(ch)ull, du s(ch)u(ll)st, he s(ch)ull, wi/ji/Se/se schulln/sulln

Dor wahn do (= domals, dunn) de Herr Schoolrat, un bi em schull ik mi mellen. - Wi wussen nich, wat wi doon schulln. — Wenn Greten ehr lütt Peter to Bett schull, denn geev dat eerst jümmer en *B*arg Larm.* - As he us fragen dä, wat (= of) wi ok kamen wulln, ahnen wi nich, wat't so luuk warrn schull.

Seggen: ik sä, du säst, he sä, wi/ji/Se/se sään/sän

Hein sä annerletzt, he würr sien Huus verköpen. — Ne, he sä, he würr't op't leevst doon. Dat weer man so'n Snack. — Hest höört, wat Lieschen sä, as de Kröger so pampig wöör? — Jo, se harr al jümmer Hoor op de Tähnen. — Un ehr Öllern sään ok alltiets, wat se denken dään. — Geißler sä över welk Linke, de weern so links, wat se anner Lüüd, de (recht)-tiedig to de Arbeit kemen, för „rechtsradikal" hollen dään (= dän).

---

* Auch: en *b*arg Larm.

Sehen: Ich sah, du sahst, er sah, wir/Sie/sie sahen, ihr sah(e)t

Als wir die Tür öffneten, sahen wir den Igel mitten im Zimmer. — Ich kam, ich sah, ich siegte (engl.: I came, I saw, I conquered, obgleich man doch so schön „won" sagen könnte). — Warum hast du ihn nicht gefragt? Als er das sagte, sahst du doch, was die anderen davon hielten. — Sie hatte mich schon gesehen, bevor ich sie sah.

Singen: Ich sang, du sangst, er sang, wir/Sie/sie sangen, ihr sangt
Als er sang, gingen die Leute aus dem Saal. — Im italienischen Film „Bitterer Reis" sangen die Frauen bei der Arbeit, und eine, das war es ja gerade(!), tanzte dann noch in der Zwischenzeit. — Die Pygmäen sangen so schön, daß der Reporter glaubte, es sei ein Volkslied. Dann ließ er sich den Text übersetzen: Wie schön ist es doch, in einem Lastwagen zu fahren!

Werden: Ich wurde, du wurdest, er wurde, wir/Sie/sie wurden, ihr wurdet

Nach der Hochzeit wurden die Gäste noch einen Tag unterhalten. — Je stärker (kräftiger) es wurde, desto lauter wurde auch der kleine Erich. — Wurdest du eigentlich auch aufgeschrieben? — Nein, wir wurden doch bei den Treibern eingesetzt.

Ich sollte aufpassen, daß der Bienenkorb nicht geklaut wurde/würde/werden würde. (Hier kommt es nur auf richtige Übersetzung an) — Aber als ich die drei Spitzbuben kommen sah (gewahr wurde), bekam ich es mit der Angst zu tun und habe den Bienenkorb kräftig geschüttelt. Und dann sind wir vier wie verrückt weggelaufen und haben uns später beim Arzt wiedergesehen.

Sein: ich war, du warst, er war, wir/Sie/sie waren, ihr wart

Konditional: (Nicht verwechseln mit dem *Konjunktiv*, der Möglichkeitsform: Er sagt, es *sei* gut. Komm*e*, was woll*e*). — Das **Konditional**, die Bedingungsform, drückt keine Möglichkeit — Befürchtung oder Wunsch — aus, sondern setzt eine Bedingung im Unwirklichen (Irrealis) und steht im Hauptsatz: Wir *würden* kommen, *wenn* wir könnten. Außerdem drückt das Konditional die aus der Vergangenheit betrachtete Zukunft aus: Er sagt*e*, er *würde* kommen = He sä, he *würr* kamen (Im Gegensatz zu: Er sagt, er *sei* gekommen; denn das ist *Konjunktiv*). — Keine Abgrenzungsschwierigkeiten ergeben sich bei Verwendung der — in der indirekten Rede an sich falschen — Wirklichkeitsform: He seggt, he ward kamen = he seggt, he kümmt.

Ich würde, du würdest, er würde, wir/Sie/sie würden, ihr würdet

Sehn: ik sehg, du seh(g)st, he seh(g), wi/ji/Se/se sehn

As wi de Döör opmaken dän, sehn wi den Swienegel merrn in de Stuuv. — Ik keem, ik sehg, ik wunn. — Worüm hest du em nich fraagt? As he dat sä, sehst du doch, wat de annern dorvon hollen dän.
Se harr mi al sehn, ehr dat ik ehr sehg.

Singen: ik sung, du sungst, he sung wi/ji/Se/se sungen

As he sung, gungen de Lüüd ut'n Saal. — In den italieenschen Film „Bittere Ries" sungen de Fruunslüüd bi de Arbeit, un eene, dat weer't jo graad(!), danz denn noch in de Twischentiet. — De Pygmäen sungen so schöön, wat de Reporter glööv, dat weer'n Volksleed. Denn leet he sik den Text översetten: Wo schöön dat doch is, in'n Lastwagen to fohren!

Warrn: ik wöör, du wöörst, he wöör, wi/ji/Se/se wöörn

Na de Hochtiet wöörn de Gäst noch eenen Dag ünnerhollen. — Wat duller dat wöör, wat luter wöör ok de lütt Erich. — Wöörst du egentlich ok opschreven? — Ne, wi wöörn doch bi de Drievers insett.

Ik schull oppassen, wat de Immenrump nich klaut wöör/würr/warrn würr. Avers as ik de dree Spitzboven kamen sehg (= wies wöör), kreeg ik dat mit de Angst to doon un heff den Immenrump deegt schüddelt. Un denn sünd wi veer för dull weglopen un hebbt us later bi'n Dokter weddersehn.

Wesen/Sien: ik weer, du weerst, he weer, wi/ji/Se/se weern

Konditional: (Nicht verwechseln mit dem *Konjunktiv*, der Möglichkeitsform: Er sagt, es *sei* gut. Komme, was woll*e*). — Das **Konditional**, die Bedingungsform, drückt keine Möglichkeit - Befürchtung oder Wunsch - aus, sondern setzt eine Bedingung im Unwirklichen (Irrealis) und steht im Hauptsatz: Wi *würrn* kamen, *wenn* wi kunnen. Außerdem drückt das Konditional die aus der Vergangenheit betrachtete Zukunft aus: Er sagte, er *würde* kommen = He sä, he *würr* kamen (Im Gegensatz zu: He seggt, he weer kamen.-) Keine Abgrenzungsschwierigkeiten ergeben sich bei Verwendung der - in der indirekten Rede an sich falschen - Wirklichkeitsform: He seggt, he ward kamen = he seggt, he kümmt)

Ik würr, du würrst, he würr, wi/ji/Se/se würrn

Sie sagte, sie würde morgen kommen. — Sie sagte, sie sei (früher: wäre) schon gestern gekommen. — Wenn ich reich *wäre* (Konjunktiv!), *würde* ich mir ein Flugzeug kaufen, das mit einer Schraube angetrieben wird (Hubschrauber). „würde" = *Konditional*.
Seine Eltern *waren* (Indikativ, Präteritum) arm, er *war* arm, und ich glaube, er *würde (Konditional)* auch nicht glücklich werden, wenn er plötzlich reich *würde/wäre*.
Hierzu noch drei Bemerkungen: 1. vgl. plattdeutschen Teil — 2. . . . „wenn er plötzlich reich *werden würde*. — 3. „wenn er plötzlich reich *wäre*" schildert . . . den Endzustand des Reichseins und ist Konjunktiv.

Auf englisch ist das just (gerade) so (genauso): vgl. plattd. Teil

Wenn ich reich *wäre* (Konjunktiv), *würde* (Konditional) ich mir ein kleines Haus am Meer kaufen. Und du *würdest* dich wundern, wenn du mich von meinem Garten auf das Meer hinaussegeln *sähest* (Im Nebensatz Konjunktiv, im Hauptsatz Konditional).

Aufpassen: Das Meer ist ein großes Gewässer im Binnenland.

Wollen: Ich wollte, du wolltest, er wollte, wir/Sie/sie wollten, ihr wolltet

„Alte Geschichten" (Kamille = Arzneipflanze), sagten die Leute, wenn ich die Geschichte an den Mann bringen wollte. — Wenn ihr mich nicht hättet, mich und meinen Brunnen, was wolltet ihr wohl anfangen (wörtl.: aufstellen)? — Mein Freund wollte durchaus nicht glauben, daß er so schaurig schnarchte (= immer so schaurig schnarchte). —
Er wollte Fleisch verkaufen, aber keinen Stint (ausgenommen Stint), das heißt, keinen kleinen Hering; von dem war er mal gräßlich krank geworden. Nein, den wollte er gewiß und wahrhaftig nicht im Laden haben.

Der Präsident des Skatklubs war ein wunderlicher (verschrobener) Kerl: Wenn er nicht wollte, dann wollte er nicht. — Warum wolltest du das denn nicht einsehen? Mit deiner altmodischen Art hast du dich jetzt schön (wörtlich: angenehm) geschnitten (= dir kräftig in den Finger geschnitten).
Wer hat den Spruch auf die Seitentür gemalt? —
Das werden die Kinder wohl getan haben. Die wollten uns wohl mal zeigen, was sie in der Schule gelernt haben. — Die sind wohl verrückt geworden!

Mögen auch die Kräfte fehlen, so kann man doch den Willen loben, sagt der römische Dichter Ovid.

Se sä, se würr morgen kamen. – Se sä, se weer al güstern kamen. – Wenn ik riek *weer* (Konjunktiv!), *würr (Konditional)* ik mi enen Fleger köpen, de mit'n Schruuv andreven warrt.

Sien Öllern *weern* (Indikativ = Wirklichkeitsform, Vergangenheit) arm, he *weer* arm, un ik glööv, he *würr (Konditional)* ok nich glücklich warrn, wenn he mitmaal riek *würr*/weer.

Hierzu noch drei Bemerkungen: 1. Es ist müßig (nutzlos) zu erwägen, ob das Konditional im Bereich des Indikativ oder Konjunktiv liegt.

2. Streng genommen, müßte der Wenn-Satz lauten: „... wenn he mitmaal riek *warrn würr*. Aber das klingt im Hochdeutschen wie im Platt schwerfällig.

3. „wenn he mitmaal riek *weer*" schildert nicht den Vorgang des Reichwerdens, sondern bereits den Endzustand des Reichseins und ist Konjunktiv.

Op ingelsch is dat jüst so (is dat lieksterwelt): His parents *were* poor, he *was* poor, and I think he *would* not be happy if he became/were rich at once (= if he suddenly became/were rich).

Wenn ik riek *weer* (Konjunktiv), *würr (Konditional)* ik mi'n lütt Huus an de See köpen. Un du *würrst* di wunnern, wenn du mi von mienen Goorn in de See rutseilen *sehst*. (Im Nebensatz Konjunktiv, im Hauptsatz Konditional).

Oppassen: Dat Meer is en groot Water in dat Binnenland.

Willen: ik wull, du wu(ll)st, he wull, wi/ji/Se/se wulln

„Ole Kamellen", sän de Lüüd, wenn ik de Geschicht an'n Mann bringen wull. – Wenn ji mi nich harrn, mi un mienen Soot, wat wulln ji woll opstellen? – Mien Fründ wull partu nich glöven, wat he so gresig snorken dä. – He wull Fisch verköpen, avers kenen Stint (= utbenamen Stint), dat heet, kenen lütten Hiering; von den weer he maal gresig krank worrn. Ne, den wull he wiß un wohrhaftig nich in'n Laden hebben.

De Präsident von'n Skatklub weer en dwatschen Keerl: Wenn he nich wull, denn wull he nich. – Worüm wust du dat denn nich insehn? Mit diene ooldbacksche Oort hest di nu moi bi sneden. (= fix in'n Finger snieden). Keen hett den Spröök op de Blangdöör maalt?
– Dat wüllt de Gören woll doon hebben. De wulln us woll maal wiesen, wat se in de School lehrt hebbt. – De sünd woll mall worrn!

Möögt ok de Kräft (= Kräff) fehlen, so kann'n doch den Will loven (= löven), seggt de röömsche Dichter Ovid.

Der Wille kann alles? Versuchen Sie mal, eine Drehtür zuzuschlagen!
Wer nicht weiß, was er selbst will, muß zumindest wissen, was die anderen wollen (Robert Musil).
In Südamerika war ein großer Aufruhr. Ein Fremder fragte einen Einwohner: „Was wollt ihr denn eigentlich?" „Wir wollen eine Demokratie!" „Aber ihr habt doch eine." „Dann wollen wir eben noch eine", antwortete der wütend.

7.7. Die starken Tätigkeitswörter (unregelmäßigen Verben)

Die Abweichungen des Hamburger Platt — „o" statt „a" (stohn/gohn statt stahn/gahn) und „eu" statt „öö" (Ik ünnerbreuk „em" statt „ik ünnerbröök em" = ich unterbrach ihn) sind hier i.a. nicht aufgeführt. Wi, de Schrieversluüd, glöövt/gleuvt, wat/dat us Lesers klöker/kleuker sünd, as mennigeen Beoordeler (Kritiker) dat villicht wohr hebben will. Spaaß/Spooß mutt wesen/sien (sä de Düvel, do kettel he sien Grootmudder mit de Meßfork). (= sagte der Teufel, dann kitzelte er seine Großmutter mit der Mistforke).

Grundform	Vergangenheit	2. Mittelwort	hochdt. Grundform	2. + 3. Person Einzahl Gegenwart, wenn unregelmäßig
beden/beiden	bood/bööd	baden/boden	(an)bieten	du büttst, he bütt
bedregen	bedröög	bedragen	betrügen	
befehlen	befohl	befahlen	befehlen	
beginnen	begunn	begunnen	beginnen	
besinnen	besunn	besunnen	sich besinnen	
bidden	beed	beden (ok sw)	bitten, beten	(sw = schwach)
bieten	beet	beten	beißen	du bittst, he bitt
binnen	bunn	bunnen (ok sw)	binden	
blieven	bleef	bleven	bleiben	bliffst, blifft
breken	bröök	braken	brechen	brickst, brickt
bringen	bröch	bröcht	bringen	
denken	dach	dacht	denken	
dröffen	dröff	dröfft ⎫	dürfen	⎧ dröffst, dröff
dörven	dörv	dörvt ⎭		⎩ dörfst, dörf
doon	dä/de	daan/doon	tun	deist, deit
drapen	dreep	drapen	treffen	dröppst, dröppt
dregen	droog	dragen/drogen	tragen	
drieven	dreev	dreven	treiben	driffst, drifft
dringen	drung	drungen	dringen	
drinken	drunk	drunken	trinken	
dwingen	dwung	dwungen	zwingen	
eten	eet	eten	essen	ittst, itt
fallen	full	fullen	fallen	
fangen	fung	fungen	fangen	
finden	fund	funnen	finden	

De Will kann all? Versöökt Se maal, ene Dreihdöör totoslaan!
De nich weet, wat he sülvens will, mutt tominst* weten, wat de anner
wüllt (Robert Musil).
In Süüdamerika weer'n groten Oprohr. En Frömder fraag'n Inwahner:
„Wat wüllt ji denn egentlich?" „Wi wüllt en Demokratie!" „Avers ji hebbt
doch en." „Denn wüllt wi even noch een", anter de rebellsch.

flegen/fleigen	floog/flöög	flagen/flogen	fliegen	flüggst, flüggt
fleten	floot/flööt	flaten	fließen	flüttst, flütt
freren	froor	fraren	frieren	
freten	freet	freten	fressen	frittst, fritt
gahn	gung	gahn	gehen	geihst, geiht
geben/geven	geev	geven	geben	giffst, gifft
gellen	gull/goll	gullen	gelten	
geten/geiten	goot/gööt	gaten	gießen	güttst, gütt
glieden	glee(d)	glieden	gleiten	glittst, glitt
graben/graven	grööf/groof	graben/graven	graben	
gri(e)pen	greep	grepen	greifen	grippst, grippt
hangen/hängen	hung/hüng	hungen	hangen, hängen	
hebben	harr	hatt	haben	hest, hett
helpen	holp	holpen	helfen	
hollen, holden	höll	hollen	halten	höllst, höllt
kamen	keem	kamen	kommen	kümmst, kümmt
kieken	keek	keken	gucken	kiekst/kickst, dito
klingen	klung	klungen	klingen	
kniepen	kneep	knepen	kneifen	kniepst/knippst, dito
könen	kunn	kunnt	können	
kriegen	kreeg	kregen	kriegen	kriggst, kriggt
krupen	krööp	krapen	kriechen	krüppst, krüppt
laten	leet	laten	lassen, scheinen	lettst, lett
legen	loog	lagen	lügen	lüggst, lüggt
lesen	lees	lesen	lesen	list, list
lieden	leed	leden	leiden; dulden; gern haben	littst, litt
liggen	leeg	legen	liegen	
lopen	leep	lopen	laufen	löppst, löppt
meten	meet	meten	messen	mittst, mitt
miegen	meeg	megen	urinieren	miegst/miggst, dito
mögen	müch/much	mücht/mucht	mögen, können	
möten	müß	müßt	müssen	
nehmen	nehm	nahmen	nehmen	nimmst, nimmt
rieven	reef	reven	reiben	rifft, rifft
rieten	reet	reten	(zer)reißen	rittst, ritt
rieden	ree(d)	reden	reiten	rittst, ritt
ringen	rung	rungen	ringen	

*Auch: tominnst

ropen/raupen	reep	ropen	rufen	röppst, röppt
rüken	röök/rook	raken	riechen (ok sw)	
schellen	schull	schullen	schelten	
scheren	schoor	scharen	scheren (ok sw)	
scheten/ei	schoot	schaten	schießen	schüttst, schütt
schieten	scheet	scheten	scheißen	schittst, schitt

Achtung: Ik scheet/wi/ji/Se/se scheet/scheten kann Gegenwart von „scheten" oder Vergangenheit von „schieten" sein

Risikolos nur Vergang. v. schießen: schoot
  2. Partiz. v. schießen: schaten
  du/er im Präsens: du schüttst/he schütt

schölen/schülln	schull	schullt	sollen	scha(ll)st, schall
schrie(ge)n	schree(g)	schregen	schreien	schriggst, schriggt
schrieven	schreev	schreven	schreiben	schriffst, schrifft
schruben/v	schroof	schraben/o	schrauben	schruufst/schruffst, dito
schuben/v	schoof	schaben/v	schieben	schüffst, schüffst
seggen	sä/se	seggt	sagen	
sehn/seihn	sehg	sehn	sehen	sühst, süht
sien/wesen	weer	west/wesen	sein	
singen	sung	sungen	singen	
sinken	sünk/sunk	sunken	sinken	
sinnen	sünn/sunn	sunnen	sinnen, grübeln	
sitten	seet/satt	seten	sitzen	
slaan	sloog/slöög	slaan	schlagen	sleist, sleit
slapen	sleep/slööp	slapen	schlafen	slöppst, slöppt
slieken	sleek	sleken	schleichen (= slirken)	
sliepen	sleep	slapen	schleifen	du sliepst/slippst, dito
slieten	sleet	sleten	verschleißen	slittst, he slitt
slingen	slung	slungen	schlingen, ver-, um-	
sluten	sloot/slööt	slaten	schließen, ab-, ver-	sluttst/sluutst, dito
smieten	smeet	smeten	schmeißen	smittst, smitt
snieden	sneed	sneden	schneiden	snittst, snitt
snuben/v	snoof/öö	snaben	schnaub(f)en	snuufst/snüffst, dito
söken/äu	söch	söcht/socht	suchen	söchst/ü, söcht/sücht
spiegen/spien	speeg	spegen	speien, spucken	spiggst, spiggt
spinnen	spunn	spunnen	spinnen; flunkern	
splieten	spleet	spleten	spalten	splittst, splitt
spreken	spröök	sproken	sprechen	sprickst, sprickt
springen	sprung/ü	sprungen	springen, zer-	
stahn	stunn	stahn	stehen	steihst, steiht
starven	storv	starven	sterben	
stehlen	stahl/o	stahlen	stehlen	
steken	steek	steken	stechen	
stiegen	steeg	stegen	steigen	stiggst, stiggt
stöven	stoof	stöven/a	stauben; bestäuben	
strieden	stree(d)	streden	streiten	striedst/strittst, dito
strieken	streek	streken	streichen	
supen	soop	sapen/soppen	saufen	
swiegen	sweeg	swegen	schweigen	swiggst, swiggt

swingen	swung	swungen	schwingen	
swören	swoor	swaren/sworen	schwören	
tehn, teihn	toog/öö	tagen	ziehen, fort-, ab-	tüchst, tücht
trecken	trock/ö	trocken	ziehen, dehnen, fortziehen	
treden	tratt	treden	treten	
verdreten	verdroot	verdraten	verdrießen	verdrüttst, verdrütt
verspreken	versprook verspröök	verspraken	versprechen	versprickst, versprickt
warrn	wöör/oo	worrn/oo	werden	
waschen	wusch	wuschen	waschen	
wassen	wuß	wussen	wachsen	
wegen/ei	woog/öö	wagen	wiegen, wägen	weegst/wiggst, weegt/wiggt
weten/ei	wuss/ü	weten	wissen, kennen	weetst/weeßt, weet
willen	wull	wullt	wollen	wi(ll)st/wullt
winken (ok sw)	wunk	wunken	winken	
winnen	wunn	wunnen	gewinnen	
(w)rieven/b	(w)reef	(w)reven	reiben, scheuern	

7.8. Beugungsübungen (Konjugations-)

1. Es wird gewollt werden. 2. Sie hätte gefragt werden sollen. 3. Sie hätte es gesollt/gemußt bzw. hatte . . . (Das 2. Mittelwort = Partizip Präteritum „gesollt/gemußt" nimmt die Grundform des Verbs, den Infinitiv, an, wenn bereits ein Infinitiv vorausgeht: Er hat es gemußt, aber: Er hat es tun müssen. Sie hätte es gesollt, aber: Sie hätte es tun sollen). 4. Du hättest/hattest es tun sollen. 5. Er wollte es nicht gewesen sein. 6. Sie sollte oft gefragt werden. 7. Es/Das kann so gewollt sein. 8. Ich bin es nicht gewesen. 9. Hat sie gehabt? 10. Konntet ihr nicht warten? 11. Wir würden nicht sein. 12. Wenn es nicht war, dann wird es wohl noch werden. 13. Du wolltest angerufen werden. 14. Durfte er es tun? 15. Liegst du schon, oder willst du dich erst hinlegen? 16. Durften wir es damals, oder dürfen wir es jetzt erst? 17. Das trifft sich jedenfalls gut. 18. Wir sind jedenfalls Zweite geworden. 19. Sie hätte es tun müssen. 20. Ihr würdet es nicht mögen. 21. Wie schön würde das sein! 22. Er wäre es gern geworden. 23. Ich telefonierte, daß ich jetzt in der Stadt sei u. mit dem Zug nach P. kommen würde u. gern abgeholt werden wollte. 24. Wir haben es nicht gedurft. 25. Soll er es können? 26. Du kannst es nicht gewesen sein. 27. Ich mochte es nicht sagen. 28. Was ihr könnt, sollte man euch tun lassen, wenn ihr es wollt. 29. Das mußte so kommen. 30. Sie durfte es nicht sein. 31. Er wollte es gewesen sein. 32. Ich wäre vielleicht froh gewesen. 33. Habt ihr das gewollt? 34. Er war wütend, als wir kamen. 35. Hast du sie (Einz.) nirgends finden können? 36. Sie (Mehrz.) sollen es beizeiten haben. 37. Magst du es? – Ja, aber ich darf nicht. 38. Würdest du es können? 39. Ich mußte es gewußt haben. 40. Mögt ihr es nicht? Sie waren mit der Zeit nützlich geworden. 41. Sobald wir sie (Einz.) getroffen haben, werden wir es euch erzählen. 42. Sie trafen uns manchmal, wenn wir zum Rudern gingen. 43. Sollten die Boote vorgestern lackiert werden, oder hätten sie schon letzte Woche verkauft worden sein sollen. 44. Solltest du es nur vermutlich gekonnt haben, oder hast du es tatsächlich können müssen?

Wenn Sie, lieber Leser, bisher keinen Fehler gemacht haben, dann lassen Sie sich zum Ehrenbürger von „Plattdeutschland" ernennen.

45. Meine Augen müssen wohl ein Strahlenglanz gewesen sein. 46. Bis zu diesem Augenblick habe ich nicht gewußt, daß Erde so viel/schwer wiegt. 47. Sie sieht, wie die Zwiebeln eingesackt werden. 48. Sag mal, mißt der Jäger immer alle Baumstämme? – Nein, der lauert auf etwas. 49. Ihr wart gerade am Bahnhof angekommen, als die beiden Züge abfuhren. 50. Schmuck wurde kürzlich teurer, als der Dollar plötzlich so erheblich sank. 51. Sobald die Bauern ihr Vieh auf die Alm treiben, weiß man, daß sie das Schlimmste überstanden haben (Redewend. mit „Berg"). –

7.8. Beugungsübungen (Konjugations-)

1. Dat warrt wullt warrn. 2. Se harr fraagt warrn schullt. 3. Se harr dat schullt/müßt. 4. Du harrst dat doon schullt. 5. He wull dat nich west/wesen sien. 6. Se schull faken fraagt warrn. 7. Dat kann so wullt wesen/sien. 8. Ik bün dat nich west/wesen. 9. Hett se hatt? 10. Kunnen ji nich töven. 11. Wi würrn nich wesen/sien. 12. Wenn dat nich weer, denn warrt dat woll noch warrn. 13. Du wust anropen warrn. 14. Dröff he dat doon? 15. Liggst du al, or wist/wullt du di eerst henleggen? 16. Dröffen wi dat dunn, or dröfft wi dat nu eerst? 17. Dat kümmt mi allemal topass. 18. Wi sünd tomin(n)st Tweete worrn. 19. Se harr dat doon müßt. 20. Ji würrn dat nich mögen. 21. Wo schöön würr dat sien/wesen. 22. He weer dat geern worrn. 23. Ik telefoneer, wat ik nu in de Stadt weer un mit den Tog na P. kamen würr un geern afhaalt warrn wull. 24. Wi hebbt dat nich dröfft. 25. Schall he dat könen? 26. Du kannst dat nicht wesen/west sien. 27. Ik much dat nich seggen. 28. Wat ji kööt, schull en ju doon laten, wenn ji dat wüllt. 29. Dat müß so kamen. 30. Se dröff dat nich sien/wesen. 31. He wull dat wesen/west sien. 32. Ik weer sachs blied wesen. 33. Hebbt ji dat wullt? 34. He weer füünsch, as wi kemen. 35. Hest du ehr narms finnen kunnt? 36. Se schüllt dat bitieden hebben. 37. Magst du dat? – Jo, avers ik dröff nich. 38. Würst du dat könen? 39. Ik müß dat weten hebben. 40. Möögt ji dat nich? Se weern na un na nütt worrn. 41. Sodraad wi ehr drapen hebbt, ward wi ju dat vertelln. 42. Se drepen us mennigmal, wenn wi to'n Rodern gungen. 43. Schulln de Bööt ehrgüstern lackeert warrn, or harrn se al verleden Week verköfft worrn sien schullt? 44. Schust du dat bloots sachs kunnt hebben, or hest du dat wohrhaftig (= würklich) könen müßt?

Wenn Se, leve Leser, bether kenen Fehler maakt hebbt, denn laat Se sik to'n Ehrenbörger von „Plattdüütschland" benömen!

45. Mien Ogen mööt woll en Lüchten west sien. 46. Bet to dissen Ogenblick heff ik nich weten, wat Eerd so swoor weegt. 47. Se süht, wo de Sibbeln insackt warrn. 48. Segg mal, mitt de Weidmann jümmers all de Boomstämm? – Ne, de luert op wat. 49. Ji weern jüst an'n Bahnhoff ankamen, as de beiden Töög affohren. 50. Smuck wöör körtens (kottens) dürer, as de Dollar mitmaal so bannig sinken dä. 51. Sodraad de Buurn ehr Veeh op de Alm drievt, weet'n, wat se övern Barg sünd. –

Meinst du die Bauern oder die Kühe? 52. In der dunklen Scheune stieß er erst gegen die Säge und riß sich den Finger blutig. 53. Dann trat er in den Fensterrahmen, den der Maler dorthin gestellt hatte. 54. Wenn die Segelboote an den Stegen dümpeln (= schaukeln), dann klingt der ganze Segelboothafen, wenn die Enden (= Stricke) gegen die Metallmasten schlagen. 55. Der Schiffsjunge sei sehr stolz gewesen, sagte der Schiffskoch, als er sein erstes Schifferhemd erhalten habe.

7.9. Indirekte (nicht wörtliche) Rede

Er sagt, er werde kommen.
        komme jetzt.
        sei gekommen.

Er sagte, er würde kommen.
        käme jetzt.
        wäre bereits gekommen (besser Konj. Präs., da dann
            nicht bedingt).

Sie fragt, ob sie ihm helfen könne.
        du ihm helfen könnest.
        Sie ihm helfen könnten (Prät. zur Unterscheidung).

Sie fragte, ob sie könnte.
        du könntest.
        Sie könnten.

1. Möglichst Präs. Konj. benutzen.
2. Wenn = Indikat., dann Präteritum Konj. verwenden.

Er sagt, er werde es übermorgen tun/tue es noch heute/habe es schon
    vorgestern getan.
Sie schreibt, sie werde nächste Woche anrufen, habe diese Woche keine
    Zeit, sei vergangene Woche krank gewesen.
Er sagte, er würde am fünften kommen, kriege diese Woche viel Besuch,
    habe seit Monaten nichts von ihnen gehört.
Sie schrieb, sie würde am liebsten kündigen, möchte ihm das nicht antun,
    habe all' ihre Freunde bereits eingeladen.

1. Am Zoll wurde er gefragt, ob er etwas zu verzollen habe. 2. Ihr sollt gesagt haben, der Bürgermeister wisse es auch nicht näher. 3. Sie sagt, sie möchte nur mal sehen, ob die Post schon da sei. 4. Sie wollten nur wissen, wann es wieder Räucheraal geben würde/gäbe. 5. Mein Freund hatte gemeint, ihm sei es gleich, woher die Weihnachtsgans komme. 6. Ab und zu bleibe die Eselstute stehen, als könne sie nicht mehr, sagt der Bauer. 7. Du tust ganz so, als glaubtest du es nicht. 8. Wollt ihr euch

Meenst de Buurn or de Köh? 52. In de düstere Schüün stött he eerst gegen de Saag un reet sik den Finger blootig. 53. Denn pett he in de Finsterruut, de de Maler dor henstellt harr. 54. Wenn de Seilbööt an de Steeg dümpelt, denn klingt de ganze Seilbööthaben, wenn de Repen gegen de Metallmasten pickt (= sacht kloppt). 55. De Schippsjung weer bannig stolt west, sä de Kocksmaat (= Smuutje), as he sien eerst Buscherump kregen harr.

7.9. Indirekte Rede — Indirect Speech

He seggt, he warrt[1] kamen. — *He says* he will come.
    keem nu. — is coming.
    weer kamen. — has come / came.

He sä, he würr kamen. — *He said* he would come.
    keem nu. — was coming.
    weer al kamen. — had come.

Se fraagt, of se em helpen kunn. — *She asks* if she can help him.
    du em helpen kunnst. — you can help him.
    Se em helpen kunnen. — you can help him.

Se fraag, (wie oben). — *She asked* ... could ...

Keine Möglichkeitsform (= Kein Konjunktiv)
Ersatz: Vergangenheit

Keine Möglichkeitsform (= Kein Konjunktiv)
Kein Ersatz, sondern Wirklichkeitsform (= Indikativ)

He seggt, he warrt[1] dat övermorgen doon / dä (= de) dat noch hüüt / harr dat al ehrgüstern daan.
Se schrifft, se warrt neegste Week anropen, harr disse Week keen Tiet, weer verleden Week krank west.
He sä, he würr an'n föften kamen, kreeg disse Daag veel Besöök, harr sörr (= siet) Maanden nix von jem höört.
Se schreev, se würr op't leevst künnigen, much em dat nich andoon, harr all ehr Frünnen al inladen.

1. An'n Toll wöör he fraagt, of (= wat) he wat to vertollen harr. 2. Ji schüllt seggt hebben, de Börgermeister wüß dat ok nich neger. 3. Se seggt, se much bloots mal sehn, wat de Post al dor weer. 4. Se wulln man weten, wonehr dat wedder Smooraal geven würr. 5. Mien Fründ harr meent, em weer dat endoon, woneem de Wiehnachtsgoos herkeem. 6. Af un an bleev de Eselstööt stahn, as kunn se nich mehr, seggt de Buur. 7. Du beerst ganz so, as glöövst du dat nich. 8. Wüllt ji ju naseggen laten, bi ju

---

[1] Umgangssprachlicher Indikativ. Korrekter „Konjunktiv" (hier Konditional): würr.

nachsagen lassen, bei euch gebe es sonntags nichts Schönes zu essen?
9. Wenn es mir so leicht fiele, Russisch zu lernen, habe ich ihm gesagt, würde ich es tun. 10. Sie meinte, sie gieße (Konj. Prät.: gösse) das Wasser immer in den Garten. 11. Man fragt sich, ob es besser klingt (Indikativ im Umgangsdt.). 12. Sie fragt, ob das besser klinge. 13. Hast du von ihnen wissen wollen, warum sie das getan hätten? (Sinn: Unter welchen Bedingungen hätten sie es getan? – Anders: ... warum sie es taten = worüm se dat dän?/Schlechtes Hoch- u. Plattdt. ... warum sie es getan haben = worüm se dat daan hebbt?/Richtiges Hoch- u. Plattdt., denn Indikativ, da keine indirekte Rede, und Tatsachenfeststellung über Vergangenes im Perfekt! – In allen Sprachen gibt es Grenzbereiche, die sich kaum erklären lassen.) 14. Plötzlich sagte er, das gelte *jetzt* nicht mehr. 15. Plötzlich sagte er, das gelte *damals* nicht mehr (besser: ... es habe *damals* nicht mehr gegolten).

7.10. Vorsilben (Präfixe) bei Tätigkeitswörtern (Verben)
er- oder *ver-*?

Unser Steuerberater hat uns *er*klärt, man könne sich die Finanzierung des Hausbaues *er*leichtern, indem man die Steuervorteile ausnutze. Dann *er*spare man sich Kosten (= Ausgaben) und Sorgen und könne sich eher wieder eine Urlaubsreise *er*lauben. Er hat uns zu sofortiger Kreditaufnahme *er*muntert: So niedrige Zinsen würden wir nie wieder *er*leben. Für das nächste Jahr *er*hoffen wir uns einen warmen Sommer, damit wir uns im Urlaub *er*holen können, ohne uns beim Baden zu *er*kälten.

Mit deinem polternden Brüllen *er*zürnst du alle Leute. – Als Chef muß ich das tun. Davon *ver*stehst du nichts. – Na, ich jedenfalls würde es dir *ver*übeln (= *ver*argen). – Was wolltest du wohl machen, wenn ich dich hinauswürfe? Du und deine Familie würden *er*frieren in diesem kalten Winter. – Das denkst du! Von Arbeits- und Wohnrecht wohl noch nichts gehört, kleiner Poltergeist? – Ich habe einen tüchtigen Anwalt. Der würde dich mit deinen eigenen Paragraphen einschüchtern (= *er*schrecken). – Bevor er das täte, würde er es dir erst *er*klären und du würdest dich über dich selber wundern. Man darf nicht zuviel *er*warten von einem Rechtsanwalt. Die beiden sind fast in Streit geraten; dennoch haben sie sich nicht *er*zürnt. Und so haben sie es auch niemandem *er*zählt. Darum hat auch der Anwalt keinen von den beiden *er*mahnt; er wußte ja auch nichts von ihrer Unterhaltung.

Soll ich das Tischtuch auch abnehmen? – Nein, das gehört der Nachbarin. Das bleibt dort hängen. Sie holt es heute nachmittag ab. In dem Film wollte der eine Gangster (Bandenmitglied) den anderen *er*tränken, ist dann aber schließlich selbst ertrunken (2x). Aber das hat mich nicht *er*schreckt, weil ich es *er*wartet hatte (2x). – Nein, ich habe mich sehr *er*schrocken! Ich hatte darauf gewartet, daß der Sheriff (Polizist) kommen würde, um ihn zu verhaften.

geev dat sünndaags nix Feines to eten? 9. Wenn mi dat so licht full, Russich to lehren, heff ik em seggt, würr'k dat doon. 10. Se meen, se goot dat Water jümmers in den Goorn. 11. En fraagt sik, wat dat beter klingt. 12. Se fraagt, of dat beter klung. 13. Hest du von jem weten wullt, worüm se dat daan harrn? 14. Miteens sä he, dat gull *nu* nich mehr. 15. Miteens sä he, dat gull *do* nich mehr (besser: … dat harr *do* nich mehr gullen).

7.10. Vorsilben (Präfixe) bei Tätigkeitswörtern (Verben)
be- oder ver-?

Us/Uns Stüürberader hett us *ver*kloort, en kunn sik dat Finanzeern von't Huusbuen *ver*lichtern, indem dat (= wieldat) en de Stüürvördelen utnütten dä. Denn *be*spor en Kösten (= Utgiften) un Sorgen un kunn sik ehrder wedder en Urlaubsreis *ver*löven. He hett us *ver*münnert, stapelboots Kredit optonehmen: Sük minne Tinsen würrn wi us Leefdag nich wedder *be*leven. För't neegst Johr *ver*hööpt wi us en warmen Sommer, dat wi us in'n Urlaub *ver*halen köönt, ahn us bi't Baden to *ver*köhlen.

Mit dien bullbasig Bölken *ver*grellst du all Lüüd. — As Baas mutt ik't doon. Dor weetst du nix von af. — Na, ik tominst würr di dat *ver*denken (= *ver*argen). — Wat wust du woll maken, wenn'k di rutsmieten dä? Du un dien Familie würrn *ver*freren in dissen kolten Winter. — Dat glöövst du! Von Arbeits- un Wahnrecht woll noch nix höört, lütt Bullerjahn? — Ik heff'n düchtigen Afkaten. De würr di mit dien egene Paragraphen *ver*schüchtern (= *ver*fehren). — Ehr dat he dat dä, würr he di dat eerst *ver*klookfideln un du würrst di över di sülben *ver*wunnern. En droff nich toveel *ver*wachten von'n Afkaten. De beiden hebbt sik meist in de Wull kregen; liekers hebbt se sik nich *ver*törnt. Un so hebbt se dat ok nüms *ver*tellt. Dorüm hett ok de Afkaat keenenen von de beiden *ver*mahnt; he wuß jo nix von jem-ehr Konversaschoon.

Schall ik dat Dischdook ok afnehmen? — Ne, dat's de Naversch ehr. Dat blifft dor *be*hangen. Se haalt't hüüt nameddaag af. — In den Film wull de een Gangster (Bandenmaat) den annern *ver*supen, is denn avers amenn sülfst *ver*sapen (= *ver*drunken). Avers dat hett mi nich *ver*schreckt, wieldat ik dat moden weer (= *ver*wacht't harr). — Ne, ik heff mi bannig *ver*schraken! Ik harr dor op luurt, wat de Sheriff (Schandarm, Udel) kamen würr, üm em fasttonehmen.

7.11. Die Zeitenfolge

Wer kennt sie nicht — die knifflige „consecutio temporum"? Sie ist in jeder Sprache ein grammatisches Zentralthema und in sich sogar logisch. Man muß unterscheiden, ob sich das eine VOR oder NACH dem anderen oder ZUR GLEICHEN ZEIT abgespielt hat.

Im Plattdeutschen ist die Zeitenfolge wie im Hochdeutschen. Wenden Sie darum in dem Einzelfall an, was in Ihrer Muttersprache üblich ist!

Greifen wir hier nur das Besondere heraus:
Wer im Deutschen über vergangene Zeiten spricht, verwendet — so sonderbar es auch ist (= merkwürdigerweise) — nicht die Vergangenheit (das Präteritum), sondern die Vollendete Gegenwart (das Perfekt):

Vergangenes Jahr sind wir in Spanien gewesen und haben viel gebadet. Aber dann explodierte die Autobombe (Präteritum, wenn sich etwas jäh zuträgt, plötzlich dazukommt, plötzlich geschieht), gerade als wir dieselbe Straße hinuntergingen (Vergangenheit, wenn sich etwas über längere Zeit abspielt und wie eine Theaterkulisse im Hintergrund zu sehen ist. Imperfekt für die nicht abgeschlossene Handlung in der Vergangenheit. Auf englisch: Verlaufsform der Vergangenheit für die „Hintergrundgeschichte": when we were walking down). Die Zeitenfolge seiner Muttersprache begreift man erst so richtig, wenn man Fremdsprachen lernt. Die englische „sequence of tenses" schreibt in den genannten Beispielen allein die Vergangenheit vor, unterscheidet aber zwischen der einfachen und der Verlaufsform. Wer solche Sätze ins Französische oder Spanische übersetzt, benutzt das passé défini/preterito, wo im Englischen das einfache past tense steht, und das imparfait/imperfecto anstelle der englischen Verlaufsform:

explosa/hizo explosión   und   nous nous promenions/nos paseábamos
  exploded   und   we were walking

Wann verwendet man das Plusquamperfekt (die Vollendete Vergangenheit)? Nur zusammen mit dem Präteritum, weil das Plusquamperfekt ein Handeln ausdrückt, das schon vorbei ist, wenn die andere Handlung, die neue Aktion, im Bereich des Vergangenen erst anfängt:

Ich hatte gerade aufgehört zu tippen, als das Telefon klingelte. „Ut miene Stromtiet" von Fritz Reuter hatte ich schon immer lesen wollen, bis ich in meinem letzten Urlaub dazu kam, als ich bei Regenwetter am Meer war (ODER: ... bis ich jetzt endlich dazu gekommen bin).

Das zweite Beispiel (in Klammern) zeigt, daß man die *Vollendete Vergangenheit* auch mit der Voll. Gegenwart zusammen gebrauchen kann, weil das deutsche *Perfekt* meistens statt des *Präteritums* gesetzt wird:

7.11. Die Zeitenfolge

Keen kenn se nich — de vigeliensche „consecutio temporum"? Se is in elk Spraak en grammatisch Zentralthema un in sik sogaar logisch. En mutt ünnerscheden, of sik dat een VÖR or NA dat anner or TO DE LIEKE TIET afspeelt hett.

In't Plattdüütsch is de Tiedenfolge as in't Hoochdüütsch. Wennt Se dorüm in den inkelten Fall an, wat in Ehr Mudderspraak begäng is! Griept wi hier bloots dat Besünnere rut:

Keen in't Düütsch över verledene Tieden snackt, bruukt — so snaaksch dat ok is (= sünnerborerwies) — nich de Vergangenheit (dat Präteritum), ne, he bruukt de Vollendete Gegenwart (dat Perfekt):

Verleden Johr sünd wi in Spanien west un hebbt veel baad't. Avers denn explodeer de Autobomb (Präteritum, wenn sik wat jach todriggt, opsteeds dortokümmt, stapelboots passeert), jüst as wi de sülvige Straat daalgungen. (Präteritum, wenn sik wat över längere Tiet afspeelt un as en Theaterkuliß achtern to sehn is. Op ingelsch: past continuous för de „background story": when we were walking down).

De Tiedenfolge von sien Mudderspraak begrippt'n eerst so richtig, wenn'n Frömdspraken lehrt. De ingelsch „sequence of tenses" schrifft in de nöömte Bispillen alleen dat Präteritum vör, ünnerscheed avers twischen de eenfache un de Verlaufsform. Keen solk (sücke) Sätz in't Franzöösch or Spaansch översett't, bruukt dat passé défini/preterito, woneem in't Ingelsch de eenfache past tense steiht, un dat imparfait/ imperfecto statts de ingelsch progressive (continuous) form:

explosa/hizo explosión   un   nous nous promenions/nos paseábamos.
   exploded   un   we were walking

Wonehr bruukt'n dat *Plusquamperfekt* (de Vollendete Vergangenheit)? Bloots tosomen mit dat *Präteritum*, wieldat dat Plusquamperfekt en Hanneln utdrückt, dat al vörbi is, wenn dat anner Hanneln, de nie Akschoon, in de verleden Tiet eerst anfangen deit:

Ik harr graad ophöört to tippen, as dat Telefon klingel. „Ut miene Stromtiet" von Fritz Reuter harr ik al jümmes lesen wullt, bet ik in mienen letzten Urlaub dorto keem, as ik bi Regenweder an de See weer (OR: . . . bet ik nu endlich dorto kamen bün).

Dat tweete Bispill (in Klammern) wiest, wat'n dat *Plusquamperfekt* ok mit't *Perfekt* tosomen bruken kann, wiel dat düütsch *Perfekt* meisttiets statts dat *Präteritum* sett't warrt:

Ich *hatte* den Zaun schon letztes Jahr anstreichen *wollen, wurde* dann plötzlich krank und *mußte* im Bett bleiben, aber nun *habe* ich es wirklich *getan*.

Beispiele zur Zeitenfolge

Neulich rief mich ein Freund an und sprach auf das Band meines Anrufbeantworters, weil ich nicht im Hause war: „Ich fahr' jetzt 14 Tage auf Urlaub ..." — Als ich das Band abhörte, war ich ganz verwirrt. Ich wußte doch, daß sein Sohn nächste Woche Hochzeit feiern wollte! Das Schlimmste war aber, daß ich diesen Freund nicht erreichen konnte. So rief ich denn andere Freunde an und brachte sie dann auch durcheinander. — Später wurde mir klar, daß mein Freund gesagt haben mußte: „Ich war jetzt 14 Tage auf Urlaub."

Ein Hörfehler? Richtig, aber hätte mein Freund nicht gleich zwei Fehler in einem Satz gemacht, dann hätte es keinen Irrtum geben können: „war" und „jetzt" im selben Satz ist dummes Zeug. Außerdem heißt es „ich bin auf Urlaub gewesen" (Im Deutschen benutzt man das Perfekt, wenn man über etwas spricht, was vorbei ist. Anders: Als wir auf Urlaub waren, gab es plötzlich einen schrecklichen Waldbrand). Er hätte auch sagen können: „Ich bin nun von einem vierzehntägigen Urlaub zurück."

Vor Jahren fragte mich eine Freundin aus unserem Kreis: „Du kommst doch auch zu Annes und Jürgens Fest?" „Ach, ist es schon so weit?" antwortete ich. „Das hätte ich fast vergessen." — „Es ist nächsten Sonntag." — Das war drei Tage später, ein wunderschöner Tag, die Sonne schien nur so herunter, und ich saß im Garten bis zur letzten Minute. Dann schnell rein, unter die Dusche und dann die Sonntagskleidung anziehen, das heißt einen Schlips um den Hals, damit es mir auch nicht zu kalt wird mitten im Sommer. Dann sieben Minuten zur Bahn gehen, zehn Minuten Fahrt und fünfzehn Minuten zu Fuß immer bergauf, und alles vergebens: Die Tür blieb zu, niemand zu Haus!

Als ich zwei Tage später die Freundin fragte, was sie sich dabei gedacht habe (hätte. — Im Plattdeutschen kann nur „harr" die indir. Rede wiedergeben), sagte sie: „Ich habe doch nicht gesagt „kommenden Sonntag", sondern „nächsten Sonntag"!" —

Seitdem weiß ich, das „nächster" und „übernächster" manchmal das gleiche sind, weil der „nächste" erst nach dem „kommenden" kommt. Wenn man am Sonnabend (und wohl auch noch am Sonntag) sagt, „nächsten Sonntag", dann ist es auch der „kommende Sonntag", weil es in der neuen Woche ist. Aber am Montag ist es schon unterschiedlich: Dann ist der

Ik *harr* den Tuun al verleden Johr anstrieken *wullt, wörr* denn mit'n Mal krank un *müß* in de Puuch blieven, avers nu *heff*'k dat würklich *daan*.

Beispiele zur Zeitenfolge

'n anner Dag reep mi'n Fründ an un snack op't Band von mienen Anroopbeantworter, wieldat ik nich in't Huus weer: „Ich fahr' jetzt 14 Tage auf Urlaub ..." — As ik dat Band afhören dä, weer ik heel verbeestert. Ik wuß doch, wat sien Söhn nehgste Week Hochtiet fiern wull! Dat Leegste weer avers, wat ik dissen Fründ nich tofaatkriegen kunn. So reep ik den annere Frünnen an un bröch de denn ok dörcheenanner. — Later wöör mi kloor, wat mien Fründ seggt hebben müß: „Ich war jetzt 14 Tage auf Urlaub."

En Hörfehler? Richtig, avers harr mien Fründ nich glieks twee Fehlers in eenen Satz maakt, denn harr't keen Versehn geven kunnt: „war" un „jetzt" in densülvigen Satz is dumm Tüüg. Butendem heet dat „ik bün op Urlaub west" (In't Düütsch bruukt'n dat Perfekt, wenn'n över wat snackt, wat vörbi is. Anners: As wi op Urlaub weern, geev dat miteens 'n gresigen Wooldbrand). He harr ok seggen kunnt: „Ik bün nu von veerteihn Daag Urlaub trüch."

Vör Johren fraag mi 'ne Fründin[1] von unsen Kring: „Du kümmst doch ok to Anne un Jürgen ehr Fest," „Ach, is dat al so wiet?" anter ik. „Dat harr ik meist vergeten." „Dat is nehgsten Sünndag." — Dat weer dree Daag later, en wunnerschönen Dag, de Sünn schien man so hendaal, un ik seet in'n Goorn bet to de letzte Minuut. Denn gau rin, ünner de Duusch un denn de Sünndagsklamotten antrecken, dat heet'n Slips üm'n Hals, dat mi dat ok nich to kolt warrt merrn in'n Sommer. Denn söben Minuten na Bahn gahn, teihn Minuten Fohrt un föfteihn Minuten to Foot jümmers bargan, un allens vergeevs: De Döör bleef to, nüms to Huus!

As ik twee Daag later de Fründin fraag, wat se sik dorbi dacht harr, sä se: „Ik heff doch nich seggt 'tokamen Sünndag', ne, ik heff seggt 'nehgsten Sünndag'!" —

Sörredem weet ik, wat 'nehgsten' un 'övernehgsten' mennigmaal dat sülvige sünd, wieldat de 'nehgste' eerst na den 'tokamen' kümmt. Wenn'n an'n Sünnavend (un woll ok noch an'n Sünndag) seggt, 'nehgsten' Sünndag, denn is't ok de 'tokamen' Sünndag, wieldat't in de nie Week is. Avers an'n Maandag is't al verscheden: Denn is de 'nehgste' Sünndag

„nächste" Sonntag erst in vierzehn Tagen, und der in acht (oder sechs) Tagen ist der „kommende" Sonntag.

Wieviel Zeit ein Mensch hat, kann er manchmal gar nicht so genau wissen. Das sollte er am besten in einem Sprachbuch nachlesen. Dann kann er sich jedenfalls verteidigen, wenn er irgendwo (zu) spät aufkreuzt.

7.12. Tätigkeitswörter aus Hauptwörtern
(Verben mit Substantiven als Grundwörtern)

Dat Muul licken = lickmulen = sich den Mund lecken
mit den Kopp nicken = nickkoppen = mit dem Kopf nicken
mit de Ogen plieren = plierögen = mit den Augen blinzeln

Der Makler konnte den Kaufmann nicht überreden. Der hatte kein Interesse, er schüttelte den Kopf und zuckte mit den Schultern. Dann ließ der Makler das Essen bringen. Der Kaufmann schnüffelte mit der Nase und leckte sich den Mund, und nach dem Essen und Trinken blinzelte er etwas müde, aber nickte zufrieden mit dem Kopf und unterschrieb, als der Makler ihm den Vertrag vorlegte.

8. Umstandswörter (Adverbien)

8.1. Abgeleitete Umstandswörter (siehe 2.2.)

Hans läuft *schnell*. Wie läuft Hans? – SCHNELL ist hier Umstandswort. Aber: Harry ist *schnell*, Wie ist H.? – SCHNELL ist hier Eigenschaftswort.
Der Schluck ist *gut* (Eigenschaftswort), geht mir *angenehm warm* die Kehle hinunter.
F. spricht besonders laut? (2. U.W.)
Wie redet F? Laut. Wie laut? Besonders laut.
Tagelang waren wir *unterwegs* – nachts marschierten wir, und tagsüber schliefen wir im Wald.

8.2. Ursprüngliche Umstandswörter
bezeichnen Art und Weise, Grund, Ort oder Zeit: WIE? WARUM? WO? WANN?

eerst in veerteihn Daag, un de in acht (or söß) Daag is de 'tokamen' Sünndag.

Woveel Tiet en Minsch hett, kann he mennigmaal gor nich so nipp weten. Dat schull he op't best in'n Spraakbook nalesen. Denn kann he sik tominst verdeffenderen, wenn he enerwegens (to) laat opkrüüzt.

7.12. Tätigkeitswörter aus Hauptwörtern
(Tätigkeitswörter mit Hauptwörtern als Grundwörtern)

den Kopp schüddeln = schüttkoppen = den Kopf schütteln
de Fööt tillen   = tillföten   = mit den Füßen zappeln
de Schullern tucken = tuckschullern = die Schultern zucken

De Maakler kunn den Koopmann nich beseggen. De harr keen Vermaak, he *schüttkopp* un *tuckschuller*. Dunn leet de Maakler dat Eten bringen. De Koopmann *snüffnees* un *lickmuul*, un na't Eten un Drinken *plieröög* he en beten mööd, avers *nickkopp* tofreden un ünnerschreev, as de Maakler em den Verdraag vörleeg.

8. Umstandswörter (Adverbien)

8.1. Abgeleitete Umstandswörter (siehe 2.2.)

beschreiben die näheren Umstände, unter denen etwas geschieht. WIE tut er es! Langsam oder schnell, gewandt oder ungeschickt? Das Umstandswort (Adverb) bezieht sich auf das Tätigkeitswort (Verb), also nicht wie ein Eigenschaftswort (vgl. 2) auf das Hauptwort!

Hannes löppt *gau*. Wo(ans) löppt Hannes? – GAU is hier Ümstandswoort.
Avers: Harry is *risch*. Wo(ans) is Harry? – RISCH is hier Egenschoppswoort.
De Sluck is *goot* (Eigenschaftswort), geiht mi *moi warm* (2 U.W.) to Lief. Fiete snackt *besünners luut* (2 U.W.: Wo snackt Fiete? Luut. Wo luut snackt Fiete? Besünners luut.). Adverbien können auch andere Wortarten (hier z.B. ein Adverb) näher beschreiben – verstärken oder abschwächen.
Daaglang weern wi *ünnerweg(en)s* – *nacht(en)s* marscheren wi, un *daagsöver* slepen wi in'n Woold.

8.2. Ursprüngliche Umstandswörter

bezeichnen ebenfalls Art und Weise, Grund, Ort oder Zeit:

1	2
aber	nur
außen	oft, häufig, wiederholt
außerdem	schon, bereits
damals, dann	seitdem
dámit (vgl. Bindewort unter 1)	sogar
dennoch, doch	sonst, anderenfalls
fast, beinahe	später
irgendwo	überall, immer (engl.: always)
mehrfach, oftmals, oft	unten (nach unten)
nirgends, an keiner Stelle	zwar

Die Gebäude der *Außendeich*betriebe (-gehöfte) liegen alle auf Wurten, d.h. aufgeschütteten Erdhügeln. (Einzahl: Gebäude, Betrieb, Gehöft, Wurt, Hügel).
Der Schnee lag so hoch, daß man *außerhalb des Dorfes* mit dem Auto (dem Wagen) nicht weiterkam.
Den Limes haben die alten Römer gebaut. *Damit* wollten sie vor allem die germanische Reiterei aufhalten, die *damals wohl* der gefährlichste Gegner war.
Der Weg ist noch weit (wörtl.: Ich muß noch *häufig* ausschreiten, zutreten, bis ich *da* bin).
... und dann ist er weg — und ist *nirgends* mehr zu sehen.
... da bekam ich das Übergewicht und sauste *nach unten*.
Sie schüttelte ihn an der Schulter, *so sehr* sie nur konnte. (U.W. als Bindewort)
Irgendwo in der Südsee soll es *ja noch* Menschenfresser geben.
— Ich glaube *eher* (= vielmehr), daß es *überall* Menschen gibt, die so etwas *nur* erzählen; *sonst* fühlen die sich nicht wohl.
Dann riß er aus (= nahm Reißaus), *was* das Zeug *nur* (aus)halten wollte. („was ... nur" = wie sehr ... nur irgend möglich. Konjunktionaler Ausdruck aus indirektem Fragewort und Umstandswort).
Liberia war *schon* 1822 ein westafrikanischer Staat. Daraus ist *aber seitdem* nichts *weiter* geworden, er ist Entwicklungsland geblieben. —
Was hat der Hund *eigentlich*? Der ist *heute ganz* verrückt.
Überall habe ich gesucht, *irgendwo* muß es *doch* sein.
Jetzt weiß ich *zwar*, wer es getan hat, *aber nicht*, wo er ist. — Das werden wir *später noch* herausfinden. — *Allmählich* wird es *aber* Zeit!
Dieses Rätsel von früher ist *heute ganz* aus der Mode gekommen.

1	2
avers, overs, ober, man	bloot(s), man, egens, luter, rein
buten, buten rüm	faken(s), foken, nääslang
butendem, (b)uterdem	al, schoon
do, dunn	sietdem, sörredem
dórmit (selten: dármit)	sogoor (selten: sogaar)
doch, lieker(s)	sünst, süss, anners, ans
meist, binah, ümbi, mehrst, schier	later, nahst(en)
enerwegens, enerwo	allerwegens
oftins, ofteins	nedden, nerrn, ünnen (na nerrn)
narms, up keen Steed	twoor(s),

De Gebüden von de Bedrieven (= Hoffsteden) *butendieks* liggt all op Wurten, dat heet opschüddt Eerdknüllen. (Eentall: Gebüü(d), Bedrief, Hoffsteed, Wuurt, Knüll).
De Snee leeg so hooch, wat en *butendörps* mit dat Auto (den Wagen) nich wiederkeem.
Den Limes hebbt de ool Römers buut. *Dor* wullen se besünners de germaansche Rideree *mit* ophollen, de *do woll* de gefährlichste Fiend weer.
Ik mutt noch *faken* totreden, bet ik *dor* bün.
. . . un denn is he weg — un is *narms* mehr to sehn.
. . . dor kreeg ik dat Övergewicht un suus *na nerrn*.
Se schüddel em an de Schuller, *all wat* se *man* kunn. (all wat = U.W. als Bindewort)
Enerwegens in de Südsee schall dat *jo noch* Minschenfreters geven. — Ik glööv *ehrer*, wat dat *allerwegens* Minschen gifft, de sowat *bloots* vertellt; *anners* föhlt de sik nich woll.
Do neih he dor ut, *all wat* dat Tüüch hollen wull. (all wat = U.W. als Bindewort).
Liberia weer *al* achteihnhunnerttweeuntwintig en westafrikaanschen Staat. Dor is *avers sietdem* nix *wieder* ut worrn, de is Entwicklungsland bleven. —
Wat hett de Hund *egentlich*? De is *rein* dull *vundaag*.
Allerwegens heff ik söcht, *enerwegens* mutt dat *doch* wesen.
Nu weet wi *twoors*, wokeen dat daan hett, *avers nich*, woneem he is. —
Dat ward wi *later noch* rutfinnen. — *Bi lütten* warrt dat *avers* Tiet!
Düt Radel vun fröher is *vundaag rein* ut de Mood kamen.

9. Verhältniswörter (Präpositionen)

drücken ein räumliches oder zeitliches Verhältnis zwischen zwei „Dingen" aus (Verhältnis: „ich" zu „Stuhl" usw.):

Ich sitze *auf* dem Stuhl, *am* Tisch, *unter* der Lampe und arbeite so *von* neun Uhr *bis* mittags zwölf Uhr.

Verhältniswörter werden dem Hauptwort *voran*-gestellt (prae-ponere), daher Präpositionen genannt:

Bei uns, *auf* dem Hopfenmarkt, *neben* der Kirche, kann man *seit* der Jahrhundertwende keinen Hopfen mehr kaufen. Aber *vor* Jahren haben einige Leute angefangen, dort einen Wochenmarkt abzuhalten. *Unter* meinem Zimmer verkauft ein Fischhändler seinen stinkenden Kram *von* morgens sieben *bis* mittags zwölf Uhr. Aber wenn ich gleich um sieben hinuntergehe, kann ich mir den Fisch aussuchen, den ich gerade mal essen will.

Statt der Liste der Präpositionen im plattdeutschen Teil:

Tenns de Kark harr ik'n Laden mit Appelsinas sehn.	*Am gegenüberliegenden* Ende der Kirche hatte ich einen Laden mit Apfelsinen gesehen.
Twüschen de Vördrääg eten wi rökert Aal.	*Zwischen* den Vorträgen aßen wir geräucherten Aal.
Mank de Pilgers weer en Kalif, so sän tominst de Lüüd.	*Unter* den Pilgern war ein Kalif, so sagten die Leute jedenfalls.
Eenen Raat hett he *to* Hart nahmen: Spoor *in* de Tiet (bitiden), denn hest du in hoochbeente Tieden ok nix. (Snack *ut* de Nakriegstiet, as nüms wat to eten harr).	Einen Rat hat er beherzigt (= *zu* Herzen genommen): Spare *in* der Zeit, dann hast du in der Not auch nichts. (Redensart *aus* der Nachkriegszeit, als niemand was zu essen hatte).

Alle meine Freunde *außer* Horst waren gestern *bei* mir, als wir die neue Küche einweihen wollten. Wir waren *über* zwanzig, mit den beiden Kötern sogar zweiundzwanzig, *ohne* die Katze mitzurechnen, welche die Flucht ergriff.

Innerhalb der Stadtmauern lebten die Bürger. — *Außerhalb der* Arbeitszeit liest er nur. — *Außer* dem Eichentisch haben wir noch den *aus* Buchenholz.

9. Verhältniswörter (Präpositionen)

drücken ein räumliches oder zeitliches Verhältnis zwischen zwei „Dingen" aus (Verhältnis: „ich" zu „Stuhl" usw.):

Ik sitt *up*'n Stohl, *an*'n Disch, *nerrn* de Lamp un arbeit so *vun* Klock negen *bet* middaags Klock twölf.

Verhältniswörter werden dem Hauptwort *voran*-gestellt (*prae*-ponere), daher Präpositionen genannt:

Bi us, *up*'n Hoppenmarkt, *blangen* de Kark, kann'n *siet* de Johrhunnertwenn kenen Hoppen mehr köpen. Avers *vör* Johren hebbt welk Lüüd anfungen, dor enen Wekenmarkt aftohollen. *Nerrn* miene Kamer verköfft'n Fischhöker sienen stinken Kraam *vun* morgens söben *bet* middaags Klock twölf. Avers wenn ik glieks *üm* söben rünnergah, kann ik mi den Fisch utsöken, den ik jüst mal eten will.

op/up	auf
sünner, sünder¹, uter	außer, ohne
buten de	außerhalb des/der
bi	bei
achter	hinter, nach
binnen de	innerhalb des/der
mit (mit't = mit dat)	mit (mit dem)
blangen	neben
ahn, ohn	ohne
siet, sörr	seit
över, ober	über
üm	um
nerrn, ünner	unter(halb)
vör/vor	vor
to'n (= to den), to't (= to dat)	zum
to d' (= to de)	zur
to'n (= to en!)	zu einem (entspricht z.T.: zum)

All miene Frünnen *sünner* Horst weern güstern *bi* mi, as wi de nie Köök inweihen wulln. Wi weern *över* twintig, *mit* de beiden Köters sogoor tweeuntwintig, *ahn* de Katt mittoreken, de flüchten dä.

Binnen de Stadtmüür leven de Börger. — *Buten de* Arbeitstiet deit he nix as lesen. — *Sünner* (= *Uter*) den Eekdisch hebbt wi noch den *ut* Bookholt.

---

[1] Vgl.: Üb immer Treu und Redlichkeit ... dann kannst du *sonder* Furcht ... dem Tod ins Auge sehn.

Dort geht es *zum* Bahnhof. — Ich habe ihm erst gestern *zum* Geburtstag gratuliert.

Zum Tanzen haben die beiden immer Lust. — Lesen mag ich gern, vor allem etwas *zum* Schmunzeln.

Kommt Jan Sonntag auch *zur* Hochzeit? — das ist (vielleicht) eine Frage! Er ist doch der Bräutigam! — Ach so, er ist das.

Zum Besten des Volkes (Hier ist wirklich das Gute in seiner Vollendung gemeint; daher groß zu schreiben), *zum* zweiten Mal, aber: *zum* Beispiel (Verschiedene Sicht: Der Hochdeutsche wendet sich auch sprachlich *dem* Beispiel zu, an das er denkt. Der Niederdeutsche spricht von *einem* beliebigen Beispiel, deren es begrifflich ja mehrere geben muß).

Das ist zum Lachen (Steigerung: zum Schießen, zum Brüllen). ZU DEM Lachen kommt man in komischer Lage (Reaktionsphänomen). TO'N / Zu EINEM Lachen kommt der Niederdeutsche, da er ja nicht nur einmal im Leben lacht.

10. Zahlwörter (Numeralia)

10.1. Bestimmte Zahlwörter (Definite Numeralia)

Die Nr. 1 im Tennis, Steffi Graf, die am 09.07.89 auch „Wimbledon" gewonnen hat, wirkt als Mensch stets natürlich.

De Nr. een in't Tennis, Steffi Graf, de an'n negenten söbenten negenuntachentig ok „Wimbledon" wunnen hett, lett as Minsch alltiet slicht un eenfach.

1. Ich habe eine Viertelstunde auf sie gewartet. 2. Mein Freund hat DM 3 000,— gewonnen. 3. Das 3. Tausend hat er mir gegeben. 4. Sonst hatte sie immer einen Liter Milch gekauft, jetzt nur noch drei Viertel Liter, weil die Milch vielleicht noch verseucht ist. — 5. $^1/_4$ Liter „Gift" eingespart? 6. Ein paar tausend Demonstranten waren unterwegs, Hunderte machten Lärm. 7. Die halbe Stunde habe ich nicht auf der Rechnung.

Dor geiht't (= geiht dat) *to*'n (to den) Bahnhoff. – Ik heff em eerst güstern *to*'n Geburtstag graleert.

To't (to dat) Danzen hebbt de beiden jümmers Viduutz (= Lust). – Lesen do ik geern, besünners wat *to*'n Smuustern. (Falsch wäre: to't).

Der Lesestoff soll also *zu einem* (= to en/to'n) Schmunzeln verhelfen, zu einem gelegentlichen Schmunzeln. Dagegen: Zu dem Lächeln, das der Maler dem König verliehen hat, kann ich nichts sagen. To dat Grienen (= To't Grienen), dat de Maler den König ... Das Grinsen ist bestimmt (konkretisiert); daher: to dat = to't.

Kümmt Jan Sünndag ok *to* d' (to de) Hochtiet? – Dat's 'n Stück Snack! He's doch de Brögam! – Ach so, dat is he.

To't Best von dat Volk, *to't* tweete Maal, avers: *to'n* Bispill (üm en Bispill to geven). –
Dat is to'n Lachen (Steigerung: to'n Scheten).

10. Zahlwörter (Numeralia)

10.1. Bestimmte Zahlwörter (Definite Numeralia)

1 = een/ein	11 = ölben/ölven/olben	21 = eenuntwintig	
2 = twee/twei	12 = twölf/twolf	30 = dörtig	
3 = dree/drei	13 = dörteihn	40 = veertig	
4 = veer	14 = veerteihn	50 = föftig/fieftig	
5 = fief	15 = föfteihn/fofteihn	60 = sößtig/soßtig	
6 = söß/soß	16 = sößteihn/soßteihn	70 = söbentig	
7 = söben	17 = söbenteihn	80 = achtzig/tachentig	
8 = acht	18 = achteihn	90 = negentig	
9 = negen	19 = negenteihn	100 = hunnert	
10 = teihn	20 = twintig	1000 = dusent/dusend	

1. = de eerst(e)	3. = de drütt(e)	5. = de föft(e)/de fiefte	
2. = de tweet(e)	4. = de veert(e)	6. = de sößt(e)/de soßt(e)	

Een Veerdel/Viddel/Veddel = $1/4$,   twee Veerdeln/Viddeln ODER
twee Veerdels/Viddels = $2/4$

1. Ik heff eene Veerdelstünn op ehr töövt. 2. Mien Fründ hett dreedusend Mark wunnen. 3. Dat drütte Dusend hett he mi geven. 4. Sünst harr se jümmer een Liter Melk köfft, nu man noch dree Veerdel Liter, wiel de Melk villicht noch versüükt is. 5. – Een Veerdel Liter „Gift" inspaart? 6. En poor dusend Demonstranten weern ünnerwegens, Hunnerte rementern. 7. De halve Stünn heff ik nich op de Reken.

Die Zahl *„eins"* ist merkwürdig: Ob die durch eins geteilt oder mit eins malgenommen wird, ist egal — es bleibt eins.

In Deutschland gibt es *zwei* Länder, die „Sachsen" genannt werden: Niedersachsen in Westdeutschland, wo Heinrich der Löwe als Herzog in Braunschweig lebte (bis 1195), und Sachsen in Mitteldeutschland, wo Martin Luther 1517 seine 95 Thesen an die Schloßkirche zu Wittenberg anschlug.

Es gibt auch *zwei* „Momente" — „den Moment" als Augenblick und „das Moment" als wichtigen Umstand. In der Physik zum Beispiel mißt (messen) das Trägheitsmoment den Widerstand eines Körpers gegen Veränderung seiner Rotationsgeschwindigkeit.

Drei Jahrhunderte vor der Zeitenwende (vor Christi Geburt), im Jahre 333, hat der griechische Kaiser Alexander der Große die Perser bei Issos in Kleinasien geschlagen.

Was fällt Ihnen bei *„vier"* ein? 2x2 ist *vier*. Aber 2+2 ist auch *vier*. Das liegt aber an der Zahl zwei. — „Habt ihr den Hamburger *Vier*master gesehen?" — das Lied über unser größtes Segelschiff, das wir früher gehabt haben/hatten. — Jetzt habe ich schon zum dritten Mal ein *vier*blättriges Kleeblatt gefunden.

In *fünf* Staaten wird eine deutsche Amtssprache gesprochen: in Deutschland, Luxemburg, Schweiz, Liechtenstein und Österreich.

Der Mensch hat *fünf* Sinne, d.h., er kann sehen, hören, riechen, schmecken und fühlen. Wenn er einen seiner Sinne verliert, dann fangen die anderen Sinne an, genauer zu arbeiten, um den Verlust auszugleichen/wettzumachen/gutzumachen.

„66" ist ein deutsches Kartenspiel mit 24 Karten, das man mit 66 Punkten gewinnt. Was ist aber ein *„Sechs*tagerennen"? Ein Radrennen von Berufsfahrern, die sich — immer zwei zusammen — über 145 Std. abstrampeln müssen (um danach größtenteils zu verlieren!). Der einzelne Fahrer ist aber nicht 145 Std. dabei, sondern wird abgelöst. Gott soll die Welt in *sechs* Tagen gemacht/geschaffen haben, und am siebenten Tag hat er sich ausgeruht. Wir ruhen seit Jahren nach fünf Tagen, d.h., meistens haben wir zu Hause genug zu tun und arbeiten am Sonnabend für uns selbst. Nein! Nicht, was Sie jetzt denken: Schwarzarbeit. So etwas tun wir fast gar nicht, und, nebenbei gesagt, unter näheren Verwandten

De Tall „*een*" is snaaksch: Of de dörch een deelt or mit een maalnahmen warrt, is eendoon — dat blifft een.

In Düütschland gifft dat *twee* Länner, de „Sassen" nöömt ward: Neddersassen in Westdüütschland, woneem Hinrich de Lööw as Hertog in Bruunswieg leev (bet ölvenhunnertfiefunnegentig), un Sassen in Middeldüütschland, neem Martin Luther föfteihnhunnertsöbenteihn sien fiefunnegentig Thesen an de Slottkark to Wittenbarg ansloog.

Dat gifft ok *twee* „Momangs" — „den Momang" as Ogenblick un „dat Momang" as wichtigen Ümstand. In de Physik to'n Bispill mitt (meten) dat Tragheitsmomang den Wedderstand von'n Körper gegen't Verännern von siene Rotationsswinnigkeit.

Dree Johrhunnerte vör de Tiedenwenn (vör Christi Gebuurt), in dat Johr *dree*hunnert*dree*undörtig, hett de greeksch Kaiser Alexander de Grote de Perser bi Issos in Lüttasien slaan.

Wat fallt Se bi „*veer*" in? Twee maal twee is *veer*. Avers twee un twee is ok *veer*. Dat liggt avers an de Tall twee. — „Hebbt ji den Hamborger *Veer*master sehn?" — dat Leed över us gröttst Seilschipp, dat wi fröher hatt hebbt/harrn. — Nu heff ik al to'n drütten Maal en Klever*veer* funnen (OK: enen Kleverveer).

In *fief* Staaten warrt en düütsche Amtsspraak snackt: in Düütschland, Luxemborg, Schweiz, Lichtensteen un Österriek.

De Minsch hett *fief* Sinnen, dat heet, he kann sehn, hören, rüken, smekken un föhlen. Wenn he een von sien Sinnen verleert, dennso fangt de anner Sinnen an, nauer to arbeiten, üm den Utfall uttoglieken/wettomaken/goottodoon.

„*Söß*unsößtig" is en düütsch Kortenspeel mit veeruntwintig Bläder, dat en mit *söß*unsößtig Punkten winnen deit. Wat is avers en „*Söß*daagrennen"? En Radrennen von Fohrers, de von't Radrennen leevt (Profis) un de sik — jümmers twee tohoop — över eenhunnertfiefunveertig Stunnen afstrampeln mööt (üm dorna gröttstendeels to verleern!). De inkelte Fohrer is avers nich hunnertfiefunveertig Stunnen dorbi, ne, he warrt aflööst. — Gott schall de Welt in *söß* Daag maakt hebben/schafft hebben, un an'n söbenten Dag hett he sik utrauht. — Wi rauht sörr Johren na fief Daag, dat heet, meisttiets hebbt wi to Huus noog to doon un arbeit't an'n Sünnavend för us sülven. Ne! Nich, wat Se nu denkt: Swattarbeit. So'n Kraam doot wi meist gor nich, un, blangenbi seggt, mank neger Verwandten (in de

(in der engeren Verwandtschaft) ist es ganz legal. Wenn einem ein paar Schwäger, Onkel und Neffen (hier: Kinder der Schwester) helfen, dann kann das Finanzamt nichts machen. Nur darf da (= dabei) nichts schiefgehen, sonst ist der Teufel los! Wer soll bezahlen, wenn plötzlich das Dach runterfällt und einem deiner Schwäger wird vielleicht ein Ohr abgeschlagen? Der ist dann wirklich „über's Ohr gehauen" (betrogen), weil er wohl keinen „Schaden" hat und seine Arbeit weiterhin tun kann. Selbst wenn er Kapellmeister der Freiwilligen Feuerwehr gewesen ist und das jetzt aufgeben muß, kann er wohl nichts verlangen; denn er hat es ja auch vorher umsonst getan. Und „seelischen" Schaden (Verlust an Freude) kann er auch nicht geltendmachen, weil er jetzt die Zeit für etwas anderes n*u*tzen kann.

Warum n*u*tzt du es nicht? = warum *ge*brauchst du es nicht zu deinem eigenen Vorteil? – ABER: Das n*ü*tzt mir nichts. Ich – brauche es nicht (= Ich kann damit nichts anfangen).

Nutzen: a) einen Vorteil ziehen; tun, was gerade günstig ist (gut geht)
Nützen: a) helfen; das hilft nichts/taugt nichts/bringt nichts.
Gebrauchen: a) verwenden: Heutzutage gebrauchen die Hochseesegler Radar, obgleich es nicht Vorschrift ist.
Brauchen: b) nötig haben: Segelschiffe, die Yachten, brauchen nicht nur Haupt- und Vorsegel, sondern auch Navigation.

Sie haben es *ge*braucht (verwendet oder nötig gehabt?). – Das Wort ist hier nicht üblich (= *wird* hier nicht benutzt = *gebraucht*/verwendet). – Das/Es ist schon verbraucht.

*Sieben*bürgen (Transsylvanien) ist eine Landschaft zwischen den Ost- und Südkarpaten in Rumänien mit Klausenburg (Hauptstadt), Hermann- und Kronstadt. Im 12. Jahrhundert sind dort deutsche Bauern eingewandert. – Nach dem *Sieben*jährigen Krieg (1763) konnte Preußen Schlesien behalten (das sowieso deutsch geblieben wäre!), aber England bekam Kanada von Frankreich und Florida von Spanien.

Der *Sieben*te Himmel ist – nach dem Glauben der Babylonier – der höchste aller Himmel, Ort höchster Seligkeit.

Wenn's am *Sieben*schläfer (dem 27. 06.) regnet, dann regnet's 7 Wochen. Und wenn die erste Woche im Jahr *sieben* Tage hat, dann geht's das ganze Jahr so weiter.

„Ich besuche dich in *acht* Tagen", sagt mancher und meint in 7 Tagen. Im Französischen sagt man „quinze jours" (15 Tage), wenn man 14 Tage meint, was man auf englisch „a fortnight" nennt (Die Amis sagen „two weeks" = 2 Wochen). Mich deucht, die Menschen mögen nicht immer

enger Verwandtschop) is't ganz legaal. Wenn'n en poor Swagers, Onkels un Süsterjungs helpen doot, dennso kann't Finanzamt nix maken. Bloots dröff dor nix scheefgahn, sünst is de Düvel loos! Keen schall betahlen, wenn mitmaal dat Dack daalfallt un een von dien Swagers warrt villicht een Ohr afslaan? De is denn würklich „över't Ohr haut" (= bedragen), wieldat he wull kenen „Schaad" hett un siene Arbeit wiederhen doon kann. Sülfst wenn he Kapellmeister von de Freewillige Füürwehr west is un dat nu opgeven mutt, kann he woll nix verlangen; denn he hett't jo ok vörher ümsünst daan. Un „seelischen" Schaad (Verlust von Freid) kann he ok nich gellenmaken, wieldat he nu de Tiet för wat anners n*ü*tten kann.

Worüm n*ü*ttst du dat nich? = worüm bruukst du dat nich to dienen egen Vördeel? — AVERS: Dat n*ü*tt mi nix! Ik bruuk dat nich (= Ik kann dor nix mit anfangen).

Nütten: a) enen Vördeel tehn; doon, wat graad günstig is (goot geiht),
b) helpen, dat bringt nix/döggt nix/scheelt nix.
Bruken: a) verwennen: Hüüttodaags bruukt de Hoochseeseilers Radaar, ofschoonst dat nich Vörschrift is.
b) nödig hebben: Seilscheep, de Yachten, bruukt nich bloots Haupt- un Vörsegel (= Klüver), ne, se bruukt ok Navigaschoon.

Se hebbt dat bruukt (verwennt or nödig hatt?). — Dat Woort *is* hier nich *begäng* (= warrt hier nich bruukt/verwennt). — Dat is al all.

*Söben*börgen (= Transsylvanien) is ene Gegend twischen de Oost- un Süüdkarpaten in Rumänien mit Klausenborg (Hauptstadt), Hermann- un Kronstadt. In't twölfte Johrhunnert sünd dor düütsche Buurn inwannert. Na den *Söben*johrigen Krieg (*söben*teihnhunnertdreeunsößtig) kunn Preußen Schlesien (Slesien) beholln (dat sowieso düütsch bleven weer!), avers Ingland kreeg Kanada von Frankriek un Florida von Spanien.

De *Söben*te Himmel is — na den Globen von de Babylonier — de böverste von all Hebens, Oort von de hööchste Seligkeit.

Wenn't an'n *Söben*släper (den *söben*untwintigtsten sößten) regent, denn regent't *söben* Weken. — Un wenn de eerste Week in't Johr *söben* Daag hett, denn geiht't dat ganz Johr so wieder.

„Ik besöök di in *acht* Daag", seggt mennigeen un meent in söben Daag. In't Französisch seggt'n „quinze jours" (föfteihn Daag), wenn'n veerteihn Daag mennt, wat'n op ingelsch „a fortnight" nöömt (De Amis seggt "two weeks" = twee Weken). Mi dücht, de Minschen möögt nich jümmers

„logisch" denken und „konsequent" sein. Sie wollen lieber mal „vom Kurs abweichen" (aus der Richtung segeln). Sonst wären wohl auch alle Sprachen in Europa gleich und gäbe es keine Mundarten. Das wäre ein trauriges Leben. Aber so ist es nicht, und auch unsere Hunde und Pferde sind ganz verschieden und lassen sich nicht wie Maschinen behandeln; sie wollen studiert werden! Der Mensch muß *a*cht geben, daß er seinem Pferd kein *U*nrecht tut, wenn er selbst *u*nrecht hat. Eine englische Zeitung hat ausgerechnet, daß die Westeuropäer den *Acht*stundentag schon lange über Bord geworfen haben: Wenn man den Ausfall durch „Krankheit", Bildungsurlaub, zu lange Pausen usw. abzieht, dann zeigt sich, daß wir etwa 32. Std. in der Woche arbeiten. Das gilt nicht für Rechtsanwälte, Ärzte und Provisonsvertreter. — Vor vielen Jahren hat der deutsche *Acht*er die Goldmedaille gewonnen, d.h., unsere besten Ruderer — *acht* Mann und der Steuermann — haben ihr Boot, das $17^{1}/_{2}$ m lang war, als erste durchs Ziel gebracht.

Wenn Sie Unterricht in *neun* Schulfächern nehmen wollen, dann müssen Sie sich auch zumindest *neun* Hefte kaufen. Brauchen Sie aber zwei neue Hefte je Fach, dann sind's schon 18. Liegt die Schule irgendwo, wo Sie noch nicht gewesen sind, jetzt aber eine Zeitlang leben, dann werden Sie da wohl umherfahren oder -wandern, um sich die nähere Umgebung anzusehen.

Wenn Sie die deutsche Geschichte wiederholen, lernen Sie, daß Heinrich I., Herzog von Sachsen, der 919 zum König gewählt wurde, das Deutsche Reich schuf — vor mehr als tausend Jahren. Mit seinem sächsischen Reiterheer schlug er die Ungarn an der Unstrut (933) und sicherte so das Reich nach Osten hin. — Manche meinen, erst Otto der Große habe das Reich 962 gegründet. Dennoch vor über 1000 Jahren! Jetzt noch ganz was anderes: 1925 wurde Afrikaans, die Sprache der Buren (Niederländer und Niederdeutschen), zweite Amtssprache in Südafrika. 1933 wurde die Bibel zum ersten Mal in Afrikaans gedruckt und herausgegeben; 1936 kam das „Lehrbuch des Afrikaans für den Schul- und Selbstunterricht" auf den Büchermarkt, und ein Jahr später begannen die Buren, auch im Radio Afrikaans zu sprechen, obgleich Englisch, die Muttersprache der Kolonialherren, Vorrang hatte. Seit dem 3. Mai 57 ist „Die Stem van Suid-Afrika" die einzige Nationalhymne.

Warum ich das alles niederschreibe? Zum ersten, damit ein Anfänger die Zahlen üben kann, und zum zweiten, damit er oder sie gleich ein wenig über Deutschland und seine Geschichte lernen kann. Was aber Afrikaans angeht, das ist eine germanische Sprache und fast wie unser Platt: Niemand

„logisch" denken un „konsequent" wesen. Se wüllt lever maal „ut de Richt seilen". Anners weern woll ok all de Spraken in Europa glik un geev dat kene Mundorten. Dat weer en trurig Leven. Avers so is't nich, un ok us Hunnen un Peer sünd heel verscheden un laat sik nich as Maschienen behanneln; se wüllt studeert warrn! De Minsch mutt *a*cht geven, wat he sien Peerd keen *U*nrecht deit, wenn he sülven *u*nrecht hett. En ingelsch Blatt hett utrekent, wat de Westeuropäers den *Acht*stunnendag al lang över Boord smeten hebbt: Wenn'n den Utfall dörch „Krankheit", Bildungsurlaub, to lange Pausen un so wieder aftrecken deit, denn wiest sik, wat wi bi tweeundörtig Stunnen in de Week arbeiten doot. Dat gellt nich för Afkaten, Doktors un Provischoonvertreders. — Vör vele Johren hett de düütsche *Acht*er de Goldmedaille wunnen, dat heet, us beste Roderers — *acht* Mann un de Stüürmann — hebbt ehr Boot, dat söbenteihneenhalv Meter lang weer, as eerste dörch't Teel bröcht.

Wenn Se Ünnerricht in *negen* Schoolfleeg (= Schoolflagen) nehmen wüllt, denn mööt se sik ok tominst *negen* Heften köpen. Bruukt Se avers twee nie Heften je Flach (Flaag), denn sünd't al achteihn. Liggt de School enerwegens, neem Se noch nich west sünd, nu avers en Tietlang leevt, denn ward Se dor woll ümherfohren or -wannern, üm sik de *neger* Ümgegend antokieken. Wenn Se de düütsche Geschicht wedderhaalt, lehrt Se, wat Hinrich I. (de Eerste), Hertog von Sassen, de *negen*hunnert*negen*teihn to'n König wählt wöör, dat Düütsche Riek schaff — vör mehr as dusend Johren. Mit sien sassen Riederheer sloog he de Ungarn an de Unstrut (*negen*hunnertdreeundörtig) un seker so dat Riek na Oosten hen. — Welk Lüüd meent, wat eerst Otto de Grote dat Riek *negen*hunnerttweeunsößtig gründt harr. Liekers vör över dusend Johren! Nu noch heel wat anners: *Negen*teihnhunnertfiefuntwintig wöör Afrikaans, de Spraak von de Buurn (Nedderländers un Nedderdüütschen), twete Amtsspraak in Süüdafrika. *Negen*teihnhunnertdreeundörtig wöör de Bibel to't eerst Maal in Afrikaans druckt un rutgeven; *negen*teihnhunnertsößundörtig keem dat „Lehrbook von dat Afrikaans för den School- un Sülfstünnerricht" op den Bökermarkt, un een Johr later begunnen de Buurn, ok in't Radio Afrikaans to snacken, ofschoonst Ingelsch, de Muddderspraak von de Kolonialherren, Vörrang harr. Sörr den drütten Mai söbenunföftig is „Die Stem van Suid-Afrika" de eenzige Nationalhymne.

Worüm ik dat allens henschrieven do? To't eerst, wat en Anfänger de Tallen öven kann, un to't tweet, wat he or se glieks en beten över Düütschland un siene Geschicht lehren kann. Wat avers Afrikaans is, dat is'n germaansche Spraak un meist as us Platt:

kann zwei Herren dienen (nicht). — Im Afrikaans also — wie im Spanischen und Russischen — doppelte Verneinung! Im Französischen hat man es ansatzweise: ne ... pas/point/guère. Aber auch im Platt: Dat harr ik *nie nich* dacht! = mien Leefdag nich glöövt! = Das hätte ich im Leben nicht gedacht! Verstärkte Verneinung. Du weetst ok *keen* annern Utweg *nich* = Du weißt auch keinen anderen Ausweg.

Der Mensch ist ein sterbliches Wesen. Der Apfel fällt nicht weit vom Stamm. Gelegenheit macht Diebe. Andere Zeiten, andere Menschen. Reden ist Silber, Schweigen ist Gold.

Aber wer eine Sprache lernen will, muß natürlich auch sprechen und schreiben, nicht nur zuhören und lesen.

1810 dankte der König von Holland, Ludwig Bonaparte, ein Bruder Napoleons, ab, und Holland, Ostfriesland, Oldenburg, Bremen, Hamburg und Lübeck wurden dem Staat Frankreich zugeschlagen, damit Napoleon seinen Traum, die „Kontinentalsperre" gegen England, aufrechterhalten konnte. Er wußte so wenig wie Hitler, wie er den Inselstaat kleinkriegen konnte.

Am *10.* November 1918 floh Kaiser Wilhelm II. auf Anraten Generalfeldmarschalls v. Hindenburg nach Holland (genauer: den Niederlanden). Zu der Zeit war der Erste Weltkrieg für uns verloren, und die Alliierten wollten den Kaiser als „Kriegsverbrecher" bestrafen. Sie folgten wohl ihrem Sprichwort: „Gib einem Hund einen schlechten Namen und hänge ihn auf." Die Franzosen sagen: „Wenn man seinen Hund ertränken will, beschuldigt man ihn der Tollwut." Die englische Zeitung „Evening News" hatte schon am 6. August 1915 unseren letzten Kaiser „den tollwütigen Hund von Europa" genannt. Andere Blätter verglichen ihn mit Attila und Herodes...

10.2. Unbestimmte Zahlwörter (Indefinite Numeralia)

vermeiden eine genaue Festlegung (viele, manche, einzelne, etwas), sind aber im Bereich der Logik doch recht genau: *Jeder* weiß es = *alle* wissen es. Aber: „*Niemand* weiß es" bedeutet nicht „*alle* wissen es nicht" (= *manche* wissen es, aber eben nicht *alle*).

Man kann nicht *alle* Menschen zufriedenstellen.
Das sind ja *alles* 'abgegriffene' Geschichten (Kamille = Arzneipflanze). Ich habe nicht *all'* die Menschen auf dem Platz gefragt, aber *einige*. *Einige* mögen es heiß. — Der *einzelne* Bürger hat Pflichten und Rechte. Der *Einzelne* und der Staat — das ist die große Frage. — Gestern habe ich *etwas* über die Ameisen gelesen, und heute hat mich *eine* gebissen.

Niemand kan twee here dien nie.	Nüms kann twee Herren denen.
Die mens is'n sterflike wese.	De Minsch mutt starven.
Die appel val nie ver van die boom nie.	De Appel fallt nich wiet von'n Stamm.
Die geleentheit maak die dief.	Gelegenheit maakt Deev (= Deven).
Ander tye, ander mense.	Anner Tieden, anner Minschen.
Praat is silwer, maar swye is goud (maar = man/dat heet: a) avers, b) bloots).	Praten is Sülver, Swiegen is Gold.

Avers keen en Spraak lehren will, mutt natürlich ok snacken un schrieven, nich bloots tohören un lesen.

Achtteihnhunnert*teihn* dank de König von Holland, Ludwig Bonaparte, en Broder von Napoleon, af, un Holland, Oostfreesland, Oldenborg, Bremen, Hamborg un Lübeck wöörn den Staat Frankriek toslaan, dat Napoleon sienen Droom, de „Kontinentalsperre" gegen Ingland, oprechthollen kunn. He wuß so wenig as Hitler, woans he den Inselstaat lüttkriegen kunn.

An'n *teihn*ten November negenteihnhunnertachteihn flücht Kaiser Willem II. (de Tweete) op Rat von Generalfeldmarschall v. Hindenburg na Holland (nauer: de Nedderlannen). To de Tiet weer de Eerste Weltkrieg för us verloren, un de Alliierten wulln den Kaiser as „Kriegsverbreker" bestrafen. Se folgen woll ehr Sprickwoort: „Give a dog a bad name and hang him." = Giff enen Hund en slechten Naam un hang em op. De Franzosen seggt: „Quand on veut noyer son chien on l'accuse de la rage." = Wenn'n sienen Hund versupen will, beschülligt en em (= smitt'n em vör), de Dullsüük to hebben. Dat ingelsch Blatt „Evening News" harr al an'n sößten August negenteihnhunnertföfteihn us letzten Kaiser „the mad dog of Europe" (den dullsüükigen Hund von Europa) nöömt. Anner Bläder vergleken em mit Attila un Herodes ...

10.2. Unbestimmte Zahlwörter (Indefinite Numeralia)

vermeiden eine genaue Festlegung (viele, manche, einzelne, etwas), sind aber im Bereich der Logik doch recht genau: *Jeder* weiß es = *alle* wissen es. Aber: *„Niemand* weiß es" bedeutet nicht *„alle* wissen es nicht" (= *manche* wissen es, aber eben nicht *alle*).

En kann nich *all* Lüüd tofredenstellen. (Wieviele sind „all"?)
Dat sünd jo *allens* olle Kamellen. — Ik heff nich *all* de Minschen op'n Platz fraagt, avers *en poor*. — *Welk* Lüüd möögt dat hitt. De *inkelte* Börger hett Plichten un Rechten. — De *Inkelte* un de Staat — dat is de grote Fraag. — Güstern heff ik *wat* över de Miegeemken lesen (= leest), un hüüt hett mi *een* beten. — Denn hett dien Lesen jo nich holpen. Weest

— Dann hat dein Lesen ja nicht geholfen. Weißt du, wenn *irgend jemand irgend etwas* über Ameisen schreibt, das läßt mich kalt.
Jeder möchte gelten, aber *mancheiner* sieht nur sich allein.
Keiner von uns Fußballern wurde ausgetauscht. — Bei dem Sturm auf See hatte *niemand* mehr geglaubt, er würde überleben.

I	II
alle; alles	keiner
anderer	(Achtung: wer?, Fragewort!)
einige, ein paar	mancher, mancheiner
einzelner	nichts, gar nichts
etwas (ein wenig)	niemand
irgend/-einer/-was	sonst jemand
jeder, jedweder	wenige (z.B.: Jahre)

Der verdorbene Staat hat *die meisten* Gesetze, sagt Tacitus.

Zwei sehen die Welt und fassen sich an die Nase — *der eine* wegen des Geruchs, *der andere*, weil er wissen will, ob er träumt. (W. Schneyder) Jörg sucht mit *jedem* Streit, das ist bekannt, aber *einige* wollen *nichts* davon wissen. — Neulich bin ich bei seinem Nachbarn *ein paar* Tage zu Besuch gewesen und habe es selbst erlebt.

Zwanzig Jahre habt ihr zu eurer Tochter „Anna" gesagt, und nun wundert ihr euch, wenn sie Franz nicht will und auch mal „'n anderen" sagt! Seid zufrieden, daß sie nicht *den ersten besten* nehmen will. Es gibt nun mal nicht *viele*, die ihr gut genug sind. Sie ist wählerisch (die Kür!), aber sie wird eine Verbindung knüpfen (= einen Haken anschlagen), wenn es soweit ist.

11. Übersicht

Endungen bei Beugungen (Deklinationen)

Das plattdeutsche Hauptwort selbst wird überhaupt nicht gebeugt, bleibt also unverändert.
Das Genitiv-s in zusammengesetzten Hauptwörtern erscheint recht hochdeutsch: Sünndagstüüg (Sonntagszeug), in'n acht Daags Tiet (in einer Woche/acht Tagen/einer Acht-Tage-Zeit). Bei „Schippstimmermann" wäre das „s" entbehrlich; denn der Zimmermann ist für das Schiff da: Für wen oder was? Akkusativ!
Ist jemand „anner/arm Sinns" (anderer Meinung/schwachsinnig), so befremden seine Sinne: Also Mehrzahl (neben der Pluralform „Sinnen").

du, wenn *jichenseen jichenswat* över Miegeemken schrifft, dat lett mi kolt. *Elkeen* (= Jeder, Jedereen) much gellen, avers *mennigeen* süht man sik alleen. — *Neen* von us Footballers wöör uttuuscht. — Bi den Storm op See harr *nüms* mehr glöövt, he würr överleven.

I	II
all; all/allens	keeneen, neen (aus: ne een)
anner, annerseen	(Achtung: keen?)
welk, en poor, part	mennig(-een), männig
inkelt(e)	nix, gor nix
wat (en beten)	nüms
jichens/-een/-wat	sünsteen
elk(-een), jeder(-een)	'n lütten Stremel von (Johren)

De verdorvene Staat hett *de mehrsten* Gesetten seggt Tacitus.

Twee seht de Welt un faat sik an de Nees — *de een* von wegen den Röök, *de anner*, wieldat he weten will, of he dröömt. (Werner Schneyder) Jörg binnt mit *jedereen* an, dat is begäng, avers *enige* wüllt dor *nix* von weten. — Nülich bün ik bi sienen Naver *'n poor* Daag op Visit west un hefft sülfst beleevt.

Twintig Johr hebbt ji to ju Dochter „Anna" seggt, un nu wunnerwarkt ji, wenn se Franz nich will un ok maal „*'n anner*" seggt! Weest tofreden, wat se nich *den eerst best* nehmen deit. Dat gifft nu maal nich *vele*, de ehr goot noog sünd. Se is köörsch, avers se warrt'n Haken anslaan, wenn't sowiet is.

11. Übersicht

Endungen bei Beugungen (Deklinationen)

Das plattdeutsche Hauptwort selbst wird überhaupt nicht gebeugt, bleibt also unverändert. Das hochdeutsche „an Kind*es* Statt" (an de Steed vun'n Kind) kann so nicht gesagt werden, „Miet*s*haus" heißt einfach „Miethuus" (= Hüür-). Es gibt aber zusammengesetzte Hauptwörter (Komposita) mit Genitiv-s: Wiehnacht*s*boom, Daag*s*tiet. — Miet*s*haus analog zu Boot*s*haus: Haus der Miete (richtig wäre Mietehaus), aber de*s* Bote*s*.

Die Mehrzahl im Platt ist z.T. vom Hochdt. unterschiedlich: Bispillen (Beispiele), Hunnen (Hunde), Plaans (Pläne, Grundrisse), Grötens (Grüße), Hüüs = Hüser = Husen (Häuser, je nach Mundart).

1. Hauptwort ohne Beiwörter

Einzahl

1. Fall: Bruder   Schwester   Kind
           Bulle, Wagen   Kuh, Kleinstadt   Kalb, Zeichen

Bruder und *Schwester* gehen zur Schule.

4. Fall: *Bulle, Kuh, Kalb* faßt man zusammen unter dem Begriff „Rindvieh".

Mehrzahl

1. Fall: Brüder   Schwestern   Kinder
           Bullen, Wagen   Kühe, Kleinstädte   Kälber, Zeichen

Brüder sind manchmal sehr verschieden.

3. Fall: Viele Menschen leben gern *in Kleinstädten*.

2.1. Hauptwort mit bestimmtem Artikel

Einzahl

1. Fall: der Bruder   die Schwester   das Kind
           der Bulle   die Kuh   das Kalb
           der Wagen   die Kleinstadt   das Zeichen

In der Landwirtschaft (Agrarwissenschaft) ist *die Kuh* eine GVE (Großvieheinheit), *das Pferd* auch. *Die Großvieheinheit* braucht soundsoviel Kilo Heu, Stroh und anderes Futter und macht soundsoviel Kilo Mist und braucht eine Bruchzahl von einem Hektar Land für Futter.

3. Fall: dem Bruder   der Schwester   dem Kind(e)
           dem Bullen   der Kuh   dem Kalb(e)
           dem Wagen   der Kleinstadt   dem Zeichen

4. Fall: den Bruder   die Schwester   das Kind
           den Bullen   die Kuh   das Kalb
           den Wagen   die Kleinstadt   das Zeichen

4. Fall: Hast du *den Wagen* schon geschmiert? — *Das Zeichen* habe ich noch nie gesehen.

3. Fall: So, nun habe ich *dem Kalb* die Magermilch gegeben.

Die untenstehenden Beispielsätze sind nach folgender Einteilung geordnet:

1. Hauptwort ohne Beiwörter

Einzahl

1. Fall: Broder   Süster   Kind
Bull, Wagen*   Koh, Lüttstadt   Kalf, Teken

Broder un *Süster* gat na (= to) School.
3. und 4. Fall wie 1. Fall
4. Fall: *Bull, Koh, Kalf* faat en tosamen ünner den Begreep „Rindveeh".

Mehrzahl

1. Fall: Bröder   Süstern   Kinner
Bullen, Wagens, Köh, Lüttstäder   Kalver, Tekens
Bröder sünd mennigmal heel verscheden.
3. und 4. Fall wie 1. Fall.
3. Fall: Vele Minschen leevt geern *in Lüttstäder*.

2.1. Hauptwort mit bestimmten Artikel

Einzahl

1. Fall: de Broder   de Süster   dat Kind
de Bull   de Koh   dat Kalf
de Wagen   de Lüttstadt   dat Teken

In de Landweertschop (Agrarwirtschaft) is *de Koh* eene GVE (Großvieheinheit), *dat Peerd* ok. De Grootveeheenheit bruukt sounsoveel Kilo Heu (= Hau), Stroh un anner Foder (= Fudder) un maakt sounsoveel Kilo Mist (= Meß) un bruukt en(e) Brööktall vun een Hektar Land för Foder.

3./4. Fall: den Broder   de Süster   dat Kind
den Bull   de Koh   dat Kalf
den Wagen   de Lüttstadt   dat Teken

4. Fall: Hest *den Wagen* al smeert? — *Dat Teken* heff ik noch nie sehn.

3. Fall: So, nu heff ik *dat Kalf* de Blaagmelk (= Blau-) geven.

---

* de Waag = die Waage; der Wagen (pl.: de Wagen)

                        Mehrzahl

die Brüder, Bullen,   die Schwestern, Kühe,   die Kinder, Kälber,
Wagen   Kleinstädte   Zeichen

1. Fall: *Die Wagen*, die Bauer Hansen gebraucht, sind sehr schwer.

3. Fall: Habt ihr *den Kälbern* schon den Klee gegeben? (Das „schon" bzw. „al" steht je nach Sinn und Betonung vor oder hinter „Klee") — *Mit den Wagen* aus der Vorkriegszeit kann man viel verdienen.

4. Fall: Das Krankenhaus hat *die Schwestern* gut eingewiesen.

2.2. Hauptwort mit unbestimmtem Artikel

                        Einzahl
1. Fall: ein Bruder   eine Schwester   ein Kind
            ein Bulle, Wagen   eine Kuh, Kleinstadt   ein Kalb, Zeichen

Ein Zeichen muß einfach und leicht zu verstehen sein.

3. Fall: einem Bruder   einer Schwester   einem Kind
            einem Bullen, Wagen   einer Kuh, Kleinstadt   einem Kalb, Zeichen

4. Fall: einen Bruder   eine Schwester   ein Kind
            einen Bullen, Wagen   eine Kuh, Kleinstadt   ein Kalb, Zeichen

3. Fall: Sie hat *einer Schwester* geholfen. Mein Land ist hinter *einem Knick*.

4. Fall: Mich deucht, ich habe hinter dem Knick *einen Bullen* gesehen. Kennst du das Lied „Laß dich erweichen, gib mir *ein Zeichen*"?

                        Mehrzahl
1. Fall: einige Brüder   einige Schwestern   einige Kinder
            einige Bullen, Wagen   einige Kühe,   einige Kälber,
                                    Kleinstädte   Zeichen

Einige Brüder des Klosters gingen schon zur Messe, als wir vorbeifuhren.

4. Fall: *Für einige Kinder* ist das Schulfest „Vogelschießen" eine große Freude.

                    Mehrzahl
de Bröder, Bullen, Wagens   de Süstern, Köh,   de Kinner,
                            Lüttstäder   Kalver, Tekens

3./4. Fall wie 1. Fall.

1. Fall: *De Wagens*, de Buur Hansen bruukt, sünd bannig swoor.

3. Fall: Hebbt ji *de Kalver* den Klever al geven? — *Mit de Wagens* ut de Vörkriegstiet kann'n veel verdenen.

4. Fall: Dat Krankenhuus hett *de Süstern* goot inwiest.

2.2. Hauptwort mit unbestimmten Artikel

                    Einzahl
1. Fall: en Broder   en(e) Süster   en Kind
            en Bull, Wagen   en(e) Koh, Lüttstadt en Kalf, Teken

En Teken mutt eenfach un licht to verstahn sien.

3./4. Fall: enen Broder   wie 1. Fall   wie 1. Fall
               enen Bull, Wagen

3. Fall: Se hett *en(e) Süster* holpen. Mien Land is *achter enen Knick*.
                                                              en'

4. Fall: Mi dücht, ik heff achter den Knick *en' Bull* sehn. — Kennst dat Leed „Laat di erweken, giff mi *en Teken*"?

                    Mehrzahl
1. Fall: enige Bröder   enige Süstern   enige Kinner
            enige/welk Bullen   enige/welk Köh   enige/welk Kalver
            enige/welk Wagens   enige/welk Lüttstäder enige/welk Tekens

Enige Bröder von dat Klooster gungen al to de Mess, as wi vörbifohren.

3./4. Fall wie 1. Fall.

4. Fall: *För welk Kinner* is dat Schoolfest „Vagelscheten" en grote Höög.

3.1. Hauptwort mit bestimmtem Artikel und Eigenschaftswort

Einzahl

1. Fall: der unfreundliche Bruder die unfreundliche Schwester das unfreundliche Kind,
Der kräftige Bulle kann gut mal den Milchwagen ziehen.

3. Fall: dem unfeundlichen   der unfreundlichen   dem unfreundlichen Kind
Bruder   Schwester

4. Fall: den unfreundlichen   die unfreundliche   das unfreundliche
Bruder   Schwester   Kind

3. Fall: *Der schlauen Frau* traue ich nicht über den Weg. *Von der schwarzbunten Kuh* haben wir die besten Kälber gekriegt.

4. Fall: Wir sind zu gern *durch die verträumte Kleinstadt* gebummelt.
Der Schmied faßt *das heiße Eisen* geschickt mit der Zange an.

Mehrzahl

1. Fall: die unfreundlichen   die unfreundlichen   die unfreundlichen Kinder
Brüder   Schwestern

Die jähen Gedanken sind nicht immer die besten, — Für Deutschland als Industriestaat sind *die europäischen Raumschiffe* absolut notwendig, damit wir in der Technik vorn bleiben.

3. Fall: *Mit den nützlichen Plänen*, die der Bürgermeister ausgearbeitet hatte, war der Landrat einverstanden. Die BR Deutschland sollte *den deutschen Astronauten* so viel bieten, wie nötig ist, um die besten Leute für dieses wichtige Gebiet der Technik zu gewinnen.

4. Fall: Wir sahen *die fleißigen Fischer* mitten in der Nacht auf See.
Wo habt ihr *die größten Teleskopen* der Welt gesehen?
Magreta mußte *die ge/zersägten Aststümpfe* klauben.

3.2. Hauptwort mit unbestimmtem Artikel und Eigenschaftswort

Einzahl

1. Fall: Ein freundlicher   eine freundliche   ein freundliches
Bruder, ein gesunder   Schwester, eine   Kind, ein gesundes Kalb
Bulle   gesunde Kuh

Ein unbeholfenes Kalb steht auf der Landstraße. In Ostpreußen ist oft *eine bitterböse Kälte*, aber die Sonne scheint, die Luft ist trocken, und die Leute sind wohlauf.

3. Fall: *Mit einem wütenden Bullen* mochte Karl nichts zu tun haben.

3.1. Hauptwort mit bestimmten Artikel und Eigenschaftswort

Einzahl

1. Fall: de gruve Broder   de gruve Süster   dat gruuv Kind
De degte Bull kann goot mal den Melkwagen trecken.

3./4. Fall: den gruven Broder   wie 1. Fall   wie 1. Fall

3. Fall: *De plietsche Fru* truu ik nich över den Weg. — *Vun de swattbunte Koh* hebbt wie de besten Kalver kregen.

4. Fall: Wi sünd to geern *dörch de drömige Lüttstadt* bummelt!
De Smitt tangt *dat hitt Iesen* anstellig an.

Mehrzahl

1. Fall: de gruven Bröder   de gruven Süstern   de gruven Kinner

De jachen Gedanken sünd nich jümmers de besten. – För Düütschland as Industriestaat sünd *de europäisch' Ruumscheep* afsluuts nödig, dat wi in de Technik vörn blievt.

3./4. Fall wie 1. Fall.

3. Fall: *Mit de nütten Plaans,* de de Börgermeister utarbeidt harr, weer de Landraat inverstahn. De BR Düütschland schull *de düütschen Astronauten* so veel beden, as nödig is, üm de besten Lüüd för dit wichtig Rebeet vun de Technik to winnen.

4. Fall: Wi sehg *de nerigen Fischerlüüd* merrn in de Nacht up See.
Woneem hebbt ji *de gröttsten Teleskopen* von de Welt sehn?
Magreta müß *de sagten Knäst* klöben.

3.2. Hauptwort mit unbestimmten Artikel und Eigenschaftswort

Einzahl

1. Fall: en fründlichen Broder   en fründliche Süster   en fründlich Kind
en sunden Bull   en sunde Koh   en sund Kalf

En tutig Kalf steiht op de Landstraat. In Oostpreußen is oftins *en bitterböse Küll*, avers de Sünn schient, de Luft is dröög, un de Lüüd sünd goot toweeg.

3./4. Fall wie 1. Fall. — *3. Fall*: *Mit en fünschen Bull* much Korl nix to doon hebben.

4. Fall: Alles, was ich damals hatte, war *eine leere Weinflasche*.

Mehrzahl

1. Fall: Einige freundliche Brüder   einige feundliche Schwestern
Einige gesunde Bullen   einige gesunde Kühe
Einige hübsche Wagen   einige hübsche Kleinstädte
    einige gesunde Kinder, Kälber

1. Fall: *Einige wohltätige Vereine* bringen sehr viel zuwege.

3. Fall: *Mit einigen groben Worten* ging er weg.

4. Fall: *Ein paar Grünspechte* haben wir dort noch gesehen.

4.1. Hauptwort ohne Artikel mit Eigenschaftswort

Einzahl

1. Fall: *Kleiner Mann*, was nun? — *Schöne Frau*, Sie wünschen?

4. Fall: Hast du noch *Lütt Ernst* gekannt? —

1. Fall: Wo ist *Dummer Sven?*

Mehrzahl

1. Fall: *Hübsche Mädchen* gibt es überall. — *Teure Blumen* werden auf jedem Jahrmarkt angeboten. — *Alte Schnäcke* sterben nicht aus:

3. Fall: *Mit langen Leitern* steigen die bayrischen Burschen zu ihren Mädchen. Der tierische Geiselnehmer sitzt nun *hinter schwedischen Gardinen*. Er saß am Harmonium und spielte *mit geschlossenen Augen*.

4.2. Hauptwort mit unbestimmtem Zahlwort und Eigenschaftswort oder ohne Eigenschaftswort

Mehrzahl

1. Fall: Ein paar Grünspechte, viele junge Bräute, mehrere weiße Hemden *Wenige sibirische Wölfe* sind dort nachgeblieben (übrig-). — *Viele kleine Männer* wollen unbedingt Erfolg und Würde erringen. *Tausende amerikanische Zuschauer* lärmten wie wild.

3. Fall: *Einigen echten Städtern* ist das Leben auf dem Lande langweilig: Tiere, Bäume, Felder, die Stille sagen ihnen nichts; *vielen bunten Lichtern* und *großen modernen Läden* geben sie den Vorzug, nicht der Fuchs, sondern der Fuchspelz ist alles, was sie wollen.

4. Fall: All, wat ik do harr, weer *en leddige Wienbuddel* (do = dunn = da, damals).

Mehrzahl

1. Fall: Enige fründlich(e) Bröder   enige fründlich(e) Süstern
Welk sunde Bullen   welk sunde Köh
Enige smucke Wagens   enige smucke Lüttstäder
                                       welk sunde Kinner, Kalver

3./4. Fall wie 1. Fall

1. Fall: *Welk gootgeevsche Vereene* bringt heel veel toweeg.

3. Fall: *Mit enige ruge Wöör* gung he af.

4. Fall: *En poor gröne Boomhackers* hebbt wi dor noch sehn.

4.1. Hauptwort ohne Artikel mit Eigenschaftswort

Einzahl

1. Fall: *Lütte Mann*, wat nu? — *Schöne Fru*, Se wünscht,

4. Fall: Hest do noch *Lütt Eernst* kennt? —

1. Fall: Neem is *Dumme Sven*?

Mehrzahl

1. Fall: *Smucke Deerns* gifft dat allerwegens. — *Düür/Düre Blomen* ward up elk Johrmarkt anbaden. — *Ole Döntjes* staarvt nich ut:

3. Fall: *Mit lange Ledders* stiegt de bayrisch' Jungkeerls to ehre Deerns. De beestige Geiselnehmer sitt nu *achter sweedsche Gardienen*. He seet an't Harmonium un speel *mit slaten Ogen*.

4.2. Hauptwort mit unbestimmten Zahlwort und Eigenschaftswort oder ohne Eigenschaftswort

Mehrzahl

1. Fall: En poor gröne Boomhackers, vele junge Brüüd, stückerwat witte Hemden
Wenige sibirsche Wülf sünd dor nableven. — *Vele lütte Mannslüüd* wüllt partu Spood un Würd winnen. — *Dusende amerikaansche Tokiekers* larmen för dull.

3. Fall: *Welk echte Stadtlüüd* is dat Leven op dat Land langwielig: Deerten, Bööm, Feller, de Still seggt em nix; *vele bunte Lichten* un *grote moderne Ladens* geevt se den Vörtog, nich de Voss, ne, den Voss sien Pelz is all, wat se wüllt.

4. Fall: *Ein paar Grünspechte* haben wir dort noch gesehen. – Westdeutschland hat seit kurzer Zeit *ein paar wunderbare Tennisspieler* – Mädchen und Jungen.

Einzahl

Unbestimmte Zahlwörter der Einzahl stehen vor Hauptwörtern, die vom Sinn her keine Mehrzahl bilden (können): Hunger, Wohlbefinden, Neid, Reichtum als Zustand, das Weltall, Glück. Man bildet: Etwas Hunger/Eifersucht/Neid, viel Glück/Reichtum/Liebe; das ganze Weltall (zur Betonung!) steht der Menschheit offen, sofern sie es durchdringen kann.

4. Fall: „*Ein bißchen Liebe* braucht ein jeder Mensch," singt H. Rühmann. – „Kartoffeln satt, *Fleisch wat*" soll der Mensch essen. – Ich mag gern *etwas Obst* zum Frühstück.

3. Fall: *Mit viel Geld* kann man viel verlieren – seinen Anstand oder das viele Geld.

1. Fall: *Manchein artiges Mädchen* heiratet einen ungehobelten Kerl.

5.1. Hauptwort mit besitzanzeigendem Fürwort ohne Eigenschaftswort

Einzahl

1. Fall: Mein Bruder	Meine Schwester	mein Kind, Kalb
Mein Bulle, Wagen	Meine Kuh, Kleinstadt	mein Zeichen
3. Fall: meinem Bruder	meiner Schwester	meinem Kinde,
meinem Bullen, Wagen	meiner Kuh, Kleinstadt	meinem Kalb(e), Zeichen
4. Fall: meinen Bruder	meine Schwester	mein Kind, Kalb
meinen Bullen, Wagen	meine Kuh, Kleinstadt	mein Zeichen

1. Fall: *ihre Wiese* grenzt an deren (= ihre) Wiese (4. Fall).

4. Fall: Nimm nicht immer *meine Seife*, gebrauche *deine eigene Seife!*

Mehrzahl

1. Fall: *Seine Worte* sind *seine Waffen*. (WER ist WER? = Grammatisches und „logisches" Subjekt/subjektivische Ergänzung).

Meine Brüder	meine Schwestern	meine Kinder
Meine Bullen, Wagen	meine Kühe, Kleinstädte	meine Kälber, Zeichen

4. Fall: *En poor gröne Boomhackers* hebbt wi dor noch sehn. — Westdüütschland hett siet kotte Tiet *en poor wuunerbore Tennisspelers* — Deerns un Jungkeerls.

Also auch hier keine Beugung! Alle Fälle im Plural sind gleich!

Gibt es auch unbestimmte Zahlwörter der Einzahl? Durchaus! Sie beziehen sich auf Mengenbegriffe der Einzahl: Obst (ein singulare tantum, das aus Früchten besteht), Geld (aus Münzen und Scheinen), Nahrung (aus Lebensmitteln). – Also, lieber Leser, los geht's:

Einzahl

4. Fall: „*En beten* (Lillililli-Liebe) *Leev(de)* bruukt elkeen Minsch", singt Heinz Rühmann. – „Kantüffeln satt, *Fleesch wat*" schall de Minsch eten. – Ik mag geern *en beten wat Aavt* to'n Fröhstück.

3. Fall: Mit *veel Geld* kann en veel verleren – sienen Anstand or dat veel Geld.

1. Fall: *Mennigeen arig* Deern heirat't en rugen Keerl.

5.1. Hauptwort mit besitzanzeigendem Fürwort ohne Eigenschaftswort

Einzahl

1. Fall: Mien Broder   Mien(e) Süster   mien Kind, mien Kalf
mien Bull, Wagen   mien(e) Koh, Lüttstadt   mien Teken

3./4. Fall: mienen Bull,   wie 1. Fall   wie 1. Fall
Wagen

1. Fall: *Ehr Wisch* schütt (4. Fall): *an jem-ehr Wisch*.

4. Fall: Nehm nich jümmer *mien Seep*, bruuk *dien egen Seep*!

Mehrzahl

1. Fall: *Sien(e) Wöör* sünd *sien(e) Waffen*. — Im Plural i.a. ohne Endung.

1. Fall: Mien Bröder   mien Süster   mien Göörn
mien Bullen   mien Köh   mien Kalver
mien Wagens   mien Lüttstäder   mien Tekens

3./4. Fall wie 1. Fall

5.2. Hauptwort mit besitzanzeigendem Fürwort und Eigenschaftswort

Einzahl

1. Fall: Mein freundlicher Bruder   meine freundliche Schwester
   mein freundliches Kind
   Sein hüstelndes Lachen hörte sich richtig giftig an.
   Ihr helles Kleid leuchtet von weitem. — *Sein dusseliges Fragen*
   geht mir auf die Nerven/den Nerv.

3. Fall: Ich habe *deiner lieben Schwester* das Buch gegeben.

4. Fall: Ich habe *deine liebe Schwester* gesehen.

3. Fall: meinem freundlichen Bruder   meiner freundlichen Schwester
   meinem freundlichen Kind

4. Fall: meinen freundlichen Bruder   meine freundliche Schwester
   mein freundliches Kind

3. Fall: Hast du *unserem scheuen Reh* etwas zu fressen gegeben?
   Meinem grünen Laubfrosch fange ich auch ab und zu ein paar
   Fliegen.

Mehrzahl

1. Fall: meine freundlichen Brüder   meine freundlichen Schwestern
   meine freundlichen Kinder
   Meine müden Füße können nicht mehr laufen.
   Ihre (M) alten Geschichten lassen mich kalt.

4. Fall: Wenn ich *seine neidischen Augen* sehe, wird mir schlecht.

Der 2. (besitzanzeigende) Fall (Genitiv = WES-Fall)
Eine Genitiv-Form gibt es im Plattdeutschen nicht.

Der Kopf des Mannes ist zu dick, *die Beine des Mannes* sind zu kurz —
mit anderen Worten: Er darf nicht Soldat werden!

Man kann auch sagen:
Des Mannes Kopf ist zu dick, *des Mannes Beine* sind zu kurz.

Dazu Meyer/Bichel (vgl. Lit. Verz.): *Genitiv — ja oder nein?* (Seite 89)

1. *Steht nach unbestimmten Zahlwörtern* bei Eigenschaftswörtern:
   Alle Tage etwas Neues, nichts Schlechtes, viel Süßes.

5.2. Hauptwort mit besitzanzeigendem Fürwort und Eigenschaftswort

Einzahl

1. Fall: Mien fründliche Broder   mien fründliche Süster
                                  mien fründlich Kind
Sien knüchen Lachen höör sik richtig veniensch an.
Eher hell Kleed lücht't von wiet. — *Sien döösbattelig Fragen* geiht mi up de Nerven/den Nerv.

3. Fall: Ik heff *dien leve Süster* dat Book geven.

4. Fall: Ik heff *dien leve Süster* sehn.

3./4. Fall: mien fründlichen Broder,   mien fründliche Süster
                                          mien fründlich Kind

3. Fall: Hest du *us schu Reh* wat to freten geven!
Mien grönen Hasselpogg fang ik ok af un an en poor Flegen.

Mehrzahl

1. Fall: Mien fründliche Bröder   mien fründliche Süstern
                                 mien fründliche Göörn

3./4. Fall wie 1. Fall.

1. Fall: *Mien möde Fööt* köönt nich mehr lopen. — *Jem-ehr ole Kamellen* laat mi koolt.

4. Fall: Wenn ik *sien niedsche Ogen* seh, warrt mi slecht.

Der 2. (besitzanzeigende) Fall (Genitiv)

Datt gifft kene Genitiv-Form in't Plattdüütsch.

Den Mann sien Kopp is to dick, *de Been von den Mann* sünd to kott — mit anner Wöör: He droff nich Soldaat warrn!

den Mann = 4. Fall   sien Kopp = 1. Fall   de Been = 1. Fall
vun den Mann = 3. Fall

Man kann auch sagen:
De Kopp von den Mann . . . den Mann sien Been/siene Been
(da „Been" Ein- und Mehrzahl ist).

Dazu Meyer/Bichel (vgl. Lit. Verz.): *Genitiv — ja oder nein?* (Seite 89)

1. *Steht nach unbestimmten Zahlwörtern* bei Eigenschaftswörtern:
All Daag wat *Nies*, nix *Slechts*, veel *Sööts*.

2. *Steht nicht nach Eigenschaftswörtern und Verben*:
Dessen bin ich überdrüssig. Da ist man ja seines Lebens nicht sicher. Ich kann mich dessen nicht erinnern.

ANHANG

1. Uhrzeit

Wieviel ist die Uhr?   Wie spät ist es?
Wieviel Uhr ist es?   Wieviel zeigt die Uhr?

Der kleine Zeiger steht zwischen sechs und sieben, Dann ist es:

zwanzig vor sieben,   fünf vor halb sieben *oder*
Wenn der große Zeiger   fünfundzwanzig nach sechs,
auf acht steht.   *wenn der große Zeiger auf fünf steht.*

halb sieben
wenn der große Zeiger auf sechs steht.

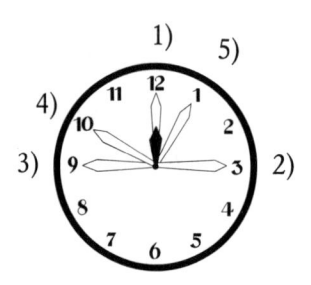

Der kleine Zeiger steht auf oder bei zwölf. Dann ist es:

1. 12 Uhr, wenn der große Zeiger auch auf zwölf zeigt.
2. Viertel nach zwölf, wenn der große Zeiger auf 3 zeigt.
3. Viertel vor zwölf, wenn der große Zeiger auf 9 zeigt.
4. Zehn vor zwölf, wenn der große Zeiger auf zehn zeigt.
5. Fast vergessen! Fünf nach zwölf, wenn der große Zeiger auf eins zeigt.

2. *Steht nicht nach Eigenschaftswörtern und Verben:*
Dor bün ik leed op. Dor is'n jo sien Leven nich seker. Ik kann dor nich op kamen.

ANHANG

1. Uhrzeit

Woveel is de Klock?   **Wo laat is dat?**
Wat is de Klock?   **Wat wiest de Klock?**

De Lütte Wieser steiht twischen söß un söben. Denn is dat:

twintig vör söben,
Wenn de grote Wieser
op acht steiht.

fief vör halvig söben
(fiefuntwintig na söß)
Wenn de grote Wieser ob fief steiht.

halvig söben,
Wenn de grote Wieser op söß steiht.

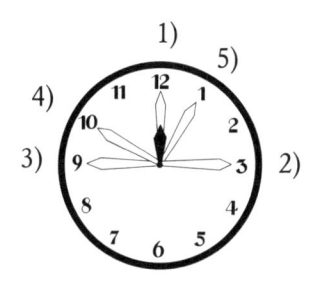

De lütte Wieser steiht op oder bi twölf. Denn is dat:

1. Klock twölf, wenn de grote Wieser ok op twölf wiest.
2. Viddel na twölf, wenn de grote Wieser op dree wiest.
3. Viddel vör twölf, wenn de grote Wieser op negen wiest.
4. teihn vör twölf, wenn de grote Wieser op teihn wiest.
5. Meist vergeten! Fief na twölf, wenn de grote Wieser op een wiest.

Die Uhr im Wohnzimmer schlug und wollte gar nicht wieder aufhören. Zwölf. Mitternacht.
Wieviel ist die Uhr denn schon? – Die Uhr? Die muß wohl so eben nach zwölf sein... 'Bimm-bimm' sagt unsere Wanduhr und schlägt 'zwei'.

Die Unterrichtsstunde dauert gewöhnlich eine (Zeit)Stunde.
Gegen Mittag bin ich zu Hause.
Der Arzt wird vormittags um elf Uhr kommen.

Die Bank ist bis 13 Uhr geöffnet = bis mittags ein Uhr.
Hör' auf meine Worte!

Wer Platt spricht, der kann auch schnell Afrikaans lernen und ist auch im Vorteil beim Englischlernen.

Zum Abschluß unterscheiden Sie:

Zahlwort:
Eines haben wir noch vergessen: den Unterschied zwischen „eins" und „einst".

Umstandswort:
Unser Schlesien war *einst* eine reiche und hübsche Provinz.

Persönliches Fürwort:
Und das ist nur eine (Zahlwort) unserer ostdeutschen Provinzen. – Ja, das muß *einem* mal erklärt werden.

Unbestimmter Artikel:
Der eine (Zahlw.) Schreiber (= Verfasser) dieses Buches ist *ein* ekelhafter Mensch. – Warum? – Weil er immer bei den Sätzen nach Grammatik bohrt. – Ja, das ist so *ein* Tick von ihm.

Nun schlägt es dreizehn!

(= Nun ist Schluß!)

2. Rechnen

Jetzt wird gerechnet!

Selbst wenn für Sie, lieber Leser, Handel und Geldverdienen nicht in Frage kommen, weil Sie ein festes Einkommen haben und auch sonst mehr an Büchern, Theater und Sprachen Interesse haben, so müssen Sie doch mit Zahlen umgehen können, d.h. manchmal etwas rechnen, vielleicht

De Klock in de Döns slöög un wull gor nich wedder ophören. Twölf. Middernacht.

Woveel is de Klock denn al? — De Klock? De mutt woll so eben na twölf wesen . . . 'Bimm-bimm' seggt us Wandklock un sleit 'twee'.

De Ünnerrichtsstünn duurt allgemeen (= begäng) eene Stünn.
Op afrikaans: Die les dur gewoonlik eenuur.
Tegen (= Gegen) Middag *bün ik to Huus.*
Op afr.: *Teen die middag is ek by die huis.* („is" für 1., 2. und 3. P.)
De Dokter warrt/schall vörmiddags Klock ölben kamen.
Op afr.: Die dokter sall voormiddag om elfuur (= 11 vm.) kom.
   („die" für der/die/das; vgl. engl. „the")

De Bank is bet middag Klock een apen.
Op afr.: Die bank is tot eenuur vm. oop. (Endet die Zahl auf Vokal,
   dann trennen: twee uur, drie uur, sewe uur)
Luster op mien(e) Wöör! = luister na my woorde! (op afrikaans)

De Platt snackt, de kann ok ööt Afrikaans lehren un is ok in'n Vördeel bi't Ingelschlehren.

To'n Afsluß ünnerscheedt Se:

Zahlwort: *Een* hebbt wi noch vergeten: den Ünnerscheed twischen „een" und „eens".

Umstandswort: Us Schlesien weer *eens* en(e) rieke un smucke Provinz.
Persönliches Fürwort: Un dat is bloots eene (Zahlw.) von us(en) oost-düütsche Provinzen. — Jo, dat mutt *en* maal verklaart warrn.
Unbestimmter Artikel: De eene (Zahlw.) Schriever von dit Book is *en* Ekel. – Worüm? – Wieldat he jümmers bi de Sätz na Grammatik purrt. – Jo, dat is so'n (= so *en*) Fimmel von em.

Nu sleit dat dörteihn!

2. Rechnen

Nu warrt rekent!

Sülfst wenn för Se, leve Leser, Hannel un Geldverdenen nich in Fraag kümmt, wiel Se en fast Inkamen hebbt un ok süss mehr an Böker, Theater un Spraken Vermaak hebbt, so mööt Se doch mit Tallen ümgahn

113

eine Rechnung vom Handwerker nachrechnen oder sonst bei irgend etwas mit Zahlen Rechenschaft ablegen.

Fangen wir also mit dem Zusammenziehen an:
1. Fünf und sieben sind zwölf.
2. 111 + 13 = 124.

Nun kommt das Abziehen:
3. 2000 − 15 = 1985
4. 12 − 16 = −4. Haben Sie das gewußt? Da waren ja 12 positive, aber 16 negative Einheiten!

Da es so glatt geht, schnell noch das Malnehmen:
5. 4×25 = 100.
6. 2,5×8 = 20.

Was fehlt uns noch? Richtig! Das Teilen:
7. 18:9 = 2.
8. 10:1/4 = ?

Waren Sie damals gerade krank gewesen, als das durchgenommen wurde? Sie wissen es? Vierzig? Richtig! Denn: Man teilt durch einen Bruch, indem man mit dessen Kehrwert malnimmt: 10:1/4 ist so viel wie 10×4 = 40.

Was tut man nun, wenn man ein Haus kaufen will? Man geht zur Bank und leiht sich Geld; nicht alles, was man braucht, nur den Betrag zwischen dem eigenen Anteil (dem Eigengeld) und dem vollen Kaufpreis. Was hat die Bank davon? Sie erhält Zinsen, vielleicht sechs von Hundert. Wenn Sie 200000 Mark entleihen, müssen Sie 6×2000 jedes Jahr (= pro anno oder auch per annum) bezahlen, wenn Sie nichts vom Darlehn (= Geld, das Sie aufgenommen haben) zurückzahlen würden.

Zum Schluß möchte ich noch 'nen guten Ratschlag geben: Wer in der Schule gemerkt hat, daß er nicht rechnen kann und mag, der soll beizeiten eine Frau heiraten, die schnell und fleißig im Rechnen ist! Das gilt gleichermaßen für ein Mädchen, das[1] nicht rechnen kann. Sie braucht einen sorgfältigen Zahlenfreund als Ehemann.

---

[1] DAS Mädchen ist die − durchaus gutgemeinte − Verkleinerungsform von DIE Maid und führt nur dadurch gelegentlich zu mißlichem Ergebnis, daß heute fälschlich „Mädchen" für „Maid" verwendet wird, während im Platt (Kinau hat dazu geschrieben) ein nicht mehr schulpflichtiges Mädchen „Grootdeern" genannt wurde, vor allem aber die DEERN für jedes Alter paßt und auch grammatisch als weiblich gilt.

könen, dat heet mennigmaal en beten reken, villicht ene Reken von'n Handwarker nareken or süss bi enerwat mit Tallen Rekenschop afleggen.

Fangt wi also mit't Tosamentrecken an:
1. Fief un söben sünd twölf.
2. Hunnertölben un dörteihn sünd hunnertveeruntwintig.

Nu kümmt dat Aftrecken:
3. Tweedusend weniger föfteihn sünd eendusendnegenhunnertfiefuntachentig.
4. Twölf weniger sößteihn sünd minus veer. Hebbt Se dat weten? Dor weern jo twölf positive, avers sößteihn negative Eenheiten! —

Wiel't so glatt geiht, foorts noch dat Maalnehmen:
5. veer mal fiefuntwintig is/sünd hunnert.
6. Twee Komma fief maal acht sünd twintig.

Wat fehlt us noch? Richtig! Dat Delen:
7. Achteihn dörch negen sünd twee.
8. Teihn dörch een Veerdel sünd?

Weern Se dunn graad krank west, as dat dörchnahmen wöör? Se weet dat? Veertig? Richtig! Denn: En deelt dörch'n Bruch, indem en mit den sienen Kehrwert maalnimmt: Teihn dörch een Veerdel is so veel as teihn mal veer glik veertig.

Wat deit'n nu, wenn'n en Huus köpen will? En geiht to de Bank un lehnt sik Geld; nich allens, wat'n bruukt, man den Betrag twischen den egen Deel (dat Egengeld) un den vullen Kooppries. Wat hett de Bank dorvon? Se kriggt Tinsen, villicht söß von Hunnert. Wenn Se tweehunnertdusend Mark lehnt, mööt Se söß maal tweedusend elk Johr (= pro anno or ok *per annum*) betahlen, wenn Se nix von dat Darlehn (= Geld, dat Se opnahmen hebbt) trüchbetahlen würrn.

To'n Sluß much ik noch'n goden Raatslag geven: Keen in de School markt hett, wat he nich reken kann un mag, de schull bitieden ene Fru heiraten, de gau un flietig in't Reken is! Dat gellt liekerswelt för en Deern, de nich reken kann. Se bruukt en akkraten Tallenfründ as Keerl.

3. Rechtschreibung

3.1. Verkürzende Schreibung

Aufpassen! Wenn Sie „einen" und nicht zwei Schreiber meinen, dann müssen Sie es deutlich hinschreiben: „een" als Zahl, aber „en" als Artikel.

3.2. Vier grundlegende Gesichtspunkte

3.2.1. Doppelter Buchstabe: (Wenn Selbstlaut lang gesprochen wird)

Die Tage (Mehrzahl von „der Tag"), die Aase (Mehrzahl von „das Aas"), usw. — Langer Laut: v*ee*l, Str*aa*t, im Plural kürzer: v*e*le, Str*a*ten/Str*o*ten.

3.2.2. „Dehnungs-h":

Wenn im Hochdeutschen aber ein „Dehnungs-h" steht, dann wird auch im Niederdeutschen ein langer Selbstlaut durch so ein „h" aufgezeigt: dat Veeh (das Vieh), wöhlen (wühlen), gahn (gehen), Hohn/Höhner (Huhn/Hühner), vgl. Beispiele im plattdt. Teil.

3.2.3. Groß und Kleinschreiben (wie im Hochdeutschen):

Das Deutsche Reich (Titel, Name)	aber das deutsche Volk
der Deutsche Bund (Titel, Name)	ein deutscher Verein
unser Hoch- und Niederdeutsch	auf hoch- und niederdeutsch
im Deutschen, in Deutsch (Schulfach)	auf deutsch, in der deutschen Sprache

Er spricht Deutsch (die deutsche Sprache) (nach: Der Sprach-Brockhaus), auf gut deutsch sagen (verständlich, unverblümt). —
In Deutsch hab' ich 'ne Zwei gekriegt.

3. Rechtschreibung

3.1. Verkürzende Schreibung

keen't avers ... = keen dat avers = wer es aber ...
Papier un'n Schriever = un en Schr. = und einen Schreiber

Oppassen! Wenn Se „een" un nich twee Schrivers meent, denn mööt Se dat düütlich henschrieven: „een" as Tall, avers „en" as Artikel.

op'n Disch	= op den Disch	= auf dem Tisch
noch'n beten	= noch en beten	= noch ein bißchen
denn is't sowiet	= is dat sowiet	= ist es so weit
ik segg't	= ik segg dat	= ich sage es
in't Theater	= in dat Theater	= ins/in das Theater
över'n Weg	= över den Weg	= über den Weg
mutt'n oppassen	= mutt en opp.	= muß man aufpassen
wat'n nich	= wat en nich	= daß man nicht
in'n Tütel kümmt	= in den Tütel k.	= durcheinanderkommt

3.2. Vier grundlegende Gesichtspunkte

3.2.1. Duppelte Bookstaav: (Wenn'n Sülfstluut lang sproken warrt)

De Daag (Mehrtall von „de Dag"), de Öös (Mehrtall von „dat Aas"), de Aant (die Ente), de Eer(d) (die Erde), de Tuunpahl (der Zaunpfahl), schöön (schön), eerst (erst), telefoneern (neben: telefoneren).

3.2.2. „Dehnungs-h":

Wenn in't Hoochdüütsch avers en „Dehnungs-h" steiht, denn warrt ok in't Nedderdüütsch en langen Sülfsluut dörch so'n „h" opwiest: ahn/ohn (ohne), fehlslaan (fehlschlagen), mehrstendeels (meistens), Tähn/Tähnen (Zahn/Zähne).

3.2.3. Groot- un Lüttschrieven (as in't Hoochdüütsch):

Dat Düütsche Riek (Titel, Naam)	avers dat düütsche Volk
de Düütsche Bund (Titel, Naam)	en düütschen Vereen
uns Hooch- un Nedderdüütsch	op hooch- un nedderdüütsch
in't Düütsch, in Düütsch (Schoolflach)	op düütsch, in de düütsche Spraak

He snackt Düütsch (de düütsche Spraak) (na: Der Sprach-Brockhaus), auf gut deutsch sagen (verständlich, unverblümt) = liek vör'n Kopp seggen (na: Otto Buurmann, Quellenverzeichnis unter „deutsch") = direkt vor den Kopf sagen. – In Düütsch heff ik'n Twee kregen.

Substantivierung von Eigenschaftswörtern:

Das ist ein Schlitzohr Friedrich der *Große*,
(grau, schlau), der *Hamburger* Dom,
Der hat zuviel *Weißes* in den Augen ein *Reicher*, der *Alte* Fritz,
= ist hinterlistig (weiß, blaß), nichts *Neues*.

Substantivierung von Bindewörtern und Umstandswörtern:

Wir haben ihnen zugesagt – ohne **Wenn** und **Aber**.
Was heißt eigentlich das lateinische „carpe diem"? – „Pflücke den Tag!"
Du kannst auch sagen: Genieße das **Heute**! (Umstandswort: heute).

Verhältniswörtern bzw. Umstandswörtern:

Die Regierung hat das *Für* und *Wider* der Asylfrage besprochen. Das *Auf* und *Nieder* der Wirtschaft ist bekannt: Das sind die „Zyklen". Aber wie nennt man das einseitige *Auf* bei den Einkommen? – Das kann man letztlich „Inflation" nennen.

Verben:

Der Komiker Heinz Erhard fragte in einem Lied, warum gerade er Agamemnon hieße; er sei doch gar nicht so für's *Ackern*. Der Mensch lernt durch *Nachplappern* (ständiges, kritikloses Nachsprechen). Darum plappern die Kleinen, sobald sie ein paar Worte sprechen können.

Das Kleinschreiben von Hauptwörtern:

Wir haben gerade gesehen, daß andere Wortarten groß geschrieben werden, wenn sie als Hauptwörter benutzt werden. Jetzt kommt das Gegenteil. Hauptwörter werden, im Gegensatz, klein geschrieben, wenn sie als Umstandswörter (-bestimmungen) oder mit Tätigkeitswörtern in besonderer Weise verwendet werden.

Hauptwörter als Umstandswörter:

bergauf, bergab, tagelang, meilenweit, heutzutage, heute, hierzulande, unterwegs, einigermaßen, sonntags, nachmittags, heute abend (aber: *der Abend*), montag vormittag (aber: der Montagvormittag ist eine mißliche/ elende Zeit), zeitlebens.

Hauptwörter mit Tätigkeitswörtern:

Mir *ist* heute so sonderbar *zumute*. Wer nicht *haushalten* kann, kommt immer wieder in Verlegenheit. Mein Bruder *kriegt* das *in Gang* (Schwung), der *bringt* alles *zuwege*. Das Mähen hat er nur seiner Frau *zuliebe getan*,

Substantivierung von Eigenschaftswörtern:

Adjektiven: Dat is en *Griesen* (gries), Frederik de *Grote*,
De hett toveel *Witts* in de *Hamborger* Dom,
de Ogen (witt), en *Rieker*, de *Ole* (*Olle*) Fritz,
nix *Nies* (Nieges)

Substantivierung von Konjunktionen und **Adverbien**:

Wi hebbt jem toseggt — ahn **Wenn** un **Avers**

Wat heet egentlich dat latiensch „carpe diem"? — „Plück den Dag!" Kannst ok seggen: Geneet dat **Hüüt!** (Adverb: hüüt, vondaag)

Substantivierung von Präpositionen:

De Regeer het dat *För* un *Wedder* von de Asylfraag *bzw. Adverbien:* besnackt. Dat *Rop* un *Rünner* von de Weertschop is begäng: Dat sünd de „Zyklen". Avers woans nöömt'n dat eensiedig *Rup* bi de Inkamen? — Dat kann'n letztenns „Inflaschoon" nömen.

Substantivierung von Verben:

De Komiker Heinz Erhard fraag in'n Leed, worüm graad he Agamemnon heeß; he weer doch gor nich so för't *Ackern.* De Minsch lehrt dörch *Naplappern.* Dorüm plötert de Lütten, sodraad se en poor Wöör snacken köönt.

Dat Lüttschrieven von Substantiven:

Wi hebbt graad sehn, wat annere Woortorten groot schreven warrt, wenn se as Substantive bruukt ward. Nu kümmt dat Gegendeel. Substantive ward, annersrüm, lüttschreven, wenn se as Adverbien (adverbiale Bestimmungen) or mit Verben besünners bruukt ward:

Substantive as Adverbien:

bargop, bargdaal, daaglang, mielenwiet, hüdigendaags, vondaag, hiertoland, ünnerweg(en)s, enigermaten, sünndaags, nameddags, hüüt avend (avers: *de* Avend), maandag vörmeddag (avers: *de* Maandagvörmeddag is en leidige Tiet), tietlevens.

Substantive mit Verben:

Mi *is* hüüt so sünnerbor *tomoot.* De nich *huushollen* kann, kümmt jümmer wedder in de Bredullje. Mien Broder *kriegt* dat *togang/to Gang,* de *bringt* allens *toweeg.* Dat Meihen hett he man sien Fru *toleev daan,* he sülven

er selbst hat das Rasenstück lieber mit Blumen und Kräutern darin und ab und zu ein paar Grashüpfer und Laubfrösche.

ABER: Er denkt, er muß seiner Großmutter *zu Willen sein*. Diese Grenze besteht *zu Recht*. Wir sind *zu Fuß gegangen*.

3.2.4. Zusammen- und Getrenntschreiben (wie im Hochdeutschen)

Liebe Leser, ab und zu sollten Sie in diesem Buch etwas *wiederholen*, was Sie schon gelernt haben (repetieren).

Anstatt daß der Geizhals sich dieses Buch nun mal selbst kauft, will er es schon *wieder holen* (ausleihen).

Wie kann man sich das merken? Bei „wiederholen" betont man „holen". „Wiederholen" bedeutet „ins Gedächtnis zurückrufen", „rekapitulieren", ist EIN Verb und aus dem Adverb „wieder" und dem Verb „holen" zusammengesetzt.

Bei „wieder holen" wird „wieder" stärker betont als „holen". Dazwischen kann man fast Luft holen. Das Verb bleibt „holen", und das Umstandswort „wieder" (= noch mal) ist nicht an das Verb gebunden, um ein neues Verb zu bilden. Das Umstandswort „wieder" hat seine Bedeutung behalten.

Die Bank hat mir den Betrag *gutgeschrieben* (akkreditiert, auf mein Konto als Aktivposten eingetragen).

Du hast aber nicht *gut geschrieben*. — In beiden Sätzen wird „gut" betont, aber in dem zweiten Satz auch noch „geschrieben". — In dem zweiten Satz hat „gut" noch den Sinn „schön", bei „gutgeschrieben" hat es den alten Sinn verloren, steht nicht mehr allein und bildet mit dem Verb ein neues Verb.

(Schreiben Sie möglichst nicht „nie*s* Verb" oder „kolt*es* Weder"! Das ist „verhochdeutschtes" Platt. Ganz verkehrt wäre „nie*t* Verb" oder „warme*t* Weder"! Woher sollte das „t" kommen? Einige gebrauchen da ein „t", weil das hochdeutsche „es" oder „das" auf platt „dat" heißt. Oder irgendein Berliner muß das eingeführt haben: Det war jekonnt! Das war gekonnt!) Andererseits muß man zugeben, daß Klaus Groth in „Mien Modersprak" das sächliche „t" benutzt hat: „Ick föhl mi as en lüttjet Kind[1], ..."

---

[1] Auch im (nordgermanischen) Dänisch erhält das (attributive) Adjektiv nach unbestimmtem Artikel vor einem Neutrum ein „t":
e*t* stor*t* hus = *ein* groß*es* Haus. Das gilt auch für das prädikative Adj.: skibe*t* er stor*t* = *das* Schiff ist groß(*es*).

hett de Plagg lever mit Blomen un Krüder dor mank un af un an poor Grashüppers un Hasselpoggen.

AVERS: He denkt, he mutt sien Grootmudder *to Willen sien*. Disse Scheel (Grenz) *besteiht to Recht*. Wi sünd *to Foot gahn*.

3.2.4. Tosamen- un Utenannerschrieven (as in't Hoochdüütsch)

Leve Lesers, af un an schulln Se in dit Book'n beten *wedderhalen*, wat Se al lehrt hebbt (repeteern).

Statts dat de Pennschieter sik dit Book nu maal sülben köfft, will he dat al *wedder halen* (utlehnen).

Woans kann'n sik dat marken? Bi „wedderhalen" betoont en „halen". „Wedderhalen" bedüüdt „in't Gedächtnis trüchropen", „rekapituleern", is EEN Verb un ut dat Adverb „wedder" un dat Verb „halen" tosamensett.

Bi „wedder halen" warrt „wedder" duller betoont as „halen". Dor kann'n meist twischen Luft halen. Dat Verb blifft „halen", un dat Adverb „wedder" (= noch maal) is nich an dat Verb bunnen, üm en nie Verb to billen. Dat Ümstandswoort „wedder" hett sien Bedüden behollen.

De Bank hett mi den Bedrag *gootschreven* (akkrediteert, op mien Konto as Aktivposten indragen).

Du hest avers nich *goot schreven*. — In beide Sätz warrt „goot" betoont. Avers in den tweten Satz ok noch „schreven". — In den tweten Satz hett „goot" noch den Sinn „schöön", bi „gootschreven" hett dat den olen Sinn verloren, steiht nich mehr alleen un bildt mit dat Verb en nie Verb. (Schrievt Se mööglichst nich „nie*s* Verb" or „kolt*es* Weder"! Dat is „verhoochdüütscht" Platt. Heel verkehrt weer „niet Verb" or „warmet Weder"! Woneem schull dat „t" herkamen? Welk Lüüd bruukt dor'n „t", wieldat dat hoochdüütsch „es" or „das" op platt „dat" heet. Or jichenseen Berliner mutt dat inföhrt hebben: Det war jekonnt!)

Op de anner Siet mutt'n togeven, wat Klaus Groth in „Mien Modersprak" dat netraal „t" bruukt hett: „Ick föhl mi as en lüttjet Kind, . . ."

3.2.5. Straßen- und Familiennamen

In einigen Holsteiner Mundarten auf „a"	**In den Hamburger Mundarten auf „o"**
Klaus-Groth-Straße, Am Hafen, Gastwirtsweg, Grünwald,	Rudolf-Kinau-Straße, Hinter dem Hafen, Gastwirts Zuflucht, Grünes Gehölz, Grüner Wald
Schuhmacherwinkel, Schönhausen,	Artistenpfad, Schöne Aussicht,

Gemeinsam: Gerstenfeld, Auf dem Flachsberg, Kirchenstieg/steeg, Auf der Schanze, Sandwiese, Bodenberg, Dorfanger, Steinbergweide, Bei der Kuhweide, Fritz-Reuter-Steilufer, Hein-Puttfarken-Feldweg, Knickbuschdeich, Grete-Spannut-Teich, Jan-Pusback-Schneise, Helga-Bötefür-Quelle, Griepenkeerl-Hain, Raamaker-Wattenmeer, Gorch-Fock-Steilufer, J.-H.-Fehrs-Gasse.

3.2.6. Zum Wiederholen (Wiederkäuen):

Warum ich nun etwas anderes sage? Niemand kann mich daran hindern *zuzulernen*. (Konrad Adenauer) — Im *g*uten kommt man weiter.

Traue nicht dem Menschen, der sich überall zu *H*ause fühlt. (Irisches Sprichwort)
Ost und West, zu Haus ist best (am besten).

Er will nicht *zugeben* (eingestehen), daß er *unrecht hat*. Du brauchst mir nur zehn Mark *zu geben*. Den Rest kannst du später bezahlen. — Klein Blüm ist dem *Unrecht* auf der Spur. Mancheiner ist *zu* Recht verdutzt.

Das Gericht hat dem Täter *zugute gehalten*, daß er seiner Frau *zeitlebens* alles *zuliebe getan* hat, was er nur irgend konnte.

Aber: Die ersten Perlonstrümpfe hatten *zu gut gehalten*. Darum hat die Industrie bald schlechtere gemacht (hergestellt).
Sie waren den ganzen Tag auf ihrem Lande *tätig gewesen*.
Er *kam* einen Tag vor mir damit *heraus/*ans Licht/an die Öffentlichkeit.
Von seiner Grippe hat Hans sich schnell erholt u. *ist* schon wieder gut *zuwege*.

Zahlen klein, Teile groß schreiben! Es ist nun *drei Viertel sieben*. — Du meinst wohl, es ist ein Viertel vor sieben? — Ja, *Viertel vor sieben*. — Ja, so wird es gesagt.
Wieviel ist ein Viertel von einem Fünfeck? — Erst denken, dann reden! — Nein, ich meine, wieviel ist ein Viertel von einem Fünftel? — Das ist ein

3.2.5. Straßen- und Familiennamen

In welk Holsteener Mundarten op „a"	In de Hamborger Mundorten op „o"
Klaus-Groth-Straat, An'n Haven, Krögerweg, Gröönwoold (da „Wald" ohne „h", „-wohld" abzulehnen), Schohmakerhuk, Schöönhusen,	Rudolf-Kinau-Stroot, Achtern Hoben, Kreugers Schuul (Sch. = geschützter Platz), Greun Holt, Kunstmokerpadd, Scheune Utsicht,

Gemeensam: Gassenkamp, Op'n Flaßbarg, Karkenstegel, Up de Schanz, Sandwisch, Böhnbarg, Dörpslamp, Steenbargkoppel, Bi de Kohwisch, Fritz-Reuter-Schaar, Hein-Puttfarken-Redder, Knickbuschdiek, Grete-Spannut-Braak, Jan-Pusback-Snees, Helga-Bötefür-Born (ok: Bötefüür), Griepenkeerlhagen, Raamakerhaff, Gorch-Fock-Schoor, Johann-Hinrich-Fehrs-Twiet.

3.2.6. To'n (W)Edderkaun:

Worüm ik nu annerswat (= wat anneres) seggen do? Nüms kann mi doran hinnern *totolehren*. (Konrad Adenauer) − Mit *g*oden kümmt'n wieder. − Truu[1] nich den Minsch, de sik allerwegens (överall) *to Huus föhlt. − (Irisch Spreekwoort)
Oost un West, to *H*uus is best (richtig: op't best).

He will nich *togeven*, wat he *unrecht hett*. Du bruukst mi bloots teihn Mark *to geven*. Den Rest kannst later betahlen. − Lütt Blüm is dat *Unrecht* op de Spoor. Männigeen (= mennigeen) is *to* Recht (= mit Recht) verbaast.

Dat Gericht hett den Deder *togoot hollen*, wat he sien Fru *tietlevens* allens *toleev daan* hett, wat he man jichens kunn.

Avers: De eersten Perlonstrümp harrn *to goot hollen*. Dorüm hett de Industrie bald slechtere maakt (= produzeert).
Se weern de ganzen Dag op jem-ehr Land *togangen wesen*.
He *keem* eenen Dag vör mi dormit *vörtüüg*.
Von sien Gripp hett Hans sik gau verhaalt un *is* al wedder goot *toweeg*.

Zahlen klein, Teile groß schreiben! Dat is nu *dree Veerdel* (= *Veddel*) *söben* . − Du meenst woll, dat is een Veerdel vör söben? − Jo, *Veerdel vör söben.*− Jo, so warrt dat seggt.
Woveel is een Veerdel von'n Fiefeck? − Eerst denken, denn snacken! − Ne, ik meen, woveel is een Veerdel von'n Fiefdel? − Dat is een Veerdel

---
[1] Langer Laut, vgl. „schrauben = schruven": ik schruuf, wi schruuvt.

Viertel mal ein Fünftel gleich ein Zwanzigstel. — Ich habe bisher geglaubt, du seist eine reine *Null* im Rechnen. — Ich war immer der *Erste* in der Klasse! — Es ist das erste Mal, daß ich das höre. Ich dachte, du hättest größtenteils *Vieren* gehabt und zweimal am Ende des Schuljahres alle *viere* von dir gestreckt (klein, weil Redensart). — Sehr witzig — deine Redensarten. Sollten sie dich mal „den Besten" nennen, dann meinen sie bestimmt „*den ersten besten*", weil da gerade *kein anderer* ist. —

Zahlwörter — bestimmte wie unbestimmte — klein schreiben; es sei denn, es handelt sich um **Substantivierungen, Konkretisierungen.**

Das sagst du! Aber du bist auf dem Holzweg (= irrst dich): *Beim Laufen* bin ich immer *als erster* ans Ziel gekommen. — Ein kräftiger Kerl, aber leichtfüßig? Jetzt *weiß* ich *Bescheid*.

Wenn man sagt, „*arm und reich* — im Grab sind s' gleich", dann stimmt es aber nicht für alle. Der Herzog von Alba (Duc d'Albe) z.B., der die Dückdalben erfunden hat, als er für Karl V. die spanischen Truppen in den Niederlanden befehligte, kann gar nicht vergessen werden. — Meinst du, daß die Schiffer an Alba denken, wenn sie ihr Schiff an so einem Bündel von Pfählen festmachen? Ich glaube, die denken eher an die Mädchen. — Ja, aber wenn sie an der Reling stehen und ein Binnenländer, so ein Quiddje, wie man in Hamburg sagt, fragt sie, wieso es „Dückdalben" heiße, dann wundern sie sich ja selbst. — Ich würde den Leuten erzählen, das Schiff wird da festgemacht, damit die Seeleute, wenn sie von Bord gehen, nicht ins Wasser fallen — untertauchen — und damit sie ordentlich von Bord kommen — nicht herumalbern. Die Fremden würden gewiß nicht merken, daß ich sie *zum besten gehalten* (= angeführt) habe. Wissen ist keine Kunst, aber *Lügen*.

3.2.7. Zeit- und Ortsbestimmungen

Stunde/Stunden	aber stundenlang
Alter	von alters her
Berg/Berge (das Schlimmste überstanden haben)	sehr viel Zeit, eine Menge Zeit
Zeit/Zeiten	zeitlebens
eine Zeitlang	— nicht im Hochdeutschen —
Haufen	aber zuhauf (zusammenwerfen)
heiraten	oder die Klamotten zusammenwerfen
im eigenen Hause, zu Haus	oder (selten:) zuhaus
ein schöner Sonntag	aber sonntags
an/von dem Nachmittag	aber nachmittags
an einem dunklen Abend	abends; heute abend
kommenden/nächsten Mittwoch	Mittwoch vormittag, mittwochs

mal een Fiefdel gliek een Twintigstel. – Ik heff bether glöövt, du weerst en reine *Null* in't Reken. – Ik weer jümmers de *Eerste* in de Klass! – Dat is dat eerste Mal, wat ik dat höör. Ik dach, du harrst gröttstendeels *Veeren* hatt un tweemal an't Enn von Schulljohr all *veeren* von di streckt. – Bannig witzig – dien Redensorten. Schulln se di mal „*de Best*" nömen, denn meent se förwiß „*de eerst best*", wieldat dor graad *keen anner* is. –

Zahlwörter – bestimmte wie unbestimmte – klein schreiben; es sei denn, es handelt sich um **Substantivierungen, Konkretisierungen.**

Dat seggst du! Avers du büst op'n Holtweg: *Bi't Lopen* bün ik jümmers *as eerst* an't Maal kamen. – En Keerl as'n Oss, avers slank *to Foot*? Nu *weet* ik *Bescheed*.

Wenn'n seggt „*arm un riek* – in't Graff sünd s' gliek", denn stimmt dat avers nich för all. De Hertog von Alba (Duc d'Albe) to'n Bispill, de de Düükdalven erfunnen hett, as he för Karl den Fieften de spaanschen Truppen in de Nedderlannen vörstunn, kann gor nich vergeten warrn. – Meenst du, wat de Schippers an Alba denkt, wenn se ehr Schipp an so'n Bünnel von Pahlen fastmaakt? Ik glööv, de denkt eher (= ehrder) an de Deerns. – Jo, avers wenn se an de Reling staht un'n Binnenlanner, so'n Quiddje, as'n in Hamborg seggt, fraagt jem, woso dat „Düükdalven" heten dä, denn wunnerwarkt se jo sülvens. – Ik würr de Lüüd vertellen, dat Schipp warrt dor fastmaakt, dat de Fohrenslüüd, wenn se von Bord gaht, nich in't Water fallt – dükert – un dat se ornlich von Bord kaamt – nich dalvert. De Frömden würrn wiß nich marken, wat ik jem *to't best hollen* heff (= se rinleggt heff). Weten is kene Kunst avers *Legen* (auch: Lögen).

3.2.7. Zeit- und Ortsbestimmungen

Stünn/Stünnen		avers stünnenlang
Öller		von öllers her
Barg/Bargen (över'n Barg sien)		en barg Tiet
Tiet/Tieden		tietlevens
ene Tietlang	or	tietlang
Hoop		avers tohoop (tohoopsmieten)
heiraten	=	de Plünnen tohoopsmieten
in't egen Huus, to Huus	=	tohuus
en schönen Sünndag		avers sünndags
an/von den Nameddag		avers nameddags
an'n düstern Avend		avends; hüüt avend
tokamen/nehgste Middeweek		Middeweek vörmeddag, middewekens

Wochentage groß schreiben! Im übrigen gilt:

Hauptwörter groß, Umstandswörter klein!

3.2.8. Fremdwörter

Wer glaubt, er müsse ein Fremdwort benutzen, sollte es wie im Hochdeutschen oder auf plattdeutsch immer gleich schreiben: Aktion, Auktion, Deflation, Detonation, Inflation, Konjunktion, Kooperation, Profession.

Wer im Plattdeutschen ein „t" einsetzen will, sollte es dann immer tun, wenn da auch im Hochdeutschen ein „t" steht (Also nicht bei „Profession"): Auktion, Inflation.

Auch in den englischen Wörtern „action", „inflation" und anderen ist der t-Laut nicht zu hören und der i-Laut auch nicht. Bei dieser Sprechweise haben sich die Angeln und Sachsen offenbar durchgesetzt. Und Wilhelms Normannen oder deren Enkel haben sich wohl gefreut, daß sie wieder zu einer gemütlichen Aussprache zurückgekommen sind. Der Mensch soll sich nicht betören lassen. Das würde auch kein Christian begreifen, wenn er plötzlich anders heißen sollte!

4. Die Aussprache

Das „a":

Das hochdeutsche „a" wird in vielen niederdeutschen Mundarten ein wenig nach dem „o" hin gesagt oder sogar ganz als „o" ausgesprochen. In den meisten plattdeutschen Dialekten wird zumindest der lange a-Laut vor „-r" zu einem langen o-Laut: Statt „Kaart" ist „Koort" gebräuchlich.

In einigen Dialekten in Schleswig-Holstein wird gesagt:	In Hamburg und größtenteils auch im Umland sagt man:

Aber diese Straße an unserem Garten führt zum Hafen.
Ist es wahr, daß die Menschen früher mehr Spaß gehabt haben als heute?

vgl. Arens-Straube, Unser Deutschbuch, Winklers Verlag, Nr. 4369

Hauptwörter groß, Umstandswörter klein!

3.2.8. Frömdwöör

De glöövt, he müß en Frömdwoort bruken, schull dat as in't Hoochdüütsch or op plattdüütsch jümmer gliek schrieven: Akschoon, Aukschoon, Deflaschoon, Detonaschoon, Inflaschoon, Konjunkschoon, Kooperaschoon, Profeschoon.

De en „t" insetten will, schull dat denn jümmer doon, wenn dor ok in't Hoochdüütsch en „t" steiht (Dorüm nich bi „Profeschoon"): Aktschoon, Inflatschoon.

Ok in de ingelsche Wöör „action", „inflation" un anner is de t-Luut nich to hören un de i-Luut ok nich. Bi disse Spreekwies hebbt sik de Angeln un Sassen apenbor dörchsett't. Un Willem sien Normannen or de ehr Grootkinners (= Enkels) hebbt sik woll freit, wat se wedder to en kommodige Utspraak trüchkamen sünd. De Minsch schall sik nich begökeln laten. Dat würr ok keen Krischaan begriepen, wenn he miteens anners heten schull!

4. Aussprache

Dat „a":

Dat hoochdüütsche „a" warrt in vele nedderdüütsche Mundorten en beten na't „o" hen seggt or sogoor heel as „o" utsproken. In de mehrste plattdüütsche Mundorten warrt tominst de lange a-Luut vör „-r" to'n langen o-Luut: Statts „Kaart" is „Koort" begäng (So ok: G. + J. Harte, Hochdt. – plattdeutsches Wörterbuch).

In welk Dialekten in Schleswig-Holsteen warrt seggt:	In Hamborg un gröttstendeels ok in't Ümland seggt en:
Avers disse Straat an us Goorn wiest to'n Haben.	Ober düse Stroot an uns Goorn wiest to'n Hoben.
Is dat wohr, wat de Lüüd fröher mehr Spaß hatt hebbt as hüüt?	Is dat wohr, dat de Lüüd freuher mihr Spoß hatt hebbt as hüüt?

„Laß ihn man dieses Jahr Anwalt werden, wenn er bei Vater Staat nicht ankommt." — „Dagegen habe ich gar nichts."
Alles, was er in der Eisenbahn getan hat, war, das zähe Fleisch aufzuessen.

Das „e":

Die Verbform „geev" (= gab) wird so voll und breit gesagt wie im Englischen die Verbform „gave" oder das Wort „may" (mögen, können) oder der Monat „May" (Mai). — Das ist ganz anders als die hochdeutschen Wörter „der See", „geh'!", „stehen" oder die französischen Wörter „aller", „allé", „allez!" oder „la chaussée".

Auch „*en* Tass *Tee*" wird breit gesagt — anders als „eine Tasse Tee" oder „une tasse de thé".

Die plattdeutschen Wörter für „ernst", „meistens" u. a. klingen fast so wie „iernst" und „miehrst". Darum schreibt Rudolf Kinau sie auch so.

Das „o":

Das plattdeutsche „o" ist auch mehr englisch als hochdeutsch: Das Wort „noog" wird zum Beispiel auch breit und voll gesagt, nicht so wie das hochdeutsche „hoch" oder das französische „chaud" (= warm), sondern wie das englische „to know" oder „the boat". Das plattdeutsche „Boot" klingt gerade (genau) so, wenn der Engländer es nicht mit einem Oxford-Akzent ausspricht. So reimt sich auch „de Hoot" (der Hut) auf „the coat" und nicht auf die hochdeutschen Wörter „Not" und „Kot". — Daß da immer noch ein geringfügiger Unterschied zwischen Englisch und Niederdeutsch nachbleibt, versteht sich von selbst. Dennoch: Auf den „Trend", die Richtung, kommt es an! Alles andere ist außerhalb der Blickrichtung.

Das „-en":

Man schreibt,	aber *man spricht*:
Die viele*n* Mensche*n* ginge*n*	Die viel'*n* Mensch'*n* ging'*n*
durch die lange*n* Straße*n*.	durch die lang'*n* Straß'*n*.

Das Laut-Schreiben: (Im Plattdeutschen)
Einzahl: viel, Straße, er blieb kein Dieb, Schmiede, Bude, Manier.
Mehrzahl: viele, Straßen, sie blieben keine Diebe, Schmieden, Buden, Manieren.

„Laat em man dit Johr Afkaat warrn, wenn he bi Vadder Staat nich ankamen deit." — „Dor heff ik gor nix gegen."

„Loot em man düt Johr Afkoot warrn, wenn he bi Vadder Stoot nich ankomen deit." — „Dor heff ik gor nix gegen."
(Finkenwarder Platt: doar, goar)

Allens, wat he in de Isenbahn daan hett, weer, dat taag Fleesch optoeten.

Allens, wat he in de Isenbohn doon hett, würr, dat toog Fleesch optoeten.

Dat „e":

De Verbform „geev" warrt so vull un breet seggt as in't Ingelsch de Verbform „gave" or dat Woort „may" (mögen, können) or de Maand „May" (Mai). – Dat is ganz anners as de hoochdüütschen Wöör „der See", „geh'!", „stehen" or de französchen Wöör „aller" (gahn = gehen), „allé" (gahn = gegangen), „allez! (gaht! = geht!) or „la chaussée" (de Landstraat).

Ok „*en* Tass *Tee*" warrt breet seggt – anners as „eine Tasse *Tee*" or „une tasse de *thé*".

De Wöör „eernst", „mehrst" usw. klingt meist so as „iernst", „miehrst" un so wieder. Dörum schrifft Rudolf Kinau se ok so.

Dat „o":

Dat plattdüütsch „o" is ok mehr ingelsch as hoochdüütsch: Dat Woort „noog" warrt to'n Bispill ok breet un vull seggt, nich so as dat hoochdüütsch „hoch" or dat franzöösch „chaud" (= warm), man as dat ingelsch „to know" or „the boat". Dat plattdüütsch „Boot" klingt jüst so, wenn de Ingelschmann dat nich mit'n Oxford-Akzent utspickt. So riemt sik ok „de Hoot" op „the coat" un nich op de hoochdüütsche Wöör „Not" un „Kot". — Wat dor jümmer noch en lütten Ünnerscheed twischen Ingelsch un Nedderdüütsch nablifft, versteiht sik von sülfst. Liekers: Op den „Trend", de Richt, kümmt dat an! Allens anner is ut de Kehr.

Dat „-en": *En schrifft,* avers *en spricht*:
De vel*en* Minsch*en* gung*en* dörch de lang*en* Strat*en*.
De vel'*n* Minsch'*n* gung'*n* dörch de lang*en* Strat*en*.

Dat Luut-Schrieven: („f" = stimmlos, hart, „v" = stimmhaft, weich im Wort!)
Eentall: v*ee*l, Str*aa*t, he bl*ee*f k*ee*n D*ee*f, Sm*ee*d, B*oo*d, Man*ee*r.
Mehrtall: v*e*le, Str*a*ten, se bl*e*ven k*e*ne D*e*ven, Sm*e*den, B*o*den, Man*e*ren.

129

5. Redensarten und Sprichwörter

Es geht nirgends bunter (verrückter) zu als auf der Welt.
Wenn das Pech es will, fällst du auf den Rücken und brichst dir die Nase.
Man wird zu früh alt und zu spät klug.
Was der Bauer nicht kennt, das ißt er nicht.
Mann kann mehr abwarten als ablaufen.
Das ist der Rede nicht wert.
In der größten Not sind alle Freunde tot.
     (Oder: . . . schmeckt die Wurst auch ohne Brot)
Wer Spreu sät, kann keinen Weizen ernten.
Tu, was du willst, die Leute reden doch.
Das ist so sicher wie das Amen in der Kirche.
Morgenrot bringt Wasser in den Sot (Ziehbrunnen).
Was dem einen seine Eule, ist dem anderen seine Nachtigall. = Das ist Geschmackssache.
Reisende Leute soll man nicht aufhalten.
Jeder nach seinem Geschmack.
Bleib gesund!
Doppelt hält besser.

Was man einem oder einer Auszubildenden sagt:

> Drei Jahr' sind 'ne kurze Spann',
> seht ihr sie euch nachher an.
> Drei Jahr' sind 'ne lange Zeit,
> wenn ihr noch am Anfang seid.

Jeder Topf findet seinen Deckel.
Grobe Säcke darf man nicht mit Seide nähen.
Der eine ebnet den Weg, und der andere hat den Vorteil davon.
Alles der Reihe nach.
Schweigen und Denken kann niemanden kränken.
Wer nicht wagt, der nicht gewinnt.
Stille Wasser sind tief.
Biegen ist besser als Brechen.
Was man nicht im Kopf hat, muß man in den Beinen haben.
Was jung ist, summt, was alt ist, brummt.
„Es kann der Frömmste nicht in Frieden leben, wenn es dem bösen Nachbarn nicht gefällt."
Eine Krähe hackt der anderen kein Auge aus.
Wer hat, der hat.

5. Redensarten und Sprichwörter

Dat geiht narms bunter (duller) to as op de Welt.
Wenn't Malöör wesen schall, fallst du op'n Rüch un brickst de Nees.
En warrt to fröh oold un to laat klook.
Wat de Buur nich kennt, dat itt he nich.
En kann mehr afluren as aflopen.
Dat is dat Nömen nich weert.
In de gröttste Not sünd all de Frünnen doot.
    (Oder: ... smeckt d' Wust ok sünner Broot)
De Kaff seit, kann kenen Weten aarnen.
Do, wat du wullt, de Lüüd snackt doch.
Dat is so seker as dat Amen in de Kark.
Morgenrot bringt Water in'n Soot.
Wat de een sien Uul, is den anner sien Nachtigall.
    (Oder: Was den einen seine Tante is, is den annern sein Onkel. –
        Hamburger Missingsch)
Reisen Lüüd schall'n nich ophollen.
Elk (na) sien Möög (Dat bedüüdt/heet: Jedereen na sien Smack)
Holl di stief!
Duppelt hollt beter.

Wat'n to'n Lehrjung or Lehrdeern seggt:

    Dree Johr sünd'n kotte Spann,
    süht en se von achtern an.
    Dree Johr sünd 'ne lange Tiet,
    wenn en se von vörn ansüht.

Dor is keen Grapen to scheef, dor paßt'n Stülper op.
Grove Säck mutt'n nich mit Sied neihen.
De een sleit den Nagel in, de anner hangt sienen Hoot dorop.
Eerst en Nees un denn en Brill.
Swiegen un Denken deit kenen kränken.
De nix waagt, winnt nix.
Dat stille Water hett den deepsten Grund.
Bögen is beter as Breken.
Wat en nich in'n Kopp hett, dat mutt'n in de Been hebben.
Wat jung is, dat summt, wat oolt is, dat brummt.
Dor is licht en Stock funnen, wenn'n en Hund slaan will.
Een Kreih hackt de anner de Ogen nich ut.
        (Schon von Cicero, 106–43 v. Chr., auf latein angewandt)
De't lang hett, lett't lang hangen.

PROSATEXTE (Nur Übungstexte, keine Literatur)

1. Der Name ist ein Hinweis, meinten die alten Römer

Als Österreich und Preußen mit Dänemark im Krieg waren über die Schleswig-Holstein-Frage, da hatte Generalstabschef v. Moltke mit Schläue einen Plan entwickelt, wie die Deutschen ihren Feind schnell in einem großen Kessel gefangen setzen konnten. Aber das hätte Moltke lieber nicht tun sollen; denn die viele Mühe hatte er sich vergebens gemacht. Wieso? Das lag an dem Oberbefehlshaber der preußischen Truppen in Schleswig-Holstein, v. Wrangel. Der war schon achtzig Jahre alt und konnte sich den Plan nicht erklären (nicht begreifen). Es kann aber auch sein, daß Wrangel ein Dickkopf war und solchen neuen Plan nicht auf der Rechnung hatte (nicht anerkannte).

Solch Mensch wird auf niederdeutsch „Wrangelkopp" genannt. Das ist jemand, der sich zeitweilig plötzlich querlegt. Dann fängt er an zu zanken, als ob ihn eine üble Laune überkommen wäre. – Damals haben sie ihn (hat man ihn) dann auch abgelöst. Und dann ging es schnell auf den Sieg zu.

2. Versuch macht klug

Einige junge Leute tragen heutzutage gern graublaue Hosen, die halbverschlissen aussehen, als wären sie zuviel oder fast gar nicht gewaschen worden. Wenn dann ein stämmiger, hochgewachsener Bursche in so einer blauen Hose und in einem roten Hemd breitbeinig dasteht, einen gelben Hut mit einer breiten Krempe auf dem Kopf, dann kann man glauben, einen tüchtigen Kuhjungen vor sich zu haben, so einen amerikanischen „Cowboy", knochentrocken und eiskalt. Aber wenn man den mal hochheben und auf ein Pferd setzen würde, das wäre sicherlich komisch anzusehen. Dann müßte unser forscher Cowboy mal eine ordentliche Runde ohne Sattel im deutschen Trab machen! Das wäre doch ein abenteuerliches Erlebnis für ihn. — Es kann auch sein, daß er später ein flotter Reiter wird, am Ende noch ein tüchtiger Mann in der deutschen Military Mannschaft[1]. Wer kann das wissen?

3. Bloß eine Hausfrau?

Ich habe ja eigentlich die Ruhe weg, aber was zuviel ist, ist zuviel. Wenn man das schon hört: „Nur eine Hausfrau", dann komme ich in Wut. Da läuft bei mir so ein Film ab.

---

[1] Reitermannschaft, die „querfeldein" und auch durch den Wald reiten muß und Sturzhelme auf dem Kopf trägt.

6. PROSATEXTE 🖭

1. nomen est omen, meen de oold Römers 🖭

As Österriek un Preußen mit Dänemark in'n Krieg weern, dat güng üm de Schleswig-Holsteen-Fraag, dor harr Generalstabschef v. Moltke mit Plie en' Plaan utklamüsert, woans de Düütschen ehren Fiend foorts in'n groten Ketel fastsetten kunnen. Avers dat harr Moltke lever nich doon schullt; denn de vele Möh harr he sik vergeevs maakt. Woso? Dat leeg an den Oberbefehlshaber von de preußschen Truppen in Schleswig-Holsteen, v. Wrangel. De weer al tachentig Johr oold un kunn sik kenen Vers op den Plaan maken. Kann avers ok wesen, wat Wrangel en Dickkopp weer un so'n nien Plaan nich op de Tell harr[1].

Solk Minsch warrt op nedderdüütsch „Wrangelkopp" nöömt. Dat is en[2], de sik totieden mitmaal verdwarsleggen deit. Denn fangt he an to wrangeln, as wenn he'n Rappel kregen hett. — Do hebbt se em denn ok aflööst. Un denn gung dat ööt op'n Sieg to.

2. Versöök maakt klook 🖭

Welk junge Lüüd dreegt hüüttodaags geern griesblaue Büxen, de halfsleten utsehn, as weern se to veel or meist gor nich wuschen worrn. Wenn denn en stebig, hoochschaten Jungkerl in so'n blaue Büx un in'n root Hemd breetbeent dorsteiht, en gelen Hoot mit'n brete Kremp op'n Kopp, denn kann'n glöven, en fixen Kohjung vör sik to hebben, so'n amerikanschen „Cowboy", knokendröög un ieskoolt. Avers wenn'n den maal hoochbören un op'n Peerd setten würr, dat weer seker snaaksch antosehn. Denn müß us foorsche Cowboy en ornliche Rund ahn Saddel in'n düütschen Draff maken! Dat weer doch en eventüürsch Beleevnis för em. — Kann ok wesen, wat he later'n flotten Rieder warrt, amenn noch'n düchtigen Mann in de düütsche „Military Equipe"[3]. Keen kann't weten?

3. Bloots en Huusfru? 🖭

Ik heff jo egentlich de Rauh weg, avers wat toveel is, is toveel. Wenn'n dat al hÖÖrt: „Bloots en Huusfru", denn kaam ik in Raasch. Dor löppt bi mi so'n Film af.

---

[1] = nich op den Reken harr.
[2] vgl.: Dat is *ee*n, un disse hier sünd de anner dree. - Zahlwort mit „ee".
[3] Mannschop von Rieders, de „dör Kruut un Kratt" un ok dörch'n Woold rieden mööt un Störthelms op'n Kopp dreegt.

Ja, als die Wirtschaft wieder in Schwung kommen sollte, da wurdest du als Hausfrau schief angesehen . Den lieben langen Tag zu Hause herumglucken — dabei muß man ja schwachsinnig werden, das kriegst du immer wieder zu hören. Die Kinder werden allein groß! Such dir lieber eine Tätigkeit (einen Job). Diese Worte konnte ich nicht mehr hören.

Wie schnell das Wetterglas (Barometer) umschlägt, das merkst du so ganz allmählich. Du mußt dich nur wundern, wie schlau die das da oben anfangen. Ob die glauben, wir merken es nicht?

Sie können ja nimmer zugeben, daß sie unsere Hilfe in der flauen Zeit missen können. Mit einem Mal ist es wieder „in": Stricken, Nähen, Einkochen, Wieder-mehr-Zeit-für-deine-Kinder-Haben, sogar das Brot wird wieder zu Haus gebacken. Ich habe es in all' den vergangenen Jahren gern getan. Nicht einmal ein schlechtes Gewissen habe ich dabei gehabt. So manches Mal habe ich mir in all' den Jahren eine gemütliche Stunde mit einem guten Buch gemacht, mir Vorträge angehört, bin oft in der Kunsthalle zu Gast gewesen, wenn die „Vollzeitberufstätige" den lieben, langen Tag ihren Mann gestanden hat. Ich habe eine Menge für mich selbst getan und bin recht zufrieden dabei gewesen.

In mir regte sich etwas, wenn wir alle zusammen saßen und meine Leute sagten: „Geht doch nichts über'n gemütlichen Feierabend!" Na, ... wenn ich all' die Jahre von morgens bis abends aus dem Hause gegangen wäre, hätte so mancher Feierabend wohl anders ausgesehen. Was meint ihr?

4. Klug braucht man nicht zu sein, man muß sich nur zu helfen wissen

Die Schulkinder hatten gelernt, daß Saul nirgends zu finden war, als sie ihn zum König von Israel gewählt hatten. Er hatte sich ja versteckt. — Dann fragte der Lehrer, warum Saul sich versteckt habe. Alle Kinder schwiegen sich aus. Schließlich rief Hans, der sonst nichts sagt: „Ich weiß es! Saul hatte ja Angst, daß er einen ausgeben müßte!"

5. Wenn einer eine Reise macht, dann kann er was erzählen

„Endragt maakt magt!" — Was redest du da? — Hast du das nicht verstanden? — Verstanden schon, aber wer spricht so? Woher hast du das? — Das ist Afrikaans, das die Buren sprechen in Südafrika. „Eintracht macht stark." Ich bin doch gerade da unten gewesen. — Davon mußt du mir mal Sonntag erzählen. Die Mittagszeit ist vorbei. Ich hab' noch viel

Jo, as de Weertschop wedder in Swung kamen schull, dor wöörst du as Huusfru scheel ankeken. Den leven langen Dag to Huus rümklucken – dor mutt'n jo bregenklöterig bi warrn, dat kriegst jümmers wedder to höörn. De Kinner ward alleen groot! Sö̈k di lever en' Job! Disse Wöör kunn ik nich mehr hören.

Wo gau dat Wederglas (Barometer) ümslaan deit, dat markst so ganz bilütten. Muttst di bloots wunnern, wo plietsch de dat dor boven anfangen doot. Of de glöövt, wi markt[1] dat nich?

Se köönt jo nümmer togeven, wat se us Help in de flaue Tiet missen köönt. Mit'n Maal is dat wedder „in": Knütten, Neihen, Inkoken, Weddermehr-Tiet-för-dien-Kinner-Hebben, sogoor dat Broot warrt wedder sülven backt. Ik heff dat in all de verleden Johren geern doon. Nich maal'n slecht Geweten heff ik dorbi hatt. So mennigmaal heff ik mi in all de Johren'n komodige Stünn mit'n goot Book maakt, mi Vördrääg anhöört, bün faken to Gast wesen in de Kunsthall, wenn de „Vulltietsteedfru"[2] den leven langen Dag ehren Mann stahn hett. Ik heff'n barg för mi sülven daan un bün orig tofreden dorbi wesen.

In mi rö̈g sik wat, wenn wi all tohoop seten un mien Lüüd sän: „Geiht doch nix över'n komodigen Fieravend!" Na, ... wenn ik all de Johren von morgens bet avends ut't Huus gahn weer, harr so mennig Fieravend woll anners utsehn. Wat meent ji?

4. Klook bruukt'n nich to wesen, en mutt sik bloots to helpen weten

De Schoolkinner harrn lehrt, wat Saul narms to finnen weer, as se em to'n König von Israel wählt harrn. He harr sik jo versteken. – Denn fraag[3] de Lehrer, worüm Saul sik versteken dä. All de Göörn swegen still. Opletzt reep Hans, de sünst nix seggt: „Dat weet ik! Saul weer jo bang, wat he een utgeven müß!"

5. Wenn'n en Reis maakt, kann'n wat vertellen

„Eendragt maakt magt!" – Wat snackst du dor? – Hest dat nich verstahn? – Verstahn al, avers keen snackt so? Neem hest dat her? – Dat is Afrikaans, wat de Buurn snackt in Süüdafrika. „Eendragt maakt stark." Ik bün doch jüst dor ünnen wesen. – Dor muttst du mi maal Sünndag von vertellen. Middagstiet is vörbi. Ik heff noch veel to be-

---

[1] OK: wi mark dat nich? OR: würrn dat nich marken?
[2] op ingelsch: full-time job woman (or bloots: full-timer).
[3] ok: fröög.

zu tun. Aber jetzt sage ich dir was: „Het is niet al dag Kirmes." — Alle Tage ist kein Sonntag. Das ist aber kein Afrikaans. — Nein, das ist Holländisch. — Gut! Na, dann noch einen letzten: „Alles sal regkom!" — Das heißt wohl: „Das läuft sich alles zurecht." — Was hat dein Vater bloß für einen klugen Sohn! — Das merkst du jetzt erst?

6. Sehen ist eine Frage der Entfernung

Eine wohlhabende amerikanische Familie verbrachte einen sonnigen Sonntag mit Freunden auf ihrem drei ha großen Wald- und Buschgelände. Als es dunkel wurde und man sich trennte, entdeckte der Gastgeber, daß er seine Armbanduhr in der Wildnis verloren hatte. Schon am nächsten Morgen wurde ihm fernmündlich mitgeteilt, sie liege heil im Gebüsch etwa 50 Schritt vom Teich in Richtung auf die Akazie am Hügel. Was war geschehen?

Sein Freund Roy, Astronaut auf dem Fotosatelliten Lacross, dem teuersten aller Himmelsspione (Herstellungskosten eine Milliarde Mark, Länge mit Sonnenpaddel und Antennen etwa 50 m), hatte die Uhr nachts durch das Gebüsch aus 750 km Höhe fotografiert und auch das Ticken der Uhr abgehört. — Dieser Radarsatellit hat in der Sahara in sechs Meter Tiefe ein längst versiegtes Flußbett ausgemacht.

Übrigens — die obige Geschichte könnte wahr sein; denn die technischen Daten stimmen.

7. Der Wein

Letzten Sonntag habe ich erst einmal schnell unsere Weinregale aufs Visier genommen.

Kaum zu glauben — nichts an gepanschtem „Glykol-Wein" dabei. Da haben wir tatsächlich nochmal Glück gehabt. Wer weiß, wie lange noch? Die Liste des „Gepanschten" wird ja immer länger. Wollen hoffen, daß wir noch mal gut davongekommen sind.

Heute stand in der Zeitung, daß auch einige deutsche Weinbauern so etwas mit Glykol gemischt haben. Ich habe den Artikel zweimal gelesen, bis ich das, was da stand, begriffen habe. So ein ganz schlauer Boss einer ausländischen Firma — ist ja egal, wie sie heißt — will uns tatsächlich weismachen, daß nur die Obersten und Angestellten aus seinem Betrieb den „Panschie" getrunken haben. Daß der überhaupt so ein Geschwätz von sich geben mag. Dieses Gerede glauben ihm ja nicht mal die Dusseligen unter uns.

Das müssen ja sehr abgebrühte Menschen sein, die ohne schlechtes Gewissen nur an ihren Gewinn denken. — Ob die nachts im Traum

schicken. Avers nu segg ik di wat: „Het is niet al dag Kirmes." — All Daag is keen Sünndag. Dat is avers keen Afrikaans. — Ne, dat is Hollandsch. — Goot! Na, denn noch enen letzten: „Alles sal regkom!" — Dat heet woll: „Dat löppt sik allens trecht." — Wat hett dien Vadder bloots för'n kloken Söhn! — Dat markst du nu eerst?

6. Sehn is en Fraag, wo wiet en kickt

En amerikaansche Familje, de orrig wat an de Hacken harr, verbröch enen sünnrieken Sünndag mit Frünnen op ehren dree ha groten Woold- un Holtrebeet. As dat düster wöör un man (= en) utenannergüng, mark de Gastgever, dat he sien Armbandklock in de Wildnis verratzt harr. Al an annern Moorn wöör em an't Telefon mitdeelt, se leeg heel in'n Busch so wat bi föftig Schreed von den Diek in Richt op de Akazie an'n Anbarg. Wat weer scheen?

Sien Fründ Roy, Astronaut op den Fotosatelliten Lacross, den düürsten von all de Himmelsspione (Kösten för dat Herstellen eene Milliarde Mark, Läng mit Sünnpaddel un Antennen so wat bi 50 m), harr de Klock nachts dörch dat Buschwark ut söbenhunnertföftig km Hööchte foto- grafeert un ok dat Ticken von de Klock afhöört. — Düsse Radarsatellit hett in de Sahara in söß Meter Deepde en al lang verwokert Stroombett utmaakt.

Kott — de schreven Geschicht kunn wohr sien; denn de technischen Daten stimmt.

7. De Wien

Verleden Sünndag heff ik eerstmal flink us Wienregalen op't Visier nahmen.

Kuum to glöven — nix an gepanschten „Glykol-Wien" dorbi. Dor hebbt wi wohrhaftig nochmal Glück hatt. Keen weet, wo lang noch? De List von den „Panschten" warrt jo jümmers länger. Wüllt höpen, wat wi noch mal goot dorvon afkamen sünd.

Hüüt stünn in't Blatt, wat ok welk düütsche Wienbuurn so'n lütt beten mit Glykol mengeleert hebbt. Ik heff den Artikel tweemal leest, bet ik dat, wat dor stünn, begrepen heff. So'n heel venienschen Baas von'n utlandsche Firma — is jo egaal, wo se heet — will us wohr- haftig wiesmaken, wat bloots de Bövelsten un Angestellten ut sien Be- drief den „Panschie" drunken hebbt. Wat de överhaupt so'n Geschwafel[3] von sik geven mag. Dit Palaver glöövt em jo nich mal de Dösigen ünner us.

Dat mööt jo bannig afbröht Minschen sien, de ahn slecht Geweten bloots an jem-ehren Profit denken doot. — Of de nachts in'n Droom

---

[3] Tüneree, Gedröhn, Sabbelee.

nicht von all' den Weinflaschen, die ihnen beim Mischen unter die Fäuste gekommen sind, durchdrehen?

Mir schießt so ein Schnack von unserem Pastor durch den Kopf. Er sagte kürzlich zu mir: „Der liebe Gott hat die Menschen gemacht, aber sie sind auch danach!" — Sind das überhaupt Menschen, die ohne schlechtes Gewissen so etwas fertigkriegen? Mir läuft der kalte Schauder über den Rücken. Ich sehe all' die vielen Leute vor mir, die oft so einen Schoppen Wein als Medizin für ihre Gesundheit getrunken haben. Wir wollen hoffen, daß die Panscher ihre verdiente Strafe erhalten. Leid tun mir all' die ehrbaren Kaufleute und Weinhändler. Sie müssen wieder mal die Kastanien aus dem Feuer holen.

Für all' die Leser: Schöne Urlaubstage! Mein Koffer ist schon auf der Reise nach Amrum. Das können Sie mir glauben — ich trinke auf der Insel Milch und lasse Wein Wein sein.

8. Ein paar Worte über unser Geld

Wenn man Geld wechselt und man bekommt viel mehr Dollar für seine DM als vorher, dann liegt es an dem Außenwert der DM. Mit so einem Wechselkurs können wir Deutschen dann leicht durch die Welt reisen und können auch die Ware im Ausland billig einkaufen. Wieso der Wechselkurs auf und nieder geht? Das liegt an der Nachfrage nach der westdeutschen Mark: Wenn die Ausländer sehen, daß die westdeutsche Wirtschaft gut läuft und bei uns viel verdient wird, und wenn sie dann auch noch glauben, daß sich die Wirtschaftslage in Deutschland auch in Zukunft nicht verändern wird, dann wollen sie unser Geld kaufen! Sie wollen auch einen Teil des Gewinns haben und ihr Geld in der westdeutschen Wirtschaft anlegen (investieren). So wird der Wechselkurs hochgetrieben.

Jetzt kommt viel Geld in unsere Volkswirtschaft, neues Geld wird hineingepumpt, und überall fangen die Menschen an, ihre Lage zu verbessern, voran die Unternehmer, die sich bessere Maschinen kaufen, um mehr und bessere Waren zum selben Preis zu verkaufen. Auch der Lohn geht in die Höhe. Solange mehr Ware billig hergestellt werden kann, wie neues Geld in unsere Wirtschaft eindringt, bleibt die Volkswirtschaft gesund, und jeder hat seinen Vorteil und übermäßigen (= außerordentlichen) Gewinn.

Es bleibt nur nicht so schön, wie es sich anhört. Sobald nicht noch mehr Ware verkauft werden kann, weil niemand mehr Ware als bisher gebrauchen kann, kann das viele Geld nicht mehr angelegt werden. Viel (oft ausländisches) Geld ist plötzlich überflüssig und sucht einen Markt.

nich von all de Wienbuddels, de jem bi't Mixen ünner de Füüst kamen sünd, dörchdreiht?

Mi suust so'n Snack von usen Paster dörch'n Kopp. He sä körtens to mi: „De leve Gott hett de Minschen maakt, avers se sünd ok dorna!" — Sünd dat överhaupt Minschen, de ahn slecht Geweten sowat fardigkriegt? Mi löppt de kollen Gresen över'n Rüch. Ik seh al de velen Lüüd vör mi, de faken so'n Schoppen Wien as Medizin för ehr Gesundheit drunken hebbt. Wi wüllt höpen, wat de Panschers ehr verdeente Straaf kriegen doot. Leed doot mi all de ehrbohren Kooplüüd un Wienhökers. Se mööt wedder mal de Kastanien ut't Füür halen.

För all de Lesers: Gode Urlaubsdaag! Mien Koffer is al op de Reis na Amrum. Dat köönt Se mi glöven — ik drink op de Insel Melk un laat Wien Wien sien.

8. En poor Wöör över us Geld

Wenn en Geld wesselt un'n kriegt veel mehr Dollars för sien Düütsche Mark as vördem, denn liggt dat an den Butenweert von de DM. Mit so en Wesselkurs köönt wi Düütschen denn licht dörch de Welt reisen un köönt ok de Waar in't Utland billig inköpen. Woso de Wesselkurs op un daal geiht? Dat liggt an de Frageree (de Nafraag) na de westdüütsche Mark: Wenn de Utlänner seht, wat de westdüütsche Weertschop goot löppt un bi us veel verdeent warrt un wenn se denn ok noch glöövt, wat sik de ökonoomsche Laag in Düütschland ok in Tokunft nich verännern warrt, denn wüllt se us Geld köpen! Se wüllt ok en Deel von'n Profit hebben un ehr Geld in de westdüütsche Weertschop anleggen (investeern). So warrt de Wesselkurs hoochdreven.

Nu kümmt veel Geld in us Volksweertschop, nie Geld warrt rinpumpt, un överall fangt de Lüüd an, ehre Laag to verbetern, vöran de Ünnernehmers, de sik betere Maschienen kööpt, um mehr un betere Waar to densülvigen Pries to verköpen. Ok de Lohn geiht in de Hööcht. Solang mehr Waar billig maakt warrn kann, as nie Geld in us Weertschop flütt, blifft de Volksweertschop sund, un elkeen hett sienen Vördeel un övermaten Gewinn.

Dat blifft bloots nich so fein, as sik dat anhöört. Sodraad nich noch mehr Waar verköfft warrn kann, wieldat nüms mehr Waar bruken kann as betlang, kann dat veel Geld nich mehr anleggt warrn. Veel (oftins utlandsch) Geld is miteens överscherig un söökt enen Markt. De Lüüd

Die Menschen glauben nun an ihren eigenen Reichtum aufgrund des Geldsegens und fangen an, ihr Geld zu verschwenden. Eine Zeitlang geht es so weiter. Vielleicht fragt mancher mißtrauisch, woher das viele Geld komme und ob es gut gehen werde. Aber er wird nur ausgelacht, der Angsthase.

Dennoch hat er recht: Wenn die „Produktivität" (ein Fremdwort auch im Hochdeutschen), die Kraft, etwas — hinreichend preiswert — herzustellen, nicht mehr wachsen kann, obgleich mehr Geld auf den Finanzmarkt drängt, dann wird zuletzt mehr Geld für die gleiche Warenmenge oder die gleiche Dienstleistung bezahlt. Anders ausgedrückt: Wenn mehr Geld als nötig auf dem Markt ist, verliert das Geld an Wert, das heißt, man muß mehr und mehr Geld für die gleiche Ware oder den gleichen Dienst (Haarschneiden, Taxifahren, Hausreparatur) bezahlen. Das nennt man „Inflation". Der Innenwert der DM sinkt dann. Die Verlierer sind wir alle, wenn der Lohn nicht (mehr) nachkommt. Steigt der Lohn mit, dann sind „nur" die Sparer die Verlierer, vielleicht auch die Rentner, und die „Grauen Panther" werden grob.

Wie in unserem Geld- und Wirtschaftssystem der Wirtschafts- und Finanzminister wie auch unsere Zentralbank (die deutsche Bundesbank) gegen die Inflation vorgehen können (z.B.: Das Geld verknappen), kann man aus den Lehrbüchern und dem Rundfunk (Hörfunk und Fernsehen) lernen. — 1986 stand die Bundesrepublik ganz vorn in der Welt mit fast keiner Inflation. Wenn damals noch meistens Westwind gewesen wäre, damit/so daß die Russen ihre verseuchte Luft für sich behalten hätten, dann wäre es natürlich noch besser gewesen. Auf der anderen Seite (andererseits) wird nun mehr an „grüne" Politik gedacht.

9. Zum Irrealis

Mittwoch, den 27. August 86, interviewte ein Hörfunkreporter das SPD-Mitglied Egon Bahr zur Rede des SPD-Kanzlerkandidaten Rau („Bruder Johannes"): „Wenn er gewählt würde, würde er also . . ." Keiner der beiden merkte, daß dieser Irrealis (Sprachform für das Unwirkliche) bedeutet: Er wird aber nicht gewählt werden. — Der Reporter hätte sagen sollen: „Wenn er gewählt wird, wird er also . . ." Es ist nämlich ein ganz einfacher Bedingungssatz, der ausdrückt, was möglich ist. Durch seinen Fehler hat der Reporter die Zuhörer „unterschwellig" auf die CDU eingestimmt, genauso wie die Psychologie uns bei der Werbung so nebenbei für irgend etwas gewinnt.

---

[1] ODER: . . . Geld kommt und ob es gutgehen wird.

glöövt nu an ehr eegen Riekdom von wegen den Geldsegen un fangt an, ehr Geld to verkleien. Ene Tietlang geiht dat so wieder. Sachs fraagt mennigeen lurig, woneem dat veel Geld herkeem un of dat gootgahn wörr[1]. Avers he warrt man utlacht, de Bangbüx!

Liekers hett he recht: Wenn de „Produktivität" (en Frömdwoort ok in't Hoochdüütsch!), de Kraff, wat – billig noog – to maken, to produzeern, nich mehr stiegen kann, schoonst mehr Geld op'n Finanzmarkt drängen deit, denn warrt opletzt mehr Geld för de lieke Warentall or den lieken Deenst betahlt. Annersrüm vertellt: Wenn mehr Geld as nödig op'n Markt is, verleert dat Geld an Weert, dat heet, en mutt mehr un mehr Geld för de glieke Waar or den glieken Deenst (Hoorsnieden, Taxifohren, Huusrepareern) betahlen. Dat nöömt en „Inflaschoon". De Binnenweert von de DM sinkt denn. De Verlerers sünd wi all, wenn de Lohn nich (mehr) nakümmt. Stiggt de Lohn mit, denn sünd „man" de Sporers de Verleerers, sachs ok de Rentners, un de „Grauen Panthers" ward groff.

Woans in us Geldsystem de Weertschop- un Finanzminister as ok us Zentralbank (de Düütsche Bundesbank) gegen de Inflaschoon vörgahn köönt (to'n Bispill: dat Geld bekniepen), kann'n ut de Lehrböker un'n Rundfunk (Höörfunk un Fernsehn) lehren. – 1986 stunn de Bundesrepublik ganz vörn in de Welt mit meist keen Inflaschoon. Wenn do noch meisttiets Westwind west weer, dat de Russen ehr süükt Luft för sik behollen harrn, denn weer't natüürlich noch beter west. Op de anner Siet warrt nu mehr an „gröne" Politik dacht.

9. To'n Irrealis

Middeweek, den söbenuntwintigsten August sößuntachentig, interview[2] en Höörfunkreporter den SPD-Maat Egon Bahr to de Reed von SPD-Kanzlerkandidat Rau („Broder Johannes"): „Wenn he wählt würr, würr he also ..." Keeneen von de beiden mark, wat disse Irrealis (Spraakform för dat Unwürkliche) bedüden deit: He warrt avers nich wählt warrn. – De Reporter harr seggen schullt: „Wenn he wählt warrt, warrt he also ..." Dat is nämlich'n heel eenfachen Bedingsatz, de utdrückt, wat möglich is. Dörch sienen Fehler hett de Reporter de Tohörers „ünnerschwellig" op de CDU instimmt, graadso[3] as de Psychologie us bi't Warven so blangenbi för enerwat winnen deit.

---

[1] OR: ... Geld kümmt un of dat gootgahn warrt.
[2] Dat Frömdwoort „interviewen" warrt in't Hoochdüütsch as en düütsch Verb konjugeert, dorüm ok in't Plattdüütsch.
[3] = lieksterwelt.

10. So nebenbei einstecken

Ich habe wahrhaftig zweimal hingesehen, als ich die Zeitung studierte/ Zeitung las. So etwas gibt es doch nicht, dachte ich bei mir selbst. Da stand auf einer Seite, daß ein Mädchen für fünfzig Mark Zeug mitgenommen hatte, ohne zu bezahlen. Was muß in solchen Menschenkindern vorgehen, die ohne schlechtes Gewissen so etwas fertigkriegen.

Im Kaufhaus hat man sie ertappt (= zufassengekriegt), als sie eine Wolljacke in der Tache verschwinden ließ. Als der Verkäufer fragte, warum sie das getan habe, antwortete sie: „Das tun doch meine Freunde auch!" Kaum zu glauben! dachte ich.

Mit den Dudelplatten für eine Stereoanlage sollen ja einige Kinder ihr Taschengeld so nebenbei verdienen. Darin soll es ja reine Weltmeister geben, die so 20 bis 30 Platten im Monat an die Seite bringen. Alte Turnschuhe werden im Laden gegen neue umgetauscht. So einfach soll es gehen. Mir wird ganz schlecht in der Magengrube, wenn ich mir vorstelle, eines unserer Kinder würde in so eine Lage hineinschliddern. Ich glaube, ich käme Tag und Nacht nicht mehr zur Ruhe. Das wäre ja wohl noch schöner, wenn wir nicht mehr „Mein und Dein" unterscheiden könnten.

Aber mich deucht (= dünkt; von „denken"), so ganz ohne Schuld sind die Eltern auch nicht ... Das wird man doch gewahr, wenn da plötzlich neue Schuhe stehen, und die Dudelplatten können sie doch nicht in einer Streichholzschachtel verstecken! Sollte es wirklich so viele Familien geben, in denen (= wo) Vater und Mutter nichts mehr merken? Da muß ja etwas verkehrt (= schief) laufen, wenn man die Zügel zu früh aus der Hand (den Händen) gibt. Heutzutage ist es gewiß gar nicht so einfach, immer nein zu sagen. Wohin man sieht — die Läden schießen wie Butterblumen aus der Erde. Viele Ladeninhaber leben von Generationen, die selbst noch keinen Pfennig verdienen.

Wer soll das alles bezahlen, was da so auf den Markt geworfen wird? Unsere Aufgabe sollte es sein, unseren Kindern klarzumachen, daß man nicht alles besitzen kann, was man gern haben möchte. Wir sollten ihnen den Weg weisen, daß (fast schon: damit) sie glückliche und zufriedene Menschen werden. Wenn wir ihnen vorleben, daß man auch ohne all' den modernen Kleinkram zufrieden sein kann, brauchen wir keine Angst zu haben, daß sie vom Wege abkommen.

11. Gespräch unter Bekannten:

Dienstag hat Harry sich neun neue Laster gekauft. — Woher kriegt er denn bloß das Geld? — Ach, der hat's doch! Er ist doch der größte

10. So blangenbi insteken

Ik heff wohrhaftig tweemal hinkeken, as ik dat Blatt bi'n Wickel harr. Sowat gifft doch nich, dach ik bi mi sülfst. Dor stünn op en Siet, wat'n Deern för föftig Mark Tüüg mitnahmen harr, ahn to betahlen. Wat mutt in solk Minschenkinner vörgahn, de ahn slecht Geweten sowat fardigkriegt.

In't Koophuus harrn se ehr faatkregen, as se'n Wulljack in de Tasch verswinnen leet. As de Verköper fraag, wörüm se dat daan harr, anter se: „Dat doot doch mien Mackers ok!" Kuum to glöven! dach ik.

Mit de Dudelplatten för'n Stereoanlaag schüllt jo welk Kinner ehr Taschengeld so blangenbi verdenen. Dor schall dat jo reine Weltmeister in geven, de so twintig bet dörtig Platten in'n Maand an de Siet bringt. Ole Turnschoh ward in'n Laden gegen niege ümtuuscht. So eenfach schall dat gahn. Mi warrt ganz mulmig in de Magenkuhl, ween'k mi vörstell, een von üs Kinner würr in so'n Laag rinsliddern. Ik glööv, ik keem Dag un Nacht nicht mehr to Rauh. Dat weer jo woll noch beter, wenn wi nich mehr „Mien un Dien" ünnerscheden kunnen.

Avers mi dücht, so ganz ahn Schuld sünd de Öllern ok nich ... Dat warrt'n doch wies, wenn dor batz niege Schoh staht' un de Dudelplatten köönt se doch nich in'n Striekholtschachtel versteken! Schull dat würklich so vele Familien geven, neem Vadder un Mudder nix mehr gewohr ward? Dor mutt jo wat scheef lopen, wenn'n de Tögel to fröh ut de Hannen gifft. Hüüttodaags is dat wiß gor nich so eenfach, jümmers ne to seggen. Woneem en henkiekt – de Ladens scheet as Botterblomen ut de Eerd. Vele Ladeninhabers leevt von Generaschonen, de sülfst noch kenen Penn verdeent.

Keen schall dat allens betahlen, wat dor so op'n Markt smeten warrt? Us Opgaav schull dat wesen, us Kinner kloortomaken, dat'n nich allens besitten kann, wat'n geern hebben much. Wi schullen jem'n Weg wiesen, wat se glückliche un tofredene Minschen ward. Wenn wi jem vörleevt, wat'n ok ahn all den niemoodschen Klöterkraam tofreden wesen kann, bruukt wi keen Angst to hebben, wat se von'n Weg afkaamt.

Zum letzten Absatz: „daß" kann „dat" oder „wat" heißen. Das indirekte Fragewort „was" heißt immer „wat", das bezügl. Fürwort „das" stets „dat". Der Verfasser kann variieren, um *zwei* „dat" bzw. „wat" zu vermeiden.

11. Klöhnsnack

Dingsdag hett Harry sik negen nie Lastwagens köfft. — Woneem kriegt he denn bloots dat Geld her? — Och, de hett wat an de Fööt! He is

Fuhrunternehmer in Nordfriesland. Und er hat ja auch die vier alten Laster abgestoßen. — Aber letzte Woche ist Müller in Konkurs gefallen, und der war der zweitgrößte. — Ich weiß. Der war schon lange in Nöten. Als die Ölpreise das erste Mal gestiegen waren, da ging es schon mit ihm abwärts. Er ist zu vorsichtig und unbeholfen. Aber was Harry angeht, der ist überall rege bis hinunter nach Frankreich. Wo was zu holen ist, ist Harry dabei. — Darauf kannst du dich verlassen. Der ist immer im Geschäft. Und er ist glatt wie ein Aal.

12. Etwas dösig, aber genau: der „DDR"-Zoll

„DDR"-Zollbeamte fanden amerikanische Zeitungen in einem Paket aus Westdeutschland. Verbotene Propaganda! Zwar waren die Blätter bloß als Packpapier benutzt — für einen Knopf eines Staubsaugers und einer Damenjacke. Aber der Trick war nun doch etwas reichlich einfältig. Also schickten sie das Paket zurück — auch aus pädagogischen Gründen: Wer nicht hören will, muß fühlen!

Aber nun kann man mal sehen, wie wichtig ein Absender ist: Der fehlte nämlich, und so ließ die Bundespost das Paket versteigern. Der neue Besitzer fand dann zuhause Mikrofilme und Batterien der US-Army. Er unterrichtete die Polizei und sie den Verfassungsschutz, der nur noch zu ermitteln hatte, wer Zugang zu solchem Filmmaterial hatte: Ein Ehepaar aus Kaiserslautern wurde bald unter Spionageverdacht in Haft genommen. (WESER-KURIER, 26. 07. 86)

13. In Frankreich kurzerhand in Haft

Die Bremervörder Zeitung vom 28.07.1986 meldet, daß drei Libanesen Widerstand leisteten, als sie in ihr Heimatland abgeschoben werden sollten. Dann wurden sie jeder mit zehn Tagen Haft bestraft und können nun über ihr Verhalten nachdenken.

14. Der Indianer, der sich an alles erinnerte (dem alles einfiel)

Der Teufel war kürzlich in Amerika gewesen, in so einem Gehege, das man dort „Reservation" nennt, wo die Indianer leben dürfen, wenn sie nicht unter den Weißen wohnen wollen. Der Teufel ist ja immer hinter menschlichen Seelen her, die er für die Hölle fangen muß. Er muß fleißig sein; sonst wird seine Großmutter böse.

doch de gröttste Spediteur in Noordfreesland. Un he hett jo ok de veer olen Lasters afstött. — Avers verleden Week is Moeller koppheister gahn, un de weer de tweetgröttste. — Ik weet. Den stunn al lang dat Water bet an'n Hals. As de Öölpriesen dat eerste Maal in de Hööcht schaten weern, dor weer he al op'n afstiegen Telg. He is to vörsichtig un fallig. Avers wat Harry is, de is allerwegens in Gang bet hendaal na Frankriek. Woneem wat to ruppen is, is Harry dorbi. — Dor kannst op af. De hett sien Finger överall dormank. Un he is glatt as'n Aal.

12. En beten dösig, avers akkraat: de „DDR"-Toll

„DDR"-Tollbeamten funnen amerikaansche Bläder in en Paket ut Westdüütschland. Verbaden Propaganda! Twoors weern de Bläder bloots as Packpapier bruukt — för een Knopp von'n Stoffsuger (Huulbessen) un eene Damenjack. Avers de Kneep (Trick) weer nu doch wat rieklich tumpig. So schicken se dat Paket trüch — ok ut pädagogische Grünnen: Keen nich hören will, mutt föhlen!

Avers nu kann'n maal sehn, wo wichtig en Afsender is: De fehl nämlich, un so leet de Bundespost dat Paket ünner'n Hamer kamen. De nie Besitter funn denn tohuus Mikrofilme un Batterien von de US-Army. He ünnerrich de Polizei un de den „Verfassungsschutz", de bloots noch ruttofinnen harr, keen Togang to solk Filmmaterial harr: En Ehpoor ut Kaiserslautern wöör draad ünner Spionageverdacht achter Slott un Riegel sett. (WESER-KURIER, 16. 07. 86)

13. In Frankriek kotthannig in Haft (= achter Trallen)

Dat Bremervörder Blatt von'n achtuntwintigsten söbenten negenteihnhunnertsößuntachentig mellt, wat dree Libanesen Wedderstand leisten, as se in ehr Heimaatland afschaven warrn schulln. Denn wöörn se elkeen mit teihn Daag Haft bestraft un köönt nu över jemehr Verhollen nadenken.

14. De Indianer, den allens bifull[1]

De Düvel weer körtens in Amerika west, in so'n Geheeg, dat'n dor „Reservaschon" nöömt, neem de Indianers leven dröfft, wenn se nich mank de Witten wahnen wüllt. De Düvel is jo jümmers achter minschliche Seelen her, de he för de Höll fangen mutt. He mutt flietig wesen; ans warrt siene Grootmudder füünsch.

---

[1] = infull; ..., de en behollern Kopp harr.

Jetzt hatte er in Amerika eine Wette abgeschlossen — mit einem weißen Trapper, so einem, der Fallen aufstellt, um Tiere darin zu fangen und sie zu verkaufen. Aber weil das seit langen Zeiten verboten war und er auch schon zweimal mit seiner Falle einen Indianer eingefangen hatte, der dann sehr ungemütlich wurde, hatte der Trapper einen neuen Job angenommen: Als Fremdenführer zeigte er den Touristen den Weg durch den Wald, über die Bäche und zwischen den Bergen hindurch, und dabei warnte er die Leute, daß sie nicht die Indianer mit zuviel Lärm verärgern sollten; sonst würden die ihre giftigen Pfeile auf sie abschießen. Solche gruseligen Flunkereien mögen die Leute gern hören.

Dieser Fremdenführer hatte nun dem Teufel erzählt, es gäbe dort einen alten Indianer, der alles, was er irgendwo mal gehört hätte, behielte und kein einziges Wort vergäße. Darin sei er wohl auch dem Teufel überlegen. — Darum drehte sich nun die geheime Wette — Trapperseele oder tausend Dollar vom Teufel — da der Teufel nicht glauben wollte, ein Mensch könne irgendwas besser behalten als er selbst.

Sobald der Teufel dem alten Indianer begegnet war, fragte er ihn, ob er ein Ei zum Frühstück essen möchte. „Ja", antwortete der Indianer. Dann ging der Teufel schnell weg. Erst 20 Jahre später kam der Teufel zurück und fragte den Indianer plötzlich: „Wie?" Und der entgegnete: „Weich gekocht." „Verdammt!" rief der Teufel, aber er bezahlte die 1 000 $, da er wußte, daß er selbst diese Einzelheit nicht behalten hätte. Was der Teufel (Monsieur Blitz) abgemacht hat, darauf kann man bauen (stehen).

15. Im Supermarkt

Ich gehöre ja zu den Frauen, die ihren Haushalt allein schmeißen. Bei all' meinen vielen Aufgaben bleibt mir gar keine Zeit, über meine kleinen Gebrechen zu quengeln. Ab und zu, wenn die Zeit knapp wird, hilft mir mein bestes Stück beim Einkaufen. — Schlau muß man an die Sache herangehen. Bei solchen Gelegenheiten merken die Männer sofort, wo all' das Haushaltsgeld an den Mann gebracht wird.

Seit Jahr und Tag ärgere ich mich über die Art, wie manche Verkäufer mit ihrer Kundschaft umgehen. Das Wort „Der Kunde ist König" haben die wohl noch niemals gehört. Die Obersten, in der Chefetage, sollten sich mal 'ne andere Bezeichnung für ihre Angestellten aussuchen: Verkäufer? — Darüber kann ich nur lächeln. Was verkaufen die eigentlich? Die Sachen, die man auf dem Zettel hat, muß man doch selber zusammenschleppen. Wenn das Pech es will und all die Artikel haben wieder

---

[1] = einfiel (= der ein gutes Gedächtnis hatte).

Nu harr he in Amerika en Wett afslaten – mit'n witten Trapper, so en, de Fallen opstellen deit, üm dor Derten in to fangen un se to verköpen. Avers wiel dat siet lange Tieden verbaden weer un he ok al tweemal mit siene Fall'n Indianer infungen harr, de denn bannig grantig wöör, harr de Trapper en nieen Job annahmen: As „guide" – dat is'n Leitmann – wies he de Touristen den Padd dörch't Holt, över de Beken un twischen de Bargen hendörch, un dorbi wohrschuunt he de Lüüd, wat se nich de Indianers mit to veel Larm vergretzen schüllt; anners würrn de ehr giftige Pielers op jem afscheten. Solk gruligen Tüünkraam möögt de Lüüd geern hören.

Disse Frömdenföhrer harr nu den Düvel vertellt, dor weer'n olen Indianer, de allens, wat he enerwegens maal höört harr, beholln un keen eenzig Woort vergeten dä. In dat weer he woll ok den Düvel över. – Dor güng nu de geheeme Wett üm – Trapperseel or dusend Dollars von den Düvel – wieldat de Düvel nich glöven wull, en Minsch kunn enerwat beter beholln as he sülven.

Sodraad de Düvel den olen Indianer in de Mööt kamen weer, fraag he em, wat he'n Ei to'n Fröhstück eten much. „Jo", anter de Indianer. Denn gung de Düvel foorts weg. Eerst twintig Johr later keem de Düvel trüch un fraag den Indianer op'n Stutz: „Woans?" Un de anter: „Week kaken". „Verdorri." reep de Düvel, avers he betahl de dusend Dollars, wiel he wüß, wat he sülven disse inkelte Saak nich beholln harr. Wat Musche Blix afmaakt hett, dor kannst op stahn.

15. In'n Supermarkt!

Ik höör jo to de Fruunslüüd, de ehren Huusholt alleen smieten doot. Bi all mien velen Opgaven blifft mi gor keen Tiet, över mien lütten Gebreken to quesen. Af un an, wenn de Tiet kniepen warrt, helpt mien best Stück mi bi't Inköpen. – Plietsch mutt'n an de Saak rangahn. Bi solk Gelegenheiten markt de Mannslüüd furts, woneem all dat Huusstandsgeld an'n Mann bröcht warrt.

Siet Johr un Dag arger ik mi över de Oort, wo welk Verköpers mit jem-ehr Kunnschop ümgaht. Dat Woort „Der Kunde ist König"[1] hebbt de woll noch nie nich höört. De Böversten, in de Baasetaasch[2], schulln sik mal'n anner Betekdung för jem-ehr Angestellten utsöken: Verköper? – Dor kann ik bloots över smuustern. Wat verkööpt de egentlich? De Saken, de'n op'n Zedel hett, mutt'n doch sülven tohoopslepen. Wenn't Malöör will un all de Artikels hebbt wedder mal'n annern Platz kregen, denn söök

---

[1] „De Kunn is König".
[2] op hoochdüütsch: Chefetage.

mal einen anderen Platz gekriegt, dann such' man zu! Eine halbe Stunde saust man dann wieder durch den Laden, bis man alles zusammen hat.

Die Marktleiter haben sich gewiß etwas dabei gedacht. Bei dieser Sucherei wandert so manches „Produkt" mehr mit in den Wagen der Kunden. Nachher klingelt es dann stärker in der Ladenkasse.

Jedes Mal platzt mir der Kragen, wenn ich so einen großen Einkaufswagen vor mir herschiebe. Der Griff reicht mir fast bis an die Brust. Die Geschäftsleute glauben wohl, ihre Kunden wären alle zwei Meter groß?

Ganz knifflig wird es, wenn man die Brille zu Hause hat liegen lassen (liegen gelassen hat)[1]. Als ich neulich in solcher Situation[2] war und einen Verkäufer fragte, wieviel die Marmelade kosten solle, sagte der Schnösel tatsächlich zu mir: „Hierfür bin ich nicht zuständig!" Mir blieb schier (= rein) die Sprache weg. Den habe ich nur scharf angesehen, ihn stehen lassen und bin weitergeschoben.

In Fahrt komme ich immer an der Kasse. Jetzt muß man das ganze „Blaubeermus" (Zeug) wieder aus dem Korb auf das Laufband heben. Nimm dich in acht, wenn du nicht flink genug bist. Dann wirst du auch noch angebellt und gefragt, ob es nicht schneller geht.

Wenn man glaubt, nun seien die Strapazen zu Ende, ist man auf dem Holzweg. Nun geht der ganze Zirkus von vorn los. Alles wieder 'rein in den Wagen, ran an so eine Box, wo man seine Sachen einpacken muß. — Bevor man aus dem Laden geht, hat man den ganzen Plünnenkram bereits viermal in den Händen gehabt.

Wenn ich mir das so überlege, frage ich mich manchmal, ob ich nun der Kunde oder der Packer bin. Eigentlich müssen die Kaufleute mir ordentlich Rabatt geben für all' die Zeit, die ich für sie gearbeitet habe.

Vergangene Woche, als mein lieber Mann mit mir im Supermarkt einkaufen wollte, ist ihm im Laden der Kragen geplatzt: Er bekam den Mund gar nicht wieder zu, als das junge Mädchen am Drehkreuz beim Eingang zu ihm sagte: „Würden Sie bitte Ihre Aktentasche abgeben!" Er guckte sehr verblüfft aus den Augen. Irgendwie hatte er sich schnell wieder gefangen und antwortete: „Nein, die Tasche gebe ich nicht aus der Hand (in den Plural!), das wird ja immer besser!" An seinen giftigen Augen konnte ich sehen, daß das Maß bei ihm voll war. Kurzerhand

---

[1] Man hat *ge*lassen. ABER: Man hat liegen lassen (Tritt zum Mittelwort der Vergangenheit, dem 2. Partizip, eine Nennform, also ein Infinitiv, hinzu (hier: liegen), dann nimmt das 2. Part. die Form des Infinitivs an — aber nur im Hochdeutschen!). —
[2] Für Fremdwortgegner: Um der Übung willen können wir nicht nur das Wort „Lage" (Laag) verwenden.

man to! En halve Stünn suust'n denn wedder dörch'n Laden, bet'n allens op'n Dutt hett.

De Marktböversten hebbt sik wiß wat dorbi dacht. Bi disse Sökeree wannert so mennig „Produkt" mehr mit in'n Wagen von de Kunnen. Achterna bimmelt dat denn duller in de Ladenkass.

Jeedeenmal platzt mi de Kragen, wenn ik so'n groten Inkoopwagen vör mi herschuuv. De Greep reckt mi meist bet an de Bost. De Geschäftslüüd glöövt woll, jem-ehr Kunnen weern all twee Meter groot?

Ganz vigeliensch warrt dat, wenn'n de Brill to Huus liggen laten hett. As ik nülich in solk Situaschoon weer un'n Verköper fraag, woveel de Marmelaad kösten schull, seggt de Snösel wohrhaftig to mi: „Hierfür bin ich nicht zuständig!" Mi bleev schier de Spraak weg. Den heff ik bloots scharp ankeken, em stahn laten un bün wiederschaven[1].

In Fohrt kaam ik jümmers an de Kass. Nu mutt'n dat ganz Bickbeermoos wedder ut'n Korf op't Loopband hieven. Wohr di weg, wenn du nich flink noog büst. Denn warrst ok noch anblafft un fraagt, wat dat nich gauer geiht.

Wenn'n glöövt, nu weern de Strapazen to Enn, is'n op'n Holtweg. Nu geiht de ganze Zirkus von vörn loos. Allens wedder rin in'n Wagen, ran an so'n Box, woneem en sien Saken inpacken mutt. — Ehr dat en ut'n Laden geiht, hett'n den ganzen Plünnkraam al veermal in de Hannen hatt.

Wenn ik mi dat so överleggen do, fraag ik mi mennigmal, of ik nu de Kunn or de Packer bün. Egentlich müssen de Kooplüüd mi ornlich Rabatt geven för all de Tiet, de ik för jem arbeit't heff.

Verleden Week, as mien leve Mann mit mi in'n Supermarkt inköpen wull, is em in'n Laden de Kragen platzt: He kreeg den Mund gor nich wedder to, as de junge Deern an't Dreihkrüüz bi'n Ingang to em sä: „Würden Sie bitte Ihre Aktentasche abgeben!" He keek heel verbaast ut de Ogen. Jichenswo harr he sik furts wedder fungen un anter: „Ne, de Tasch geev ik nich ut de Hannen, dat warrt jo jümmers beter!" An sien giftige Ogen kunn ik sehn, wat dat Maat bi em vull weer. Kotthannig

---

[1] nipp seggt: heff den Wagen schaven un bün gahn.

drehte er sich um und riß mich am Arm. „Komm, meine Liebe („mein Mädchen"), unser Geld können wir überall ausgeben!" sagte er.

Draußen vor der Tür fing er an, kräftig zu schelten (zu keifen). „Wenn das so weitergeht, müssen wir uns wohl noch splitternackt ausziehen, bevor wir in den Laden dürfen!" sagte er schroff zu mir.

Recht hatte er ja allemal. — Warum lassen wir uns das alles gefallen? Das Schlimmste ist, daß die meisten Leute gar nicht mitkriegen, wie die mit uns Käufern umspringen. Warum müssen all' die ehrlichen Kunden darunter leiden, daß einige Menschen nicht „Mein und Dein" unterscheiden können?

16. Die Kuh darf muhen

Ein Einwohner von Krainhagen (Landkreis Schaumburg) hatte seine tragende Kuh in den Garten geholt, um beim Kalben sofort dabei zu sein. Da waren schon ein Pferd, einige Schafe und Enten. Und nun noch die muhende Kuh!
Der Nachbar ging zu Gericht.
Er sagte, es sei allgemein bekannt, daß der Ort der Erholung dienen solle. Darum kämen auch viele Fremde nach Krainhagen. Aber der Amtsrichter von Bückeburg fand, das Muhen sei keinesfalls ein „ortsunüblicher Laut" und den könne man gewiß ertragen. — Kommentiert der WESER-KURIER (vom 16. 07. 86): Die Kuh muht nun „im Namen des Volkes".

17. Wahlen in Niedersachsen

Morgen, Jan! Hast auch richtig gewählt, am 15.? - So wie immer. - Dann kann ja nichts schiefgehn! Jetzt sind sie alle zufrieden: Die Schwarzen, daß sie an der Regierung geblieben sind, die Roten, daß sie fast rangekommen sind, die Gelb/Blauen, daß sie mit an der Regierung sind, die Grünen, daß sie sich verbessert haben, und die Weißen, daß sie zumindest auf dem Papier stehen. - Die Weißen? Kenn ich nicht. Ist wohl auch gleich[1]. -

Das ist so eine Art Knoblauch-Partei, und, weil Knoblauch weiß ist, wird die Partei „Die Weißen" genannt. Deren Mitglieder bleiben munter und gesund und werden dabei steinalt[2].

---

[1] (aus: Bremervörder Anzeiger, 26. 07. 86).
[2] (frei nach: Rainer Schepper, „Ick sin för de Witten!", in: Plattdüütsch Land un Waterkant, 1981, Heft 2).

dreih he sik üm un reet mi an'n Arm. „Kaam, mien Deern, us Geld köönt wi överall utgeven!" sä he.

Buten vör de Döör fung he bannig an to zaustern. „Wenn dat so wiedergeiht, mööt wi us woll noch splitternaakt uttrecken, ehr dat wi in'n Laden dröfft!" sä he brott to mi.

Recht harr he jo allemal. – Worüm laat wi us dat allens gefallen? Dat Leegste is, wat de mehrsten Lüüd gor nich mitkriegt, woans de mit us Köpers ümspringen doot. Worüm mööt all de ehrlichen Kunnen dor ünner lieden, wat welk Minschen nich „Mien un Dien" ünnerscheden köönt?

16. De Koh dröff bölken

En Inwahner von Krainhagen (Landkreis Schaumborg) harr sien dregen Koh in'n Goorn halt, üm bi't Kalven stapelboots dorbi to wesen. Dor weern al een Peerd, welk Schaap un Anten. Un nu noch de bölken Koh!

De Naver gung to Gericht. He sä, dat weer allgemeen begäng, wat de Oort to'n Verhalen denen schull. Dorüm kemen ok vele Frömmen na Krainhagen. Avers de Amtsrichter von Bückeborg funn, dat Mohen weer wohrhaftig keen „ortsunüblicher Laut", un den kunn'n allemaal af. – Kommenteert de Weser-Kurier (von'n 26. 07. 86): De Koh moht nu „im Namen des Volkes".

17. Wahlen in Neddersassen

Moin[1] Jan! Hest ok richtig wählt, an'n föfteihnten? – So as jümmers. – Denn kann jo nix scheefgahn! Nu sünd se all tofreden: De Swatten, wat se an't Regeern bleven sünd, de Roden, wat se dor meist rankamen sünd, de Geel/Blauen, wat se mit an't Regeern sünd, de Grönen, wat se sik verbetert hebbt, un de Witten, wat se tominst op'n Papier staht. – De Witten? Kenn ik nich. Is ok woll eendoon[2]. – Dat is so'ne Oort Knuuflook-Partei, un wieldat Knufflook witt is, warrt de Partei „De Witten" nöömt. De ehr Maten blievt munter un sund un ward dorbi steenoolt[3].

---

[1] Gruß zu jeder Tageszeit in Oldenburg und Ostfriesland: moi = angenehm, freundlich (beonders vom Wetter). „En moien Dag!" = „Einen schönen Tag!" (vgl.: à dieu! (= mit Gott!) = adjüß! = Tschüß!).
[2] (aus: Bremervörder Anzeiger, 26. 07. 86).
[3] (frei nach: Rainer Schepper, „Ick sin för de Witten!", in: Plattdüütsch Land un Waterkant, 1981, Heft 2).

18. Zu viele Pfunde[1]

Jedes Mal wenn ich etwas Neues an Zeug brauche, geht mir der Hut hoch. Es geht schon los, wenn ich in die Schaufenster sehe. Ja, hast du Kleidergröße 38 bis 42, dann geht's ja noch. Aber hüte dich, wenn du zu den Frauen gehörst, die etwas vollschlank sind.

So ein Baumwollkleid, Größe 44, hatte ich schon lange auf dem Visier. Die Verkäuferin brachte gleich drei Kleider in die Kabine. Warum müssen die Umkleideräume bloß immer so klein sein? Eine Luft ist da drinnen, daß man jedes Mal das Japsen (Keuchen) kriegt. Na, ich ja die Plünnen runter und rein in das eine Kleid. Du meine Güte, meine Arme sind mal wieder zu kurz. Wie soll ich den Reißverschluß wieder allein hochziehen? Als ich in den Spiegel guckte, habe ich mich sehr erschrocken: Als ob so ein Zebra vor mir stände (= stünde); die großen roten Streifen liefen quer über den Leib. Was sind das nur für Modeapostel, die einen so schlechten Geschmack haben? Aus dem Kleiderkauf ist wieder einmal nichts geworden.

Ich seh' gar nicht ein, daß Frauen in den besten Jahren als graue Wühlmäuse herumlaufen sollen. Wenn die Designer etwas mehr Gefühl für die Vollschlanken hätten, könnten sie so manches Stück mehr verkaufen. In den gewissen Jahren hat jede mal so einen Tag (zu fassen), an dem sie mit sich selbst nicht ins reine kommt (klarkommt). Die ersten grauen Haare bereiten einem großen Ärger. Auch die Waag(schal)e hat schon wieder zwei Pfund zuviel angegeben/angezeigt. An so einem Tag möchte man loslaufen und in eine andere Haut schlüpfen. Wie oft sagt mein bestes Stück zu mir: „Bleib' du nur (= man), so, wie du bist!"

Wie Öl läuft es mir hinunter, und die Welt sieht wieder herrlich aus. Die Vollschlanken sollen ja auch sehr ausgeglichene Menschen sein, habe ich neulich mal gelesen. Schön, nicht wahr? . . . Zu diesen Frauen gehöre ich auch. Wenn ich ehrlich bin, so eine Twiggifigur möchte ich gar nicht haben. Viele Frauen haben ja heute die Katalogitis. Die haben weiter nichts im Kopf, als in den teuren Modebüchern zu blättern. Das verstehe ich nicht. Dafür ist mir die Zeit viel zu schade! Beim Kleiderkaufen will ich mich nicht mehr ärgern.

Was ich neulich aber beim Arzt erlebt habe, das schlägt dem Eimer den Boden aus. Da sagt er beim Blutdruckmessen tatsächlich zu mir: „Sie müssen Ihr Gewicht reduzieren!" Ich war geplättet. Wenn er nun

---

[1] „zuviel". Getrenntschreibung, wenn „zu" betont: Er denkt viel, man möchte fast sagen zu viel (vgl. Sprachbrockhaus). = He denkt veel, en much meist seggen to veel. Die Überschrift könnte daher auch lauten: „Zuviele Pfunde"; das wäre aber weniger betont.

18. To vele Punnen

Jeedeenmal wenn'k wat Nieges an Tüüg bruuk, geiht mi de Hoot hooch. Dat geiht al loos, wenn ik in de Schaufinster kiek. Jo, hest du Kledergrööt 38 bet 42, denn geiht't jo noch. Avers wohr di, wenn du to de Fruunslüüd höörst, de so'n beten goot bi Schick sünd.

So'n Boomwullkleed, Grööt 44, harr ik al lang op't Visier. De Verköpersch bröch glieks dree Kleder in't Kabuff. Worüm mööt de Ümtreckrüüm bloots jümmer so lütt wesen? En Luft is dor binnen, wat'n jeedeenmal dat Japsen kriggt. Na, ik jo de Plünnen rünner un rin in dat een Kleed. Ne ok doch, mien Arms sünd mal wedder to kort. Wo schall ik den Reißverschluß¹ wedder alleen hoochtrecken? As ik in'n Spegel keek, heff ik mi bannig verfehrt: As wenn so'n Zebra för mi stünn; de groten roden Striepens löpen verdwars över'n Lief. Wat sünd dat bloots för Moodapostel, de so'n slechten Smack hebbt? Ut den Klederkoop is wedder mal nix worrn.

Ik seh gor nich in, wat Fruunslüüd in de beste Johren as griese Wöhlmüüs rümlopen schüllt. Wenn de „Designers" en beten mehr Geföhl för de Vullslanken harrn, kunnen se so mennig Stück mehr verköpen. In de wissen Johren hett elkeen mal so'n Dag faat, woneem he mit sik sülven nich in't reine kümmt (= kloorkümmt). De eersten griesen Hoor argert di bannig. Ok de Waagschaal hett al wedder twee Pund toveel angeven. An so'n Dag muchst looslopen un in'n anner Huut sluppen. Wo faken seggt mien best Stück to mi: „Bliev² du man so, as du büst!"

As Ööl löppt mi dat rünner, un de Welt süht wedder herrlich ut. De Vullslanken schüllt jo ok heel utgleken Minschen wesen, heff ik nuletzt mal leest. Schöön, nich? ... To disse Fruuns höör ik ok. Wenn ik ehrlich bün, so'n Twiggifiguur much ik gor nich hebben. Vele Fruuns hebbt jo vondaag de Katalogitis. De hebbt wieder nix in'n Kopp, as in de düürn Moodböker to bläder. Dat verstah ik nich. Dor is mi mien Tiet veel to schaad för! Bi't Klederköpen will'k mi nich mehr argern.

Wat ik nülich avers bi'n Dokter beleevt heff, dat sleit den Emmer den Bodden ut. Dor seggt he bi'n Blootdruckmeten wohrhaftig to mi: „Sie müssen Ihr Gewicht reduzieren!" Ik weer baff. Wenn he nu'n slanken,

---

¹ Vörslääg: „Rietslüter" (= Reißschließer), or „Zippfastmaker" (engl.: zip fastener).
² Wie im Hochdeutschen i.a. wird auch im Niederdeutschen die Befehlsform (der Imperativ) aus dem Verbstamm gebildet: lauf-en/lauf(e)! schreib-en/schreibe! = lop-en/loop! schriev-en/Schriev! Mehrzahl: loopt! schrievt! Vergeet't dat nich! Erst das 2. unhörbare „t" weist den Plural auf. Achtung: vergiß! = vergeet!, gib! = geev!

ein schlankes, stattliches Mannsbild gewesen wäre, dann hätte ich mir ja auf die Zunge gebissen. Aber ich glaube, bei seiner Statur hatte er auch wohl so an die 20 Pfund zuviel auf dem Buckel. Er sah mich schmunzelnd so fragend von der Seite an, als wenn er meine Gedanken lesen könnte. „Ja", sagte ich, „zu schwer bin ich nicht, ich hätte nur ein wenig mehr in die Höhe schießen müssen!" Ein amüsiertes Lächeln lief über sein Gesicht und er antwortete: „Bleiben Sie nur, wie Sie sind'" — „Tschüß, Herr Doktor. Bis zum nächsten Mal (andermal)."

Ja, das mußte ich auch mal loswerden. Immer geht es auf die Frauen los (hernieder). Haben die Männer so einen kleinen Bauch, zeigen sie etwas her. Bei uns Frauen schickt sich so etwas nicht. Wird hier wieder mal mit zweierlei Maß gemessen?

19. Nichts umsonst

Sehr still und bedrückt stand unser Junge vor der Tür, als er aus der Schule kam.

„Mutter," sagte er. „Ich verstehe die Welt nicht mehr." „Was hast du denn, Junge?" fragte Mutter. „Ich verstehe Ole nicht. Er fragte mich heute: 'Was gibt eure Nachbarin dir eigentlich dafür, damit du ihr immer den Ascheimer runterträgst?' Glaube mir, Mutter, den habe ich aber konfirmiert. 'Schämst du dich nicht! habe ich zu ihm gesagt. Ich gehe doch jeden Tag, wenn ich zur Schule gehe, an dem Ascheimer vorbei.' Oles Gesicht hättest du mal sehen müssen. Er grinste mich verschlagen an und sagte: 'Faßt du zu Hause auch immer umsonst mit an?'"

Ich kam sehr in Rage und fragte den Jungen: „Bei Ole ist wohl eine Schraube locker! Frage ihn morgen einmal, ob er seine Mutter und die Schwestern auch bezahlt, wenn sie seine Fußballkleidung in Ordnung halten."

In der letzten Zeit habe ich unseren Freunden so ein bißchen auf den Zahn gefühlt. Was da zutage gekommen ist, haut einen fast vom Hocker. Fürs Abtrocknen bekommen einige Kinder so zwischen drei und fünf Mark in der Woche. Kaum zu glauben; so etwas soll es geben.
— Kind müßte man noch einmal wieder sein. —
Das beste Geschäft ist beim Autowaschen zu machen. Sieben Mark läßt unser Freund Otto, aus unserem Kreis, dafür springen. Den habe ich sofort gefragt, was er denn fürs Kutschieren von seinen Kindern bekommt, wenn er sie zwei- bis dreimal in der Woche vom Judo abholt. Er guckte mich sehr verdutzt an und sagte: „Das sind heute eben andere Zeiten."

staatschen Keerl west weer, denn harr ik mi jo op de Tung beten. Avers ik glööv, bi sien Statuur harr he ok woll so wat bi twintig Pund toveel op'n Puckel. He keek mi mit'n Grientje so fraagwies von de Siet an, as wenn he mien Gedanken lesen kunn. „Jo," sä ik, „to swoor bün ik nich, ik harr bloots'n beten mehr in de Hööcht scheten müßt." So'n Smustergrienen leep över sien Gesicht un he anter: „Bleiben Sie nur, wie Sie sind!" — „Tschüüs, Herr Dokter. Bet annermal."

Jo, dat müß ik ok mal looswarrn. Jümmers geiht dat op de Fruunslüüd daal. Hebbt de Mannslüüd so'n lütten Buuk, wiest se wat her. Bi us Fruuns schickt sik sowat nich. Warrt hier wedder mal mit tweerlei Maat meten?

19. Nix ümsünst

Bannig still un benaut stünn us Jung vör de Döör, as he ut de School keem.

„Mudder," sä he. „Ik verstoh de Welt nicht mehr." „Wat hest du denn, Jung? fröög Mudder. „Ik verstah Ole nich. He fraag mi vundaag: 'Wat givt jun Nabersch di egentlich dorför, dat du ehr jümmer den Aschammer rünnerdriggst?' Glööv mi, Mudder, denn heff ik avers kunfermeert. 'Schammst du di nich! heff ik to em seggt.' Ik gah doch elkeen Dag, wenn ik na School hengah, an den Aschammer vörbi.' Ole sien Snutenwark harrst du mal sehn schullt. He grien mi smerig an un sä: 'Faatst du tohuus ok jümmer ümsünst mit an?'"

Ik keem bannig in Brass un fröög den Jungen: „Bi Ole is woll en Schruuv loos! Fraag em morgen man mal, wat he sien Mudder un Süstern ok betahlt, wenn de sien Footballkledaasch in de Reeg hollen doot."

In de letzte Tiet heff ik us Frünnen so'n beten op'n Tähn föhlt. Wat dor Todaag kamen is, haut en schierweg von'n Hocker. För't Afdrögen kriegt welk Gören so twüschen dree un fief Mark in de Week. Kuum to glöven; sowat schall dat geven.
— Kind müß en nochmal wedder sien! —
Dat best Geschäft is bi't Autowaschen to maken. Söven Mark lett us Fründ Otto, ut usen Krink, dorför springen. Den heff ik furts fraagt, wat he denn för dat Kutscheern von sien Kinner kriegen deit, wenn he jem twee bet dreemaal in de Week von't Judo afhaalt. He keek mi orrig verdattert an un sä: „Dat sünd hüüt even anner Tieden."

Mich soll mal wundern, was er noch alles so erlebt. Laß Ottos drei Rabauken nur erst ein paar Jahre älter sein, der wird sich noch umgucken.

Was bin ich in meiner Kindheit für ein Dummbeutel gewesen! So manchen Pfennig hätte ich mir so nebenbei verdienen können, wenn mich alle Leute bezahlt hätten, denen ich einmal geholfen habe. Auf so einen Gedanken wäre ich nicht einmal im Traum gekommen.

Wie schlecht stände es heute wohl um die vielen Wohlfahrtsverbände, wenn die ihre ehrenamtlichen Helferinnen alle bezahlen sollten?

Wir sollten niemals vergessen, daß Geld alleine nicht glücklich und zufrieden macht und daß Hilfe durch Bezahlung sogar abgewertet werden kann.

20. Den Dank verdient oder nicht? — Das ist hier die Frage

Geert Seelig, der Verfasser des Buches „Klaus Groth, Sein Leben und Werden", Alster-Verlag, 1924, hat besonders betont, daß Groth in seinen Geschichten selber als „Orgeldreher", „Die Gemüsefrau" und andere Volksfiguren auftrat, aber dabei nicht seine eigene Meinung, sondern nur das Denken und Leben der gewählten Volksfigur ausgedrückt hat. Das hat zum hohen Wert seiner Dichtung beigetragen und ihn schließlich über die anderen plattdeutschen Dichter emporgehoben.

Wörter des Gedichtes:
Sleef = Schlingel, Tölpel
Knüll = Hügel
Wutteln = Wurzeln = Karotten
Kantüffelpüll = Kartoffelkraut

Mi schall malins wunnern, wat he noch allens so beleven deit. Laat Otto sien dree Rackers man eerst en poor Johr öller sien, de warrt sik noch ümkieken.

Wat bün ik in mien Kinnertiet för en Döösbattel wesen! So mennig Penn harr ik mi so blangenbi verdenen kunnt, wenn mi all de Lüüd betahlt harrn, de ik mal holpen heff. Op solk Gedanken weer ik nich mal in'n Droom kamen.

Wo leeg stünn dat hüüt woll üm all de velen Wohlfahrtsvereene, wenn de ehr ehrenamtlichen Hölpslüüd all betahlen schulln?

Wi schulln nie nich vergeten, dat Geld alleen nich glücklich un tofreden maakt un dat'n Help dörch Betahlen sogoor afwerten kann.

20. Den Dank verdeent or nich? – Dat is hier de Fraag

Geert Seelig, de Schriever von't Book „Klaus Groth, Sein Leben und Werden", Alster Verlag, negenteihnhunnertveeruntwintig, hett besünners herutstellt, wat Groth in sien Gedichten sülven as „Orgeldreier", „De Krautfru" un annere Volksfiguren optratt, avers dorbi nich sien eegen Meen, man jüst dat Denken un Leven von de wählte Volksfiguur utdrückt hett. Dat hett to'n hogen Weert von siene Dichtung bidragen un em opletzt opböört över annere plattdüütsche Dichters.

        Orgeldreier

Ik sprung noch inne Kinnerbüx,
do weer ik al en Daugenix,
dat sän ok alle Nawers gliks:
De Jung dat ward en Sleef . . .

Min Moder leet mi'n netten Knüll
vull Wutteln un Kantüffelpüll; . . .

Min Ol sin Saen de weer ni dumm:
Vunt Arbeidn ward man stif un krumm;
ik sett den Knüll in Sülver um
un tehr vun min Vermögn . . .

Min Geld is all, min Knüll vertehrt,
de Junker is keen Dreelink werth, . . .

Wat schert mi all dat Rummelpack . . .

Dieses freierfundene Gedicht wirkte so echt, daß der Orgeldreher Wilhelm Reimers (aus Meldorf oder Marne), der faule Sohn braver Leute, glaubte, sein eigenes Leben, wie er es wirklich erlebt hatte, sei in diesem Gedicht nachgezeichnet worden. Er schrieb dann an Klaus Groth und dankte ihm für das wohlgetroffene Portrait.

21. Mit Dreißig noch auf Vaters Tasche liegen

Herrliche Tage auf der Insel Amrum liegen wieder hinter mir. Der Alltag mit all' seinen Pflichten hat mich wieder ergriffen. Nur die Erlebnisse irren immer noch im Kopf umher und lassen mich nicht zur Ruhe kommen. Mir will das leidige „Thema", das bei einer gemütlichen Teestunde die Runde gemacht hatte, nicht aus dem Sinn (kommen).

Die zehn Urlaubsgäste aus allen Berufen saßen vergnügt am runden Tisch und sprachen über Gott und die Welt. Ein ältlicher Lehrer, der selbst vier Kinder hatte, machte seinem Herzen Luft. Er saß verärgert in seinem Lehnstuhl und nörgelte über die junge Generation; kein gutes Haar ließ er an ihnen. Sein hageres Gesicht war von tiefen Falten durchzogen. Die Pfeife hing ihm schief aus dem Mund. Der Lehrer machte einen unzufriedenen Eindruck. Dem war wohl eine Laus über die Leber gelaufen.

Mit Dreißig noch auf Vaters Tasche liegen(!) – das hatte es in seiner Studienzeit nicht im Traum gegeben. Heutzutage begegnet einem das ja häufig. Der Miesepeter mußte ja schlechte Erlebnisse gehabt haben. Ich mußte an mich halten, als er weiter vom Leder zog. Kaum zu glauben, daß ein studierter Kerl es sich so leicht machte. Der war doch gewiß nicht mit dem Dummbeutel beklopft. Er war wohl nicht mit der Zeit gegangen.

Was können unsere Kinder dafür, wenn es auf dem Arbeitsmarkt heute nicht alles zum besten aussieht. Viele junge Leute müssen nach der Schulzeit oft noch ein bis drei Jahre auf einen Ausbildungsplatz warten. Wer hat diesen Zustand denn zu verantworten? Gewiß nicht unsere Kinder! Der Schulmeister soll sich mal etwas mehr mit unserer Wirtschaftspolitik befassen. Er läuft wohl mit Scheuklappen durch den Alltag. Warum rege ich mich schon wieder auf? Es wird wohl immer Mitmenschen geben, die, wenn sie selbst ihre Schafe im trocknen haben, sich um nichts kümmern. Der Lehrer konnte sich nur freuen, daß die anderen Urlaubsgäste in der Tischrunde eine gute Kinderstube genossen hatten. Sonst hätte es geraucht (wörtl.: gestaubt). Er sollte sich mal vor Augen halten, wie es in so einer Menschenseele aussieht, die eine Absage nach der anderen ins Haus kriegt. Daß dabei mancher den Kopf

> ik sing min Leed un mak min Snack
> un dreih min Orgel rum.

(Gedicht verkürzt und in der Originalrechtschreibung)

Dit freerfunnen Gedicht wirk so echt, wat de Orgeldreier Wilhelm Reimers (ut Meldörp or Marne), de fuule Söhn von brave Lüüd, glööv, sien egen Leben, as he dat würklich beleevt harr, weer in dit Gedicht natekent worrn. He schreev denn an Klaus Groth un dank em för dat wolldrapen Portrait.

21. Mit Dörtig noch op Vadder sien Tasch liggen

Herrliche Daag op de Insel Amrum liggt wedder achter mi. De Alldag mit all sien Plichten hett mi wedder faat. Bloots de Beleevnissen biestert jümmers noch in'n Kopp ümher un laat mi nich to Rauh kamen. Mi will dat leidig „Thema", dat bi'n komodige Teestünn de Runn maakt harr, nich ut'n Sinn.

De teihn Urlaubsgäst ut all Profeschonen seten vergnöögt an'n runden Disch un snacken över Gott un de Welt. En öllerhaften Persetter, de sülfst veer Kinner harr, möök sien Harten Luft. He seet vegretzt in sien Lehnstohl un quees över de junge Generaschoon; keen goot Hoor leet he an jem. Sien hager Gesicht weer von depe Folen dörchtrocken. De Piep hüng em scheef ut'n Mund rut. De Persetter möök'n untofredenen Indruck. Den weer woll'n Luus över de Lebber lopen.

Mit Dörtig noch op Vadder sien Tasch liggen(!) — dat harr't in sien Studeertiet in'n Droom nich geven. Hüdigendaags dreep'n dat jo faken. De Miespeter müß jo slechte Beleevnissen hatt hebben. Ik müß an mi hollen, as he wieder von't Ledder töög. Kuum to glöven, wat so'n studeerten Keerl sik dat so licht möök. De weer doch wiß nich mit'n Dummbüdel kloppt. He weer woll nich mit de Tiet gahn.

Wat köönt us Kinner dorför, wenn dat op'n Arbeitsmarkt vondaag nich all to't best utsüht. Vele junge Lüüd mööt na de Scholltiet oftins noch een bet dree Johr op'n Utbildungsplatz töven. Keen hett dissen Tostand denn to verantworten? Förwiß nich us Kinner! De Persetter schall sik mal'n beten mehr mit us Weertschoppolitik befaten. He löppt woll mit Schuklappen dörch'n Alldag. Wat reeg ik mi al wedder op? Mitminschen ward't woll jümmers geven, de, wenn se sülfst jem-ehr Schaap in't dröge hebbt, sik üm nix scheert. De Lehrer kunn sik bloots freien, wat de anner Urlaubsgäst in de Dischrunn en gode Kinnerstuuv genoten harrn. Sünst harr dat stöövt. He schull sik mal vör Ogen hollen, wo dat in so'n Minschenseel utsüht, de een Afsaag na de anner in't Huus kriegt. Wat dorbi mennigeen den Kopp hangen lett un den Moot

hängen läßt und den Mut verliert, kann ich verstehen. Die eine Lehrstelle gefunden haben, sind damit noch lange nicht aus dem Schneider. Eine große Sorge, nach der Lehrzeit einen Arbeitsplatz zu bekommen, bleibt meistens bestehen. Viele junge Leute stehen dann mit einem guten Abschluß, ohne „Job", auf der Straße. Die meisten schlagen sich recht und schlecht durch die Durststrecke. Keine Arbeit ist ihnen zu schwer. Womit sollten sie auch sonst über die Runden kommen? — Schwarze Schafe hat es allzeit (= immer) darunter gegeben. Die Käseblätter stehen voll von Stellenanzeigen. Dabei muß man tatsächlich zweimal hinsehen, was die Betriebe von den jungen Leuten verlangen. Nur junge dynamische Fachleute mit „Berufserfahrung" werden gesucht. Das soll wohl ein Witz sein. Wo sollen sie die denn gemacht haben? Die kompetenten Leute, die die Leitung in den Betrieben haben, sollten mal darüber nachdenken. Die Obermacker sind doch auch mal klein angefangen, bevor sie die Zügel in die Hand bekommen haben.

Die meisten jungen Leute, die mir begegnet sind, würden lieber heut' als morgen auf eigenen Füßen stehen. Die Gesellschaft muß ihnen auch eine Chance geben, damit sie ihre Füße auf festen, sicheren Boden stellen können!

22. Ein Brief:

Die Fußball-Mannschaft „Schnelles Leder" von 1910
Eingetragener Verein

15. Juli 1987

Sehr geehrter Herr Schneider,

wir haben uns über Ihren Brief vom 12. d.M. gefreut und möchten Ihnen mitteilen, daß wir natürlich sehr gern neue Mitglieder in unseren Verein aufnehmen und auch ausbilden. Seitdem zwei neue Sportplätze hinzugekommen sind, ist ständiges Training möglich, und die Aussichten sind jetzt viel besser als jemals vorher.

Die Satzung und zwei Berichte über die Spiele in Hamburg und Neumünster, die wir beide gewonnen haben, schicken wir Ihnen als Büchersendung, weil einer der Berichte als Buch herausgebracht worden ist und von unserer Freundschaft mit einigen Vereinen erzählt, die auch vor dem Ersten Weltkrieg gegründet worden sind.

verleert, kann ik verstahn. De en Lehrsteed funnen hebbt, sünd dormit noch lang nich ut'n Snieder. Een grote Sorg, na de Lehrtiet en Arbeitsplatz to kriegen, blifft mehrsttiets bestahn. Vele junge Lüüd staht denn mit'n goden Afsluß, ahn „Job", op de Straat. De mehrsten slaat sik recht un slecht dörch de Dörststreek. Keen Arbeit is jem to swoor. Wo schüllt se ok anners mit över de Runnen kamen? — Swatte Schaap hett dat alltiet dormank geven. De Keesbläder staht vull von Stellenanzeigen[1]. Dor mutt'n wohrhaftig tweemal henkieken, wat de Bedrieven von de jungen Lüüd verlangt. Bloots junge dynaamsche Fach-Lüüd[2] mit „Berufserfahrung"[3] ward söcht. Dat schall woll'n Witz wesen. Woneem schüült se de denn makkt hebben? De kompetenten[4] Lüüd, de dat Leit in de Bedrieven hebbt, schulln dor mal över nadenken. De Bavenmackers sünd doch ok mal lütt anfungen, ehr dat se de Tögels in de Hannen kregen hebbt.

De mehrsten jungen Lüüd, de mi bemööt sünd, würrn lever hüüt as morgen op egen Fööt stahn. De Gesellschop mutt jem ok'n Schangs geven, wat se jem-ehr Fööt op fasten, sekeren Bodden stellen köönt!

22. En Breef:

De Football-Mannschop „Gau Ledder" von 1910

Indragen Vereen

15. Haumaand 1987

Veelgeacht Herr Snieder,

wi hebbt us över Ehren Breef von'n twölften von disse Maand freit un muchen Se mitdelen, wat wi natüürlich heel gern nie Maten in us Vereen opnahmen un ok utbilden doot. Sörredem twee nie Sportplätz hentokamen sünd, is stüttig Training mööglich, un de Utsichten sünd nu veel beter as jemals vörher.

De Satzung un twee Berichten över de Spelen in Hamborg un Niemunster, de wi beid wunnen hebbt, schickt wi Se as Bökersendung to, wieldat een von de Berichten as Book rutbröcht worrn is un von us Fründschop mit welk Verenen vertellt, de ok vör den Eersten Weltkrieg grünnt worrn sünd.

---

[1] Stedenbotts.
[2] Flachlüüd.
[3] mit Arbeitsjohren.
[4] maatgevern.

Die blaue Mitgliedskarte, die im Brief liegt, gilt auch für die kommenden Jahre. Wir sind sicher, daß Ihnen unser Vereinsleben zusagen wird, und heißen Sie herzlich willkommen als neues SCHNELLES-LEDER-Mitglied.

Überweisen Sie uns bitte den Beitrag für dieses Jahr in den nächsten vier Wochen auf eines unserer Konten.

Mit freundlichem Gruß   Anlage:
                                                    Mitgliedskarte

23. Ihre zweite Heimat

Mit großen schwarzen Buchstaben war die Seitenwand in der S-Bahn beschmiert. „Ausländer raus!" stand da. Ich habe mich der Worte geschämt, die so ein Schmierfink dahingemalt hatte ...

Ismeer, so hieß er, ist vor 20 Jahren aus der Türkei in unser Land gekommen, um auch ein kleines Stück vom Wirtschaftswunderkuchen abzubekommen. Kein Mensch hat sich damals daran gestoßen. Arbeit hatten wir ja genug. Besonders für schmutzige und einfache Arbeit wurden gern ausländische „Gäste" eingestellt. Unsere eigenen Landsleute fühlten sich manchmal zu gut (schade) für solche Arbeit. Damals haben die vielen Zugereisten unsere blühende Volkswirtschaft noch weiter ausgebaut. Das scheinen die meisten heutzutage vergessen zu haben.

Ziemlich schwer ist es dem Ismeer hier in den Anfangsjahren ergangen. Er hat sich abgemüht und wie verrückt gearbeitet, um in Deutschland Fuß zu fassen. Seine Frau, die in der Türkei geblieben war, ließ er nach drei Jahren nachkommen. — Frau Ismeer litt eine lange Zeit unter Schwermut. Ein deutscher Arzt hat sie aus dem seelischen Tief wieder herausgezogen und ihr über Jahre mit Rat und Hilfe zur Seite gestanden. Eine große Plage war für sie unsere Sprache; daran haperte es sehr bei ihr. Oft nahm sie Hände und Füße zu Hilfe, um sich einigermaßen verständlich zu machen.

Mit der Zeit hatten sie sich mit ihrer Lage abgefunden. Nicht einmal die dümmlichen Sprüche, die ihnen immer stark an die Nieren gingen, störten sie mehr. Der Beistand von ein paar deutschen Freunden ließ sie das Schwere (die Schwere) vergessen. Sie haben Jahre gebraucht, um stolz und aufrecht durch den Alltag zu gehen. Geklagt haben sie niemals. Vater hat seine Arbeit und Mutter eine Stelle zum Reinmachen. Bis auf den heutigen Tag steht Frau Ismeer dreimal in der Woche, morgens halb acht, bei ihrem Arbeitgeber vor der Tür. Bei der deutschen Familie ist sie gut angesehen. Mit ihrer Arbeit sind sie sehr zufrieden. Die Leute vertrauen ihr, darüber ist sie froh und glücklich.

De blage Mitgliedskoort, de in'n Breef liggt, gellt ok för de tokamen Johren. Wi sünd seker, wat Se us Vereensleven toseggen warrt, un heet Se hartlich willkamen as nie GAU-LEDDER-Maat.

Schickt Se us bitte den Bidrag för dit Johr in de nehgsten veer Weken op een von us Konten.

Mit fründlich Gröten   Anlaag:
                                                         Mitgliedskoort

23. Jem-ehr tweete Heimat

Mit grote swatte Bookstaven weer de Siedenwand in de S-Bahn besmeert. „Ausländer raus!" stunn dor. Ik heff mi schaamt för de Wöör, de so'n Smeerfink dor henmaalt harr ...

Ismeer, so heet he, is vör twintig Johren ut de Türkei in us Land kamen, üm ok'n lütt Stück von'n Weertschopswunnerkoken aftokriegen. Keen Minsch hett sik domaals doran stöört. Arbeit harrn wi jo noog. Besünners för schietige un eenfache Arbeit wöörn geern utlandsche „Gäst" instellt. Us egen Landslüüd föhlen sik mennigmaal to schaad för so'n Arbeit. Do hebbt de velen Toreisten us blöhen Volksweertschop noch wieder utbuut. Dat schient de mehrsten hüdigendaags vergeten to hebben.

Orig swoor is den Ismeer dat hier in de Anfangsjohren gahn. He hett sik möht un för dull maracht, üm in Düütschland Foot to faten. Sien Fru, de in de Türkei bleven weer, leet he na dree Johren nakamen. — Fru Ismeer leed'n lange Tiet ünner Swoormot. En düütschen Dokter hett ehr ut dat seelisch Deep wedder ruttrocken un ehr över Johren mit Raat un Help to Siet stahn. En grote Plaag weer för ehr us Spraak; dor haper dat bannig mit bi ehr. Faken nehm se Hannen un Fööt to Help, üm sik enigermaten verständlich to maken.

Mit de Tiet harrn se sik mit jem-ehr Laag affunnen. Nich maal de dösigen Snäck, de jem jümmers bannig an de Nieren gungen, stören jem mehr. De Bistand von'n poor düütsche Frünnen leet jem dat Swore vergeten. Se hebbt Johren bruukt, üm stolt un oprecht dörch'n Alldag to gahn. Klaagt hebbt se nie nich. Vadder hett sien Arbeit un Mudder en Steed to'n Reinmaken. Bet op den hüdigen Dag steiht Fru Ismeer dreemaal in de Week, morgens half acht, bi ehren Arbeitgever vör de Döör. Bi de düütsche Familie is se goot ansehn. Mit ehr Arbeit sünd se heel tofreden. De Lüüd vertruut ehr, dor is se froh un glücklich över.

In all' den vergangenen Jahren hat Frau Ismeer nur sechs Wochen ausgesetzt, als Torn, ihr Junge, auf die Welt kam. Der süße Bengel brachte Leben ins Haus. Er war immer Sonnenschein, ihr ein und alles. Keiner konnte ihnen nun noch was anhaben. Jetzt waren sie eine Familie und hielten zusammen wie Pech und Schwefel.

Aus der Haut gefahren und in Wut geraten ist Vater Ismeer zum ersten Mal, als der Hauswirt für ihre kleine Wohnung 180,— Mark mehr haben wollte als von einem deutschen Mieter. Er hat sich damals geradegemacht und sein Recht bekommen, (ANDERS: und recht bekommen).

Jetzt ging es bergauf mit ihnen. Mit den Jahren hatten sie Freunde unter ihren Landsleuten gefunden. Ein paar deutsche „Kumpel", die oft (häufig) den Papierkram für sie in Ordnung brachten, gingen bei ihnen zu Hause ein und aus. Sie haben die fremden Landsleute voll respektiert und viel für ihre Lebensweise von den Ismeers übernommen.

Torn, der Junge, hatte es viel leichter. Zweisprachig war er aufgewachsen und hatte so keine Beschwerden mit seinen Spiel- und Klassenkameraden gehabt. Nach der sechsten Klasse ging Torn auf die Realschule. Pfiffig war der Junge, das mußte man ihm lassen. Die Schule brachte ihm Spaß. Das Lernen fiel ihm nur so in den Schoß (bzw. das Wissen), was sich auch an seinen Noten zeigte. In Deutsch hatte er in den letzten Jahren sogar eine Zwei im Zeugnis stehen. Nur das schwarzgelockte Haar und seine dunkelglänzenden Augen wiesen noch auf seine Herkunft hin. Aber so wie er an die Arbeit ranging, war von „Null-Bock" nichts zu spüren. Torn sprühte nur so von Lebenskräften und wußte ganz genau, was er wollte.

Nach seinem Realschulabschluß hatte er eine Lehrstelle gefunden und nach $3^{1}/_{2}$ Jahren seinen Gesellenbrief als Mechaniker mit einem guten Abschluß gemacht. Die größte Freude für ihn und seine Eltern war, als er nach der Lehrzeit auch als Geselle übernommen wurde.

Die Ismeers waren stolz auf ihren Sohn. Er hatte es geschafft, das wußten sie jetzt. Der Junge würde sich gewiß nicht so niederdrücken und treten lassen, wie manche Mitmenschen es damals mit ihnen gemacht hatten. Die Zeit hat über all' das Schlechte Gras wachsen lassen. Sie haben bei uns eine zweite Heimat gefunden.

24. Die rettende Zigarette

Der Weser-Kurier vom 26. 07. 86 meldet, wie ein Münchner Hauptkommissar als Nichtraucher plötzlich einem Krankenpfleger vorgeschlagen hat, mit ihm eine Zigarette zu rauchen — und das auch noch auf einem Dach!

In all de verleden Johren hett Fru Ismeer bloots söß Weken utsett, as Torn, jem-ehr Jung, op de Welt keem. De seute Bengel bröch Leven in't Huus. He weer jem-ehr Sünnenschien, ehr een un allens. Keeneen kunn jem nu noch wat anhebben. Nu weern se een Familie un hollen tohoop as Pick un Swefel.

Ut de Huut fohrt un in Brass kamen is Vadder Ismeer to't eerst Maal, as de Huuswirt för jem-ehr lütte Wahnung hunnertachtig Mark mehr hebben wull as von'n düütschen Mieter. He hett sik duun graadmakt un sien Recht kregen.

Nu güng dat bargop mit jem. Mit de Johren harrn se Frünnen ünner jem-ehr Landslüüd funnen. En poor düütsche Mackers, de faken den Papierkraam för jem in de Reeg bröchen, gungen bi jem to Huus in un ut. Se hebbt de frömden Landslüüd vull respekteert und veel för jem-ehr Levenswies von de Ismeers övernahmen.

Torn, de Jung, harr dat veel lichter. Tweesprakig weer he opwussen un harr so kene Malesch mit sien Speel- un Klassenmackers hatt. Na de sößte Klass gung Torn op de Realschool. En ansleegschen Kopp harr de Jung, dat müß en em laten. De School bröch em Spaaß. Dat Lehren full em man so in'n Schoot, wat sik ok an sien Noten wiesen dä. In Düütsch harr he in de letzten Johren sogoor'ne Twee in't Tüügnis stahn. Bloots de swattlockte Hoor un sien düsterblänkern Ogen wiest noch op siene Herkunft hen. Avers so as he an de Arbeit rangung, weer nix to spören von „Null-Bock". Torn spütt man so von Levensknööv un wuß nipp un nau, wat he wull.

Na sienen Realschoolafsluß harr he'n Lehrsteed funnen un na dreeunhalf Johren sienen Gesellenbreef as Mechaniker mit'n goden Afsluß maakt. De gröttste Freid för em un sien Öllern weer, as he na de Lehrtiet ok as Gesell övernahmen wöör.

De Ismeers weern stolt op ehren Söhn. He harr dat schafft, dat wussen se nu. De Jung würr sik wiß nich so daaldrücken un pedden laten, as welke Mitminschen dat do mit jem maakt harrn. De Tiet hett över all dat Lege Gras wassen laten. Se hebbt bi us en tweete Heimat funnen.

24. De retten Zigarett

De Weser-Kurier von'n sößuntwintigsten söbenten sößuntachentig meldt, woans en Münchner Haupkommissar as Nichsmöker op'n Stutz en Krankenpleger vörslaan hett, mit em en Zigarett to smöken – un dat ok noch op'n Dack!

Der lebensmüde Krankenpfleger drohte, vom Dach zu springen, als der schlaue Polizist in dessen Hemdtasche eine leere Zigarettenschachtel entdeckte. „Komm, rauchen wir erst mal eine", sagte der Hauptkommissar und winkte seinen Kollegen zu, die ihm sofort eine Schachtel gaben. Der Krankenpfleger konnte der „Friedenspfeife" nicht widerstehen und kletterte in den Bodenraum zurück. Nachher schüttelte sich der Nichtraucher: „Pfui Teufel, war das eklig!"

25. Mehr freie Zeit in Japan

Japaner sind nicht faul, sondern fleißig und arbeiten mehr Stunden als die Deutschen, Franzosen und Amis. Das soll jetzt anders werden. In den nächsten 10 Jahren sollen sie 10 zusätzliche Tage Urlaub kriegen.

Die Regierung will 6 ordentliche Kabinetssitzungen ausfallen lassen, um ein gutes Beispiel zu geben. Worauf die R. hinaus will? Die Menschen sollen mehr Geld für Freizeitbeschäftigungen ausgeben, damit die Nachfrage nach Inlandsprodukten wachsen kann.

(WESER-KURIER, 26. 07. 86)

26. Muttertag

Die Amerikaner haben 1914 den Muttertag als Staatsfeiertag bei sich eingeführt. Seit 1933 gibt es den Tag auch bei uns. Über 50 Jahre ist es so üblich gewesen, daß am 2. Sonntag im Monat Mai der Muttertag bei uns gefeiert wird. Das ist gewiß für die Blumenhändler und Geschäftsleute in all den Jahren eine gute Einnahme gewesen.

Neulich hat so ein schlauer Mitarbeiter (auch: „Kumpel") aus dem Familienverein sich einen anderen Namen ausgetüftelt. Der Tag soll bleiben, nur einen anderen Namen wollen sie[1] ihm geben: Statt Muttertag soll er vielleicht „Tag der Familie" heißen.

Bei mir fällt ja manchmal der Groschen etwas spät. Das macht aber nichts. Verstehen kann[2] ich dennoch alles. — Man muß sich nur wundern, wie tückisch die an die Sache herangehen. Die Organisation in Bonn ist gar nicht so blöd, wie wir glauben. Das muß man ihnen lassen. Familientag statt Muttertag — die können mich doch nicht für dumm verkaufen. Dahinter verbirgt sich (steckt) doch etwas?! — Zu einer Familie gehören ja meistens mehr Personen, nicht wahr? Klar, daß am „Tag der Familie" jetzt die Menschen noch tiefer ins Portemonnaie greifen müssen. Das liegt doch auf der Hand.

---

[1] die Vereinsmitglieder.
[2] „Ich begreife" ist schwächer als „Begreifen kann (tu) ich".

De levensmöde Krankenpleger drauh, von't Dack to springen, as de plietsche Polizist (Putzmann) in den siene Hemdtasch'n leddige Zigarettenschachel wies warrn dä. „Komm, rauchen wir erst mal eine," sä de Hauptkommissar un wink sien Mackers to, de em foorts ene Schachel geven. De Krankenpleger kunn de „Fredenspiep" nich wedderstahn un klatter trüch in den Böhn. – Naher schüddel sik de Nichsmöker: „Düvel ok, weer dat wedderlich."

25. Mehr free Tiet in Japan

Japaners sünd nich fuul, ne, se sünd flietig un arbeit't mehr Stünnen as de Düütschen, Franzosen un Amerikaners. Dat schall nu anners warrn. In de neegste teihn Johren schüllt se teihn tosätzliche Daag Urlaub kriegen.

De Regierung will söß örnliche Kabinettssittens utfallen laten, üm'n goot Bispill to geven. Wo de Regierung op af will? De Lüüd schüllt mehr Geld för Freetietakschonen utgeven, dat de Nafraag na Inlandprodukte wassen kann.

(WESER-KURIER, 26. 07. 86)

26. Mudderdag

De Amerikaners hebbt 1914 den Mudderdag as Staatsfierdag bi sik inföhrt. Siet 1933 gifft dat den Dag ok bi us. Över föftig Johr is dat so begäng wesen, wat an'n tweeten Sünndag in Maimaand de Mudderdag bi us fiert warrt. Dat is wiß för de Bloomhökers un Geschäftslüüd in all de Johren en gode Innahm wesen.

Nuletzt hett so'n plietschen Macker ut'n Familienvereen sik'n annern Naam utklamüsert. De Dag schall blieven, bloots'n annern Naam wüllt se[1] em geven: Statts Mudderdag schall he villicht „Tag der Familie" heten.

Bi mi fallt jo mennigmal de Groschen'n beten laat. Dat maakt avers nix. Begriepen do ik liekers allens. – En mutt sik bloots wunnern, wo veniensch de an de Saak rangaht. De Organisaschoon in Bonn is gor nich so dösig, as wi glöövt. Dat mutt'n jem laten. Familiendag statts Mudderdag – de köönt mi doch nich för dumm verköpen. Dor stickt doch wat achter?! – To'n Familie höört jo mehrsttiets mehr Lüüd to, nich? Kloor, wat an'n „Dag von de Familie" nu de Lüüd noch deper in de Geldknipp griepen mööt. Dat liggt doch op de Hand.

---

[1] De Vereensmaten.

Es kann ja auch noch etwas anderes dahinter stecken? Sollten die Politiker vielleicht auch ein schlechtes Gewissen haben? Könnte ja sein, daß sie so allmählich dahinterkommen, was sie in der letzten Zeit alles zunichte gemacht haben (verdorben −). So manches Gesetz, das sie in den vergangenen Jahren aufs Tapet (auf den Tisch) gebracht haben, ist nicht immer eine Hilfe für Eltern und Kinder gewesen.

Laßt sie machen, was sie wollen. Mir braucht niemand vor*zu*schreiben[3], wann ich an meine Mutter denken soll. Was glauben die da oben bloß? Wir sind doch mündig. − Ich habe doch ein Ehrgefühl im Leibe. An dem Tag, an dem Mutter meine Hilfe braucht, stehe ich ihr gern zur Seite. Davon mache ich gar nicht viel Wesens. Das ist doch meine Pflicht. Mir würde das Herz schwer werden, wenn wir Kinder nur am Muttertag mit einem Blumenstrauß ankämen.

Für Familien, in denen alle zusammenhalten und einer für den anderen einsteht, braucht es den Muttertag gar nicht zu geben. Aber der Tag ist das einzige Wahrzeichen für den Wert der Mutterschaft − so sagt ein Mann und denkt an die vielen Worte, die über Männer und ihr Verdienst um die Firma, den Verein und das Vaterland gemacht werden . . .

27. Gedanken um die Küche

Eine lange Zeit war die Küche ein Stiefkind der „Architekten". Die Leute, die in diesem Fach die Maßstäbe setzen, sind sich darüber einig, daß die Küche von jeher im Mittelpunkt der Wohn- und Hausgemeinschaft gestanden hat. Entwickelt hat sie sich aus der vorgeschichtlichen Herdstelle. Diese hatte eine lebenswichtige Doppelfunktion. Auf der Herdstelle wurde gekocht, und das Familienleben spielte sich meistens auch in der Küche ab. Nachweislich war bei den Hellenen die Herdstelle schon der Mittelpunkt im Haus genauso wie beim Familienleben. Die griechische Göttin Hestia war in früheren Zeiten hoch (groß) verehrt. Sie stand als Symbol für Herd und Feuer.

Die Frauen im Mittelalter genossen hohes Ansehen, wenn es um den häuslichen Bereich ging. Es war gleich, ob sie nun in einer hochherrschaftlichen Küche, in einem Bauernbetrieb oder in den sozial schwachen Ständen am Herd standen. Die Arbeit in der Küche war früher das, was man heutzutage eine Vollzeitbeschäftigung nennt. Aber nicht nur wegen der Kochtechniken, sondern auch wegen der anderen Eßgewohnheiten, die früher üblich waren. Die Frau hatte in früheren Zeiten volle Schlüsselgewalt, häufig auch über den Geldbeutel (die Gewalt − ist gedanklich

---

[3] Inzwischen nach „brauchen" leider auch Infinitiv ohne „zu" statthaft. Daher auch: Mir braucht niemand *vor*schreiben . . .

Dor kunn jo ok noch wat anners achter steken? Schulln de Politikers villicht ok'n slecht Geweten hebben? Kunn jo wesen, wat se so bilütten dor achterkaamt, wat se in de letzt Tiet all vermasselt hebbt. So mennig Gesetz, dat se in de verleden Johren op'n Disch bröcht hebbt, is nich jümmers'n Help wesen för Öllern un Kinner.

Laat jem maken, wat se wüllt. Mi bruukt keeneen vörtoschrieven[1], wonehr ik an mien Mudder denken schall. Wat glöövt de dor boven bloots? Wi sünd doch münnig. – Ik heff doch'n Ehrgeföhl in'n Lief. An de Daag, wo Mudder mien Help[2] bruukt, stah ik ehr geern to Siet. Dor maak ik gor nich veel Weeswark üm. Dat is doch mien Plicht[2]. Mi wür dat Hart swoor warrn, wenn wi Kinner bloots an'n Mudderdag mit'n Rükelbusch ankemen.

För Familien, woneem all tohoophollt un een för'n annern praat steiht, bruuk't den Mudderdag gor nich to geven. Avers de Dag is dat eenzig Wohrteken för den Weert von de Mudderschop – so seggt en Mann un denkt an de vele Wöör, de över Mannslüüd un de ehr Verdeenst üm de Firma, den Vereen un dat Vadderland maakt ward ...

27. Gedanken üm de Köök

En lange Tiet weer de Köök en Steefkind von de „Architekten". De Lüüd, de in dit Flach de Maten sett, sünd sik doröver enig, wat de Köök von jeher in'n Middelpunkt von de Wahn- un Huusgemeenschop stahn hett. Entwickelt hett se sik ut de vörgeschichtliche Heerdsteed. Disse harr en levenswichtige Duppelfunkschoon. Op de Heerdsteed wöör kookt, un dat Familienleven speel sik mehrsttiets ok in de Köök af. Nawieslich weer bi de Hellenen de Heerdsteed al de Middelpunkt in't Huus graadso as von dat Familienleven. De greeksche Göttin Hestia weer in fröhere Tieden groot ehrt. Se stunn as Symbol för Heerd un Füür.

De Fruunslüüd in't Middelöller harrn en groot Ansehn, wenn't üm den hüüslichen Beriek güng. Dat weer egaal, of se nu in'n Hoochherrschaftliche Köök, in'n Buurnbedrief or in de sozial swacken Stännen an'n Heerd stünnen. De Arbeit in de Köök weer fröher dat, wat'n hütigendaags en „Full-Time-Job"[3] nöömt. Man nich bloots wegen de Kooktechniken, sünnern ok wegen de annern Eetgewohnheiten, de fröher begäng weern. De Fru harr in fröhere Tieden vulle Slötelgewalt, faken ok över den Geldbütel, wat jo en groot Rebeet weer. Wi nöömt dat vondaag jo Huus-

---

[1] hüüt ok, as in't Hoochdüütsch, „vörschrieven", dat heet, ok ahn „to" na „bruken".
[2] ok: mien*e* Help/Plicht.
[3] Ganzdaagssteed.

zu ergänzen), was ja ein großes Gebiet war. Wir nennen es ja heute Hauswirtschaft. Beim Planen und Bauen der Küche hatte die Frau sicher auch ein gültiges Wort mitzureden. Dieser Einfluß ist im Verlauf der Jahrhunderte so allmählich verloren gegangen.

Architekten und Planer zeichnen Häuser, Wohnräume und Küchen auf dem Reißbrett. Meistens planen sie an den Bedürfnissen der Bewohner vorbei. Die Menschen sind es doch, die in diesen Häusern und Wohnungen leben und schwer arbeiten müssen. In ihrer Freizeit sollten sie sich erholen und wohlfühlen in ihren vier Wänden.

Ein schlechtes Beispiel der unmenschlichen Fehlplanung sind die „Mietskasernen", so um 1900, die heutzutage in Hamburg und Berlin noch zu finden sind. Die Küchen lagen meistens im Dunkeln nach dem Hinterhof hin. Sie waren sehr klein, schmal und recht dunkel. In diesem Bereich mußte die Hausfrau sich abrackern, vergessen von Licht, Sonne und „Fortschritt".

Ein Zitat von Zille drückt das treffend und gepfeffert aus: – Mit den vier Wänden kann man einen Menschen genauso umbringen wie mit der Axt.

Wie unterschiedlich von dem ersten Beispiel waren die 25 bis 30 qm großen Wirtschaftsküchen in den großbürgerlichen Wohnhäusern in der gleichen Zeit. – Ein guter Anfang bei dieser Planung ist vom deutschen Werkbund, später von dem Bauhaus, ausgegangen. Diese Institutionen haben dazu beigetragen, daß die Küche menschlicher ausstaffiert worden ist. Die Pionierarchitekten aus einer vergangenen Zeit haben aber auch ein Kuckucksei in unser Nest gelegt: In ihrer Küche irrte die Idee einer Hochleistungsküche herum.

Im sozialen Wohnungsbau finden wir heutzutage auch oft noch so kleine Kochzellen vor. Darin muß man sich vorkommen, als säße man hinter Gittern. Eine große Baugesellschaft hat so um 1950 tatsächlich noch Küchen ohne Fenster gebaut. 1957 stand noch in der Bauvorschrift, daß die Minimalküche nicht größer als 6,50 qm zu sein brauche (hier: braucht). In unseren Tagen haben die Planer aus ihren Fehlern gelernt, und das Blatt wendet sich so allmählich.

Ich werde den Gedanken nicht los, daß einige kompetente Männer dabei auch etwas an sich gedacht haben. In vielen Familien wird die Hausarbeit ja gemeinsam erledigt, weil viele Frauen heute auch eine Tätigkeit ausüben. So liegt es ja auf der Hand, daß die Ehemänner so manche Abendstunde in der Küche zubringen müssen, ob sie es nun gerne tun

weertschop. Bi't Planen un Buen von de Köök harr de Fru seker ok'n gellen Woort mittosnacken. Disse Influß is in Verloop von de Johrhunnerten so bilütten in den Binsen gahn.

Architekten un Planers tekent Hüüs, Wahnrüüm un Köken op'n Rietbrett. Mehrsttiets plaant se an de Bedürfnisse[1] von de Bewahners vörbi. De Minschen sünd dat doch, de in disse Hüüs un Wahnungen leven un schaarwarken mööt. In jem-ehre Freetiet schüllt se sik verhalen un wollföhlen in jem-ehr veer Wännen.

En slecht Bispill von dat unminschlich Fehlplanen sünd „Mietkasernen", so üm negenteihnhunnert rüm, de hütigendaags in Hamborg un Berlin noch to finnen sünd. De Köken legen mehrsttiets in'n Düüstern na'n Achterhoff to. Se weern bannig lütt, small un oordig düüster. In dissen Beriek müß de Huusfru rümschaarwarken, vergeten von Licht, Sünn un „Fortschritt".

En Zitat von Zille drückt dat recht un deftig ut: — Mit de veer Wännen kann'n enen Minschen graad so ümbringen as mit'n Äxt.

Wo ünnerscheedlich von dat eerst Bispill weern de fiefuntwintig bet dörtig qm groden Weertschopköken in de grootbörgerlichen Wahnhüüs in de glieke Tiet. — En goden Anfang bi dit Planen is von den düütschen Werkbund, later von dat Buhuus, utgahn. Disse Instituschonen hebbt dorto bidragen, wat de Köök minschlicher utstaffeert worrn is. De Pionierarchitekten ut'n verleden Tiet hebbt avers ok'n Kukuuksei in us Nest leggt: In jem-ehr Kööp biester de Idee von en Hoochleistungslüttköök rüm.

In'n sozialen Wahnungsbu finnt wi hüüttodaags ok faken noch so'n lütte Kookzellen vör. Dor mutt'n sik jo in vörkamen, as seet'n achter Trallen. Een grote Bugesellschop hett so bi negenteihnhunnertföftig wohrhaftig noch Köken ahn Finster buut. Negenteihnhunnertsövenunföftig stünn noch in de Buvörschrift, wat de Minimalköök[2] nich grötter as 6.50 qm wesen bruukt. In us Daag hebbt de Planers ut jem-ehr Fehlers lehrt, un dat Blatt wennt sik so bilütten.

Ik warr den Gedanken nich loos, wat welk kompetente[3] Mannslüüd dorbi ok'n beten an sik dacht hebbt. In vele Familien warrt de Huusarbeit jo gemensam beschickt, wieldat vele Fruunslüüd vondaag ok'n Job[4] hebbt. So liggt dat jo op de Hand, wat de Keerls so mennig Avendstünn in de Köök tobringen mööt, wat se dat nu geern doot or nich. Welk

---

[1] den Verlett, as'n on Oostfreesland un Oldenburg seggt.
[2] Minnstköök.
[3] maatgevern.
[4] en Steed.

oder nicht. Manche Paschas geben es gewiß nicht gern zu, daß sie das heilige Reich der Frauen lieber von außen sehen.

Sehr schlaue, fortschrittliche Männer nennen sich seit Jahren „Hobby-Koch". – Merkst du was? – Die werden von ihren Geschlechtsgenossen, die heute noch glauben, daß die Küche nur das Gebiet der Frauen ist, nicht ganz so scheel angesehen. Dieser Zustand wird sich wohl in Zukunft genauso abspielen wie gegenwärtig.

Wenn sich die liebe Familie gemütlich unterhält oder vor dem Fernseher sitzt und auf das Abendbrot wartet, flitzt Mutter wie ein Besenbinder in der Küche umher. Was nützt ihr das, wenn die Küche geradeso ausstaffiert ist mit all' dem technischen Kram wie eine Kommandobrücke auf einem Luxusdampfer? Arbeit fällt immer an. Sie muß getan werden und nicht nur von den Frauen allein! Die Theoretiker geben in ihren Fachblättern meistens gute Ratschläge. Nach ihrer Meinung sollte die Küchenarbeit nicht nur Frauen-, sondern Familienarbeit sein. Zwischen Theorie und Praxis liegt aber noch ein weiter Weg.

28. Sind so viele Familien krank?

Wenn es wahr ist, was neulich auf dem „Ärztekongreß" als Resultat zutage gekommen ist, muß es ja sehr schlecht um die deutsche Familie stehen. Jede zweite Familie soll nachweislich psychisch schon einen Knacks weghaben. Kaum zu glauben, daß schon jede vierte Hilfe von draußen braucht. Der Umgangston zwischen Eltern und Kindern soll heutzutage recht hart (-herzig, unerbittlich) geworden sein. Die Familie kann meistens ihre eigenen Probleme nicht mehr lösen. Woran mag das liegen, daß einige Menschen nicht mehr das nötige Verständnis aufbringen, wenn sie miteinander sprechen und umgehen?

Sind es alles Egoisten? Oft braucht man sich nur eine Zeitlang etwas zurückzustellen und seine Kräfte ganz für Mitmenschen, die Hilfe brauchen, einzusetzen. Sollten wir das Zuhören ganz und gar verlernt haben? Hat unsere schnellebige Zeit das schließlich mit sich gebracht?

Ein Professor, der die Leitung in Händen hatte, hat auf einem Ärztekongreß kürzlich die Frage gestellt, ob die Ärzte heute überhaupt noch in der Lage seien, Menschen, die aus einer brüchigen Familie kommen, verständig mit Rat und Tat zur Seite zu stehen. In ihrer Studienzeit, meinte er, haben viele Mediziner gelernt, pathologisch zu sehen und zu handeln. Einige Ärzte haben sich noch nicht genügend mit Psychologie befaßt. Mit Pillen, die den Patienten eine Zeitlang ruhigstellen, ist das

Paschas geevt dat wiß nich geern to, wat se dat hillig Riek von de Fruuns lever von buten seht.

Heel plietsche, fortschrittliche Mannslüüd nöömt sik sörr Johren „Hobby-Koch"[1]. — Markst Müüs? — De ward von jem-ehr Geslechtsmackern, de vondaag noch glöövt, wat de Köök bloots dat Rebeet von de Fruuns is, nich ganz so scheel ankeken. Disse Tostand warrt sik woll in Tokunft graad so afspelen as opstünns.

Wenn de leve Familie komodig klöönt or vör'n Puschenkino sitt un op't Avendbroot töövt, flitzt Mudder as'n Bessenbinner in de Köök ümher. Wat versleit dat (= wat nütt't ehr dat), wenn de Köök graad so utstaffeert is mit all den technischen Kraam as'n Kommandobrüch op'n Luxusdamper? Arbeit fallt jümmers an. Se mutt doon warrn un nich bloots von de Fruuns alleen! De Theoretikers geevt in jem-ehr Flachbläder mehrsttiets gode Raatslääg. Na jem-ehr Meen schull de Kökenarbeit nich bloots Fruuns-, ne, se schull Familienarbeit wesen. Twüschen Theorie und Praxis liggt avers noch'n wieden Weg.

28. Sünd so vele Familien krank?

Wenn dat wohr is, wat nuletzt op'n „Ärztekongreß" as Resultat to Dag kamen is, mutt dat jo bannig slecht üm de düütsche Familie stahn. Jede tweete Familie schall nawieslich „psychisch"[2] al en Knacks weghebben. Kuum to glöven, wat al jede veerte Help von buten bruukt. De Ümgangston twischen Öllern un Kinner schall hüdigendaags orrig hatt worn sien. De Familie kann mehrstiets ehr egen Probleme nich mehr lösen. Woneem mag dat an liggen, wat welk Minschen nich mehr dat nödig Verstahn opbringt, wenn se miteenanner snacken un ümgahn doot?

Sünd dat all Egoisten? Oftins bruukt'n sik bloots'n Tietlang en beten in'n Achtergrund to hollen un de ganzen Knööv för Mitminschen, de Help bruukt, intosetten. Schulln wi dat Tohören heel un deel verlehrt hebben? Hett us gaulevige Tiet dat am Enn mit sik bröcht?

En Perfesser, de dat Leit in de Hannen harr, hett op'n Ärztemööt körtens de Fraag stellt, of de Dokters hüüt överhaupt noch in de Laag sünd, Lüüd, de ut'n anknackste Familie kaamt, sinnig mit Raat un Daat to Siet to stahn. In jem-ehr Studientiet, meen he, hebbt vele Medizinlüüd lehrt, „pathologisch"[3] to sehn un to hanneln. Welk Dokters hebbt sik noch nich noog mit „Psychologie"[4] befaat. Mit Pillen, de den Paschenten'n

---

[1] Kock ut Leefhebberee.
[2] seelisch.
[3] na de Wetenschop von de Krankheiten (d.h. krankheitskundlich, nicht: krankheitskundig = -künnig).
[4] Kunn von de Seel.

Dilemma auch noch nicht gelöst, meinte der Professor. In solcher Lage sollten die Ärzte mehr ausgebildete Fachleute zu Hilfe holen. Sie sollten die ganze Familie ansprechen, sich in Zukunft mehr für die anderen einzusetzen.

Da muß ich dem Professor beipflichten, daß man mit Psychopharmaka, so einem Teufelszeug, das einen so schön bedächtig werden läßt, nicht die Probleme lösen kann. Es ist ein Kreis, in dem ein Mensch oft untergeht. In unserer Zeit, die für mancheinen gewiß nicht so rosig ist, stehen eine Menge Leute sozial ganz unten. So zum Beispiel, daß Vater keine Arbeit hat, Mutter abgearbeitet und krank ist und bei den Kindern auch alles schiefläuft (= mißlingt: 1 Begriff, daher 1 Wort, auch im Platt!).

So mancher verliert in so einer Mistlage (mißlichen L.) seinen ganzen Mut und gibt sich völlig (total) auf. Solch' schlimme Situation kann heftig an Leib und Seele zehren. Häufig bricht bei soviel Last die Familie auseinander. Mancher versucht, mit Schnaps und Drogen seine Probleme zu lösen. Der „Psycho-Boom", der heutzutage verbreitet ist, kann aber auch ins Gegenteil umschlagen. Man kann eine Familie, die bis dahin intakt war, auch krank-therapieren. Bei uns ist es ja Mode, daß man von einem Extrem ins andere fällt.

Eine Fachfrau bin ich wahrhaftig nicht. Bin bisher aber mit offenen Augen und Ohren durchs Leben gegangen. Seit über 30 Jahren gehe ich mit meiner besseren Hälfte durch dick und dünn. Die Kinder sind gut eingeschlagen und gehen so allmählich ihren eigenen Weg. Eigentlich bin ich ganz glücklich und zufrieden.

Es will mir dennoch nicht so recht einleuchten, daß man, wenn man sich mal zankt und streitet in der Familie und dabei Krach macht, nicht mehr normal sein soll. Dabei braucht man doch nicht gleich einen Knacks wegzukriegen. Bisher habe ich immer geglaubt, daß in einer Gemeinschaft, in der sich nichts mehr im Zwiegespräch[1] abspielt, Hopfen und Malz verloren ist. Wir reden viel zu wenig miteinander, deucht mich (= scheint mir). Sollten wir am Ende Angst haben, daß die anderen zuviel von uns gewahr werden (= erkennen)? Bislang sind mir gewiß nicht nur angeknackste Familien über den Weg gelaufen. Ich muß zugeben, bei Freunden hat es mal eine Zeitlang gekriselt und rumort. Meistens hat es sich nach kurzer Zeit wieder eingerenkt.

Mich dünkt, viele Familien sollten mal für ein halbes Jahr den Fernseher in die Ecke stellen. Die gewonnene Zeit sollten sie für Gespräche mit

---

[1] = Zweiergespräch, G. unter vier Augen. Ungeschickt: „4-Augen-Gespräch".

Tietlang gerauhigstellt, is dat „Dilemma"[1] ok noch nich lööst, meen de Perfesser. In solk Laag schulln de Dokters mehr utbildte Flachlüüd to Help hollen. Se schulln de ganze Familie anspreken, sik in Tokunft mehr för de annern intosetten.

Dor mutt ik den Perfesser biplichten, wat'n mit „Psychopharmaka"[2], so'n Düvelstüüg, dat en so schöön sacht warrn lett, nich de Probleme lösen kann. Dat is'n Kring, neem faken en Minsch bi ünnergeiht. In us Tiet, de för mennigeen förwiß nich so rosig is, staht'n barg Lüüd sozial ganz nerrn. So to'n Bispill, wat Vadder keen Arbeit hett, Mudder afmaracht un krank is un bi de Kinner ok allens verdwarslöppt.

So mennigeen verleert in solk Schietlaag sien hele Kuraasch un gifft sik totaal op. So'n lege Situaschoon kann orig an Lief un Seel tehren. Faken brickt bi soveel Last de Familie uteneen. So mennigeen versöcht, mit Snaps un Drogen sien Probleme to lösen. De „Psycho-Boom"[3], de hüüttodaags begäng is, kann avers ok in't Gegendeel ümslaan. En kann'n Familie, de bet dorhen intakt weer, ok krank-therapeern[4]. Bi us is dat jo Mood, wat'n von een Extreem in't anner fallt.

En Flachfru[5] bün ik wohrhaftig nich. Bün bether avers mit open Ogen un Ohren dörch't Leven gahn. Sörr över dörtig Johren gah ik mit mien betere Hälft dörch dick un dünn. De Kinner sünd goot inslaan un gaht so bilütten ehren egen Weg. Egentlich bün ik heel glücklich un tofreden.

Dat will mi liekers nich so recht inlüchten, wat en, wenn'n sik maal kibbelt un kabbelt in de Familie un dorbi op'n Putz haut, nich mehr normaal wesen schall. Dor bruukt'n doch nich glieks'n Knacks bi wegtokriegen. Betlang heff ik jümmers glöövt, wat in'n Gemeenschop, woneem sik nix mehr in'n Tweespraak afspeelt, Hoppen un Molt verloren is. Wi snackt veel to wenig miteenanner, dücht mi. Schulln wi am Enn Angst hebben, wat de annern toveel von us gewohr ward? Betlang sünd mi wiß nich bloots anknackste Familien övern Weg lopen. Ik mutt togeven, bi Frünnen hett dat maal'n Tietlang kriselt un rumoort. Meisttiets hett sik dat na'n kotte Tiet wedder inrenkt.

Mi dücht, vele Familien schulln maal för'n halv Johr de Flimmerkist in de Eck stellen. De wunnen Tiet schulln se för Gespreken mit de

---

[1] vertrackte Wahl twischen twee Övel; dat Bisluten ünner Dwang.
[2] Medizin, de seelisch ansleit.
[3] Tietspann mit groden Verkoop von Psychopharmaka.
[4] therapeern/theraperen = behanneln.
[5] Die Entsprechung „Flachmann" ist trotz der scherzhaften Nebenbedeutung (alkohol. Getränk in flacher Fl.) korrekt (wie „Stoff" f. hochdt. „Staub").

den Kindern nutzen. Dabei würden sie zu wissen kriegen, wo der Schuh drückt und was ihnen auf der Seele liegt. — Es ist nie zu spät. Man darf nur nicht verzweifeln, sondern muß den Mut haben, neu anzufangen.

29. Ein Brief:

Liebe Tante Anni, 27. Februar 1986

Zu Deinem Geburtstag gratuliere ich Dir herzlich! Möge die Sonne scheinen und Dir den Tag verschönen, damit Du guter Dinge in Dein neues Lebensjahr eintrittst.

Ich selbst bin fleißig dabei, Platt zu lernen. Zu meinem letzten Geburtstag hatte Lene mir ein neues Niederdeutsches Wörterbuch geschenkt, und ich habe mir inzwischen „Uns plattdüütsch Spraakbook" von Marianne Kloock und Ingo Viechelmann gekauft. Fast jeden Tag bin ich nun am Lernen und versuche auch, nach den Vorschlägen von Johannes Saß zu schreiben.

Was die Mundart anbelangt, so will ich das Holsteiner Platt sprechen, das ich in unserer Umgebung hören kann, obgleich ich auch das Hamburger Platt im Ohr habe. Du weist wohl Bescheid: Statt „Ik gah op de Straat" sagen die meisten Hamburger „ik goh op de Stroot", und statt „dat schall wull so wesen", sagt er, „dat sall woll so sien". Das Hamburger Lied „Twee scheune Karbonoden de köönt den Minsch nich schoden" würde wohl auf „holsteinisch" so gesagt werden: „Twee schöne Karbonaden de köönt den Minsch nich schaden".

Ja, meine liebe Tante Anni, wenn ich nicht wüßte, daß Du auch Interesse am Plattdeutschen hast, das heißt „daran interessiert bist", dann würde ich mir diese Schreiberei ja gar nicht ausdenken. Bisher erscheint mir das noch alles etwas seltsam, aber ich beschäftige mich nun gerade damit und muß es anwenden.

Zum Schluß will ich Dir noch erklären, warum ich in Grün schreibe: Schwarz, so habe ich mir gesagt, ist zu ernst. Blau ist man gewohnt von anderen Briefen (und ist ein Zustand, wie die Redensart besagt), aber Grün ist eine hübsche Farbe, die mir sehr gelegen kommt, wenn die Tönung auch ein bißchen hell ist. — Außerdem wird jetzt bald (in ein paar Wochen) alles grün in der Natur, wenn die Blätter an den Bäumen wachsen.

Nun, meine liebste Tante, laß es Dir gut gehen und bleibe gesund und munter!

Herzliche Grüße!
Dein Neffe Heinrich

Kinner nütten. Dor würrn se bi toweten kriegen, neem de Schoh knippt un wat jem op den Seel liggt. – Dat is nie nich to laat. En mutt bloots nich vertwieveln, man den Moot hebben, nie antofangen!

29. En Breef:

Leve Tante Anni,   27. Horning 1987

To Dienen Geburtsdag graleer ik Di hartlich! Müch de Sünn schienen un Di den Dag schöön maken, wat Du in Dien nie Levensjohr goot toweeg ringeihst!

Ik sülven bün flietig dorbi, Platt to lehren. To mien lesten Geburtsdag harr Lene mi en nie Nedderdüütsch Wöörbook schenkt, un ik heff mi wieldeß „Uns plattdüütsch Spraakbook" von Marianne Kloock un Ingo Viechelmann köfft. Meist elk Dag bün ik nu bi't Studeern un versöök ok, na de Vörslääg von Johann Saß to schrieven.

Wat de Mundoort is, so will ik dat Holsteener Platt snacken, dat ik in us Ümgegend hören kann, ofschoonst ik ok dat Hamborger Platt in't Ohr heff. Du weetst woll Bescheed: Statts „Ik gah op de Straat" seggt de Hamborger „Ik goh op de Stroot" un statts „dat schall woll so wesen" seggt de mehrsten Hamborgers woll „dat sall woll so sien". Dat Hamborger Leed „Twee scheune Karbonoden de köönt den Minsch nich schoden" würr in Holsteen mit „schöne" un „schaden" seggt warrn.

Jo, mien leve Tante Anni, wenn ik nich wuß, wat Du ok Vermaak an't Plattdüütsch hest, dat heet Viduutz op Platt hest, denn würr'k mi disse Schrieveree jo gor nich utklamüsern. Bether kümmt mi dat noch allens'n beten snaaksch vör, avers ik heff't nu jüst in de Maak un mutt't anwennen.

To'n Sluß will ik Di noch verklaren, worüm ik in Gröön schrieven do: Swatt, so heff'k mi seggt, is to eernst. Blau is en wennt von anner Breven (un is'n Tostand, as de Seggwies dat utseggt), avers Gröön is en smucke Farv, de mi goot topass kümmt, wenn de Klöör ok en beten hell is. – Butendem warrt nu bald (in'n Poor Weken) allens gröön in de Natuur, wenn de Bläder waßt an de Bööm.

Nu, mien leefste Tante, laat Di dat goot gahn un bliff sund un fiedeel!

    Hartliche Grötens!
       Dien Süsterjung Hein

30. Nun man / Jetzt nur keine Unruhe

Frauke fragt ihren Nachbarn Herbert, ob er sein Haus schon an das Ehepaar verkauft habe, das ihn kürzlich besucht habe. Herbert, der auch im Erzählen etwas schwerfällig ist, antwortet dann: „Vorgestern sagten die beiden, sie würden am nächsten Tag gegen vier kommen, um das Haus nochmal anzugucken. Sie kamen auch Punkt vier und hatten an allen Zimmern und der Küche großes Interesse. Die Frau sagte so nebenbei, daß sie genug Geld gespart hätten, um einen Kredit von der Bank für den Rest zu erhalten, und dabei ließ sie ihren Diamanten in der Sonne funkeln.

Aber nach einiger Zeit fing der Mann an zu fragen, ob man anbauen dürfe, ob die Fenster auch dicht seien, und dann wurde er immer mürrischer, als ob ihm eine Laus über die Leber gelaufen wäre. Es dauerte nicht lange, bis die beiden sagten, sie könnten das Haus nicht kaufen, es stürme viel zu sehr um das Haus und da würde ihnen angst und bange. Und dann gingen sie schnell weg.

„Dann hatten sie wohl nur mal den Häusermarkt untersuchen wollen", meint Frauke jetzt. „Dazu kannst du nichts sagen, Herbert." — „Das tu ich auch nicht. Aber seit ihrem Besuch kann ich mein Fernglas, meine Leica und meinen Goldtaler nicht wieder finden, und mein Portemonnaie mit 500 Mark vermisse ich auch." „Herbert! Sei nicht albern! Glaubst du denn, die beiden könnten sich ein großes Fernglas und eine Kamera einfach so unter den Arm klemmen, wenn sie weggehen, ohne daß du es merkst?" „Nein, das nicht. Aber gerade als ich Kaffee und Kuchen aus der Küche holen wollte, sagte der Mann, er wolle noch schnell seine Brille und auch was zum Schreiben aus dem Wagen holen."

„Aber, wieso hattest du denn deine Kamera im Wohnzimmer gehabt? Hattest du deine Freunde nach dem Hausverkauf aufnehmen wollen?" „Nein, ich bin doch danach gleich auf die Jagd zu Wulf gefahren." „Aber vorher hast du doch sicher die Polizei angerufen?" „Nein, habe ich nicht. Ich habe ja gedacht, ich hätte Fernglas und Kamera schon in den Wagen gelegt." „Was hat Wulf denn dazu gesagt?" „Der war gar nicht da. Ich hatte mich ja um eine Woche versehen. Das war schon gewesen."

„Das ist doch nicht zu glauben! Herbert! Und wann hast du gemerkt, daß die Sachen nicht da sind?" „Heute morgen." „Gerade einen Tag später! Und was sagt die Polizei?" „Die hab' ich nun nicht mehr belästigt, weil ich den Namen des Ehepaares sowieso nicht weiß. — Mit diesem Haus geht alles schief! Da kann man fast an Spuk glauben."
„Nein, Herbert, ich glaube mehr an deine bewährte Dickfälligkeit. Wie

30. Nu man kene Ambraß*

Frauke fraagt Naver Herbert, of he sien Huus al an dat Ehepoor verköfft harr, dat em körtens besöcht harr. Herbert, de ok in't Vertell'n beten fallig is, antert denn: „Ehrgüstern sän[1] de beiden, se würrn den nehgsten Dag bi veer rüm kamen, üm dat Huus noch maal antokieken. Se kemen ok Slag veer un nehmen groten Andeel an all de Rüüm un de Köök. De Fru sä so blangenbi, wat se noog Geld op de hoge Kant liggen harrn, üm enen Kredit von de Bank för den Rest to kriegen, un dorbi leet se ehren Diamantring in de Sünn funkeln.

Avers na enen Stoot fung de Mann an to fragen, wat'n anbuen dröff, wat de Finster ok dicht weern, un denn wöör he jümmers gnaderiger, as wenn em en Luus över de Lebber lopen weer. Duert nich lang, dor sän de beiden, se kunnen't Huus nich köpen, de Wind gung veel to dull bi dat Huus to Kehr un dor würr't jem angst un bang. Un denn gungen se gau weg."

„Denn harrn se woll bloots maal den Immobilienmarkt[2] studeern wullt", meent Frauke nu. Dor kannst nix to seggen, Herbert." — „Dat do ik ok nich. Avers sörr ehren Besöök kann ik mienen Kieker, mien Leica un mienen Golddaler nich wedderfinnen, un mien Geldknipp mit fiefhunnert Mark fehlt ok." „Herbert! Wees nich unklook! Glöövst du denn, de beiden kunnen sik enen groten Feernkieker un en Kamera, eenfach so ünnern Arm klemmen, wenn se weggaht, ahn wat du dat marken deist?" „Ne, dat nich. Avers graad as ik Kaffee un Koken ut de Köök halen wull, sä de Mann, he wull noch gau sien Brill un wat to'n Schrieven ut'n Wagen halen."

„Avers, woso harrst du denn dien Kamera in de Döns hatt? Harrst du diene Frünnen na den Huusverkoop opnehmen wullt?" „Ne, ik bün doch dorna glieks op de Jagd to Wolf fohrt." „Avers vörher hest du doch seker de Polizei anropen?" „Ne, heff ik nich. Ik heff jo dacht, ik harr Kieker un Kamera al in'n Wagen packt." „Wat hett Wolf denn dorto seggt?" „De weer gor nich dor. Ik harr mi jo üm een Week versehn. Dat weer al west."

„Mann in de Tünn! Herbert! Un wonehr hest du markt, wat de Saken nich dor sünd?" „Hüüt morgen." „Jüst eenen Dag later! Un wat seggt de Polizei?" „De heff ik nu nich mehr belämmert, wieldat ik den Naam von dat Ehepoor sowieso nich weet. — Mit dit Huus geiht allens verdwars! Dor kann'n meist an Spöök glöven." „Ne, Herbert, ik glööv mehr an dien

---
* frz.: l'embarras = Verwirrung, Verlegenheit.
[1] ok: sään.
[2] Grundstücksmarkt, Hüüsmarkt.

kann so etwas sonst passieren?" „Überall! – So, nun weißt du's, Frauke. Was geschehen ist, ist geschehen. Und nun will ich nichts mehr davon hören."

31. Eine Zeitlang allein

Inge war eine stattliche Frau so um die Vierzig, die in all' den Jahren für die Familie ihre Pflicht getan hatte. Nur an sich hatte sie meistens zuletzt gedacht. Die beiden Kinder, Heiner und Ulla, waren jetzt soweit, daß sie auf eigenen Beinen stehen konnten. Seitdem sie ausgeflogen waren, fehlte Mutter etwas, woran sie sich aufrichten konnte.

Eigentlich hatte sie sich auf diese Jahre gefreut, um mehr Zeit für Swenn, ihren Mann, zu haben. In der letzten Zeit hatte sie oft über ihr (Mehrz.) Leben nachgedacht. Seit ein paar Jahren lief es („haute es") nicht mehr so („hin") mit ihnen. Sie lebten nebeneinander her.

Swenn war Vertreter und viel auf Reisen. In diesen langen Nächten, wenn sie wieder mal allein zu Bett ging, überfiel sie die große Sorge und Angst. Da hatte sich etwas zwischen sie geschoben, was sie fix und fertig machte. Wie eine Dornenhecke, die immer dichter zuwächst und nicht mal die Gedanken mehr durchließ, so fühlte Mutter ihren Zustand. Sie mußte zugeben, daß die Schuld nicht allein bei Swenn lag. Etwas mehr hätte sie sich um ihn kümmern müssen. Ihr Gesicht war in der letzten Zeit ordentlich schmal geworden, und die ersten Falten um die tiefliegenden Augen kamen zum Vorschein.

Dahintergekommen war sie durch einen Brief, der in seiner Jackentasche steckte. Die Tippse im Büro hatte Mutter schon lange auf dem Kieker (= in Verdacht). Zwei Jahre ging das Techtelmechtel schon mit den beiden. Große Unruhe überfiel sie immer abends, wenn sie auf ihn wartete (lauerte). Diese Warterei machte sie mürbe und konfus. In solchen Stunden griff sie in der letzten Zeit oft zur Flasche. Zuweilen reichte ein Schluck, damit sie einschlafen und die Sorgen beiseiteschieben konnte. Nach einem Jahr war es schon so schlimm, daß sie schon morgens mit der Trinkerei anfing.

Ihre Kinder machten sich in der letzten Zeit schnell aus dem Staube, wenn sie mal zu Hause reinschauten. Sollten sie gefühlt haben, daß zwischen Vater und Mutter nicht alles in Ordnung war? – Warum haben sie Mutter nicht mal in den Arm genommen? Gerade sie war es doch gewesen, die allzeit ein Ohr für ihre Sorgen gehabt hatte. So manche Nacht hatte sie wach gelegen, als die Kinder flügge wurden.

Vater ließ sich in letzter Zeit kaum noch zu Hause sehen. Sie hätte ihn gern mal gefragt, was ihn bloß immer wieder aus dem Haus triebe.

probate Dickbastigkeit. Wo kunn sowat süss togahn?" „Allerwegens! – So, nu weetst dat, Frauke. Wat geböhrt is, is geböhrt. Un nu will ik dor nix mehr von hören."

31. En Tietlang alleen

Inge weer'n staatsche Fru so üm de Veertig, de in all de Johren för de Familie ehr Plicht daan harr. Bloots an sik harr se mehrsttiets toletzt dacht. De beiden Kinner, Heiner un Ulla, weern nu sowiet, wat se op egen Been stahn kunnen. Sietdem se utflagen weern, fehl Mudder wat, woneem se sik an oprichten kunn.

Egentlich harr se sik op disse Johren freit, üm mehr Tiet för Swenn, ehren Mann, to hebben. In de letzte Tiet harr se faken över jem-ehr Leven nadacht. Siet'n poor Johren hau dat nich mehr so hen mit jem. Se leven blangenanner her.

Swenn weer Vertreder (Klinkenputzer) un veel op Reisen. In disse langen Nachten, wenn se wedder maal alleen na Bett gung, överfull ehr de grode Sorg un Angst. Dor harr sik wat twiwchen jem schaven, wat ehr fix un fardig maken dä. As so'n Doornheck, de jümmers dichter towassen dä un nich maal de Gedanken mehr dörchleet, so föhl Mudder jem-ehrn Tostand. Se müß togeven, wat de Schuld nich alleen bi Swenn leeg. En beten mehr harr se sik üm em kümmern müßt. Ehr Gesicht weer in de letzt Tiet orig small worrn, un de eersten Folen üm de deepliggen Ogen kemen vörtüüg.

Dorachterkamen weer se dörch'n Breef, de in sien Jackentasch steek. De Tippse ut't Kontor harr Mudder al lang op'n Kieker. Twee Johr gung dat Techtelmechtel al mit de beiden. Grode Unrauh överfull ehr jümmers avends, wenn se op em luurn dä. Disse Töveree maak ehr möör un konfuus. In solk Stünnen greep se in de letzte Tiet faken na de Buddel. Towielen reck een Sluck, dat se inslapen un de Sorgen bisietschuven kunn. Na een Johr weert'al so leeg, wat se al morgens mit de Drinkeree anfung.

Jem-ehr Kinner maken sik in de letzte Tiet gau ut'n Stoff, wenn se maal to Huus inkieken dän. Schulln se föhlt hebben, wat twischen Vadder un Mudder nich allens in de Reeg weer? – Worüm hebbt se Mudder nich maal in'n Arm nahmen? Graad se weer't doch wesen, de alltiet en Ohr för jem-ehr Sorgen hatt harr. So mennig Nacht harr se waak legen, as de Kinner de Roosjohren bi'n Wickel harrn.

Vadder leet sik letzttiets kuum noch to Huus sehn. Se harr em geern maal fraagt, wat em bloots jümmers wedder ut't Huus drieven dä.

Wenn sie sich mal trafen, verließ sie wieder der Mut. Nur der Schluck aus der Flasche, dem einzigen Freund in diesen Stunden, ließ sie für eine kurze Weile vergessen.

Eines Morgens, als Mutter am Kaffetisch saß, glitt ihr Blick aus dem Fenster. Sie erschrak sich. Sie überfiel plötzlich solche Unruhe. Das Läuten an der Haustür riß sie vom Stuhl. Ein Polizist stand draußen vor der Tür und fragte: „Sind Sie Frau Harms?" „Ja!" sagte Mutter verstört. Er brachte die Nachricht, daß Vater auf der Autobahn am Steuer zusammengebrochen war/sei. Der Polizist gab ihr noch die Anschrift des Krankenhauses. „Danke," sagte Mutter und ließ die Tür ins Schloß fallen.

Als sie sich wieder gefangen hatte, griff sie nach dem Hörer und rief im Krankenhaus an. Der Arzt war gleich an der Strippe und sagte, daß Swenn auf der Intensivstation liege. Abends dürfe sie ihn besuchen. Mutter zitterten die Hände, als sie eines der Kinder anrief. Heiner konnte gar nichts antworten, als Mutter ihm die Nachricht durchgab. Er sagte, er wolle nachmittags mit ihr ins Krankenhaus fahren.

Viel haben sie auf der Fahrt nicht miteinander geredet. Die Angst und Sorge saßen ihnen im Nacken. Mutter wurde immer stiller und dachte sicher nur an Vater. Würde er durchkommen? Sie konnte keinen klaren Gedanken fassen. Zusammenreißen wollte sie sich und sich nichts anmerken lassen. Ihre ganzen Kräfte und ihre Liebe wollte sie in Zukunft für Vater einsetzen.

Heiner schielte Mutter ängstlich von der Seite an. Er legte seine Hand auf Mutters Schulter und sagte: „Sei nicht traurig, Mutter, wir schaffen es schon." Die Stationsschwester lief ihnen schon über den Weg (= begegnete . . .) und sagte: „Aber bitte nur zehn Minuten!" Leise öffneten sie behutsam die Tür. Schlohweiß lag Vater in seinen Kissen. Die Augen hatte er fest geschlossen. Sachte (Sanft) streichelte Mutter seine Hand. Er schlug die Augen kurz auf. So ein Zucken flog über sein Gesicht. Eine Stunde haben sie noch an seiner Bettkante gesessen und kein Auge von ihm gelassen. „Laßt uns gehen!" sagte Heiner.

Sieben Wochen hat Vater noch im Krankenhaus gelegen und sich so allmählich wieder erholt. Jeden Tag hat Mutter sich mit den Kindern abgewechselt und ihn besucht. Stundenlang haben Swenn und Inge miteinander geredet und ausgeräumt, was in all den Jahren zwischen ihnen gestanden hat. Durch die schwere Krankheit haben die zwei wieder zueinander gefunden und sich versprochen, noch einmal von vorn anzufangen.

Wenn se sik maal bemöten, verleet ehr wedder de Moot. Bloots de Sluck ut de Buddel, de eenzig Fründ in disse Stünnen, leet ehr för'n korte Wiel vergeten.

Enen Morgen, as Mudder an'n Koffidisch seet, gleed ehr Blick ut't Finster. Se verfehr sik. Ehr överfull miteens solk Unrauh. Dat Lüden an de Huusdöör reet ehr von'n Stohl. En Gendarm stunn buten vör de Döör un fraag: „Sünd Se Fru Harms," „Jo!" sä Mudder verstöört. He bröch de Naricht, wat Vadder op de Autobahn an't Stüür tohoopbraken weer. De Gendarm geev ehr noch de Anschrift von't Krankenhuus. „Danke," sä Mudder un leet de Döör in't Slott fallen.

As se sik wedder fungen harr, greep se na'n Hörer un reep in't Krankenhuus an. De Dokter weer glieks an de Stripp un sä, wat Swenn op de Intensivstaschoon leeg. Avends dröff se em besöken. Mudder bevern de Hannen, as se een von de Kinner anreep. Heiner kunn gor nix antern, as Mudder em de Naricht dörchgeev. He sä, wat he nameddaags mit ehr in't Krankenhuus fohren wull.

Veel hebbt se op de Fohrt nich miteenanner snackt. De Angst un Sorg seet jem in den Nack. Mudder wöör jümmers stiller un dach seker bloots an Vadder. Würr he dörchkamen? Se kunn kenen kloren Gedanken faten. Tohoopprieten wull se sik un sik nix anmarken laten. Ehr ganze Knööv un ehr Leev wull se in Tokunft för Vadder insetten.

Heiner schuul Mudder bang von de Siet an. He leed sien Hand op Mudder ehr Schuller un sä: „Wees nich trurig, Mudder, wi schafft dat al." De Swester op Staschoon keem jem al in de Mööt un sä: „Aber bitte nur zehn Minuten!" Liesen maken se sacht de Döör apen. Sloowitt leeg Vadder in sien Küssen. De Ogen harr he fast slaten. Sacht strakel Mudder sien Hand. He sloog de Ogen kort op. So'n Zucken floog över sien Gesicht. Een Stünn hebbt se noch an sien Bettkant seten un keen Oog von em laten. „Laat us gahn!" sä Heiner.

Söven Weken hett Vadder noch in't Krankenhuus legen un sik so bilütten wedder verhaalt. Elk Dag hett Mudder sik mit de Kinner afwesselt un em besöcht. Stünnenlang hebbt Swenn un Inge miteenanner snackt un utrüümt, wat in all de Johren twischen jem stahn hett. Dörch de swore Krankheit hebbt de twee wedder toeenanner funnen un sik verspraken, nochmaal[1] von vörn antofangen.

---

[1] En schrifft op hoochdüütsch: noch einmal = noch mal = nochmals, avers op nedderdüütsch: nochmaals = nochmaal = noch eenmal. De dat to snaaksch is, seggt eenfach „von frischen". In't britannsch Ingelsch seggt en „a fresh bicycle", wenn'n en Fohrrad meent, dat nich fabriknie, avers jüst in de Hannen von den nien Besitter övergahn is.

Vier Jahre sind inzwischen vergangen. In diesen vergangenen Jahren sind Vater und Mutter wieder aufeinander zugegangen und haben schöne Tage zusammen verlebt. Inge hat eingesehen, daß sie auch eine Menge verkehrt gemacht hat in den letzten Jahren. Wenn die Kinder ab und zu mal auf ein paar Stunden reingucken, freut Mutter sich sehr. Ihr wird immer ganz warm ums Herz. Sie fühlt, daß sie nun wieder eine Familie sind.

32. Zitate zur Frage: VORWÄRTS, ABER WIE?

„Bisher glaubte ich, es sei das grenzenlose Wachstum, das die Gefahr des Zinsmechanismus erzeugt. Endlich weiß ich, daß es umgekehrt ist. Der Zinswahnsinn ist die einzige wirkliche und wahre Ursache dafür, daß die Welt der Wahnidee des grenzenlosen Wachstums verfallen ist."

Konrad Lorenz, Diagnosen 6/85

„Wer nicht vorangeht, der kommt zurücke; so bleibt es."

Ein Hexameter von Friedrich Schiller

„Wenn wir die Ziele wollen, dann wollen wir auch die Mittel."

Immanuel Kant

„Recht oder Unrecht — es ist mein Vaterland."

US-Admiral Stephan Decatur

33. Der größte Fehler der plattdeutschen Stückeschreiber

Am Montag, dem 5. Mai 1986, habe ich im Rundfunk das flotte Hörspiel „Einer zuviel im Haus" gehört und mich manches Mal amüsiert. Die meiste Zeit war ich aber gespannt, wie es weitergehen würde, ob der Gespensterseher recht hatte und überleben würde. An solchen Stücken kann man auch sprachliches Interesse haben: fast kein Hochdeutsch, jeder spricht deutlich und mit Schwung. — dagegen kann man nichts einwenden.

Wenn man aber alte Theaterstücke ansieht, kann man unterstellen, daß die niederdeutschen Menschen von den hochdeutschen zuerst in böse Schwierigkeiten gebracht werden, weil die hochnäsigen Hochdeutschen mehr gelernt haben (Stimmt das?) und auf eine Art vorgehen,

Veer Johr sünd wieldeß vergahn. In disse verleden Johren sünd Vadder un Mudder wedder opeenanner togahn un hebbt schöne Daag tohoop verleevt. Inge hett insehn, wat se ok en barg verkehrt maakt hett in de letzten Johren. Wenn de Kinner af un an maal op'n poor Stünnen rinkiekt, freit Mudder sik bannig. Ehr warrt jümmers heel warm üm't Hart. Se föhlt, wat se nu wedder en Familie sünd.

32. Zitaten to de Fraag: VÖRWARTS, AVERS WOANS?

„Bether to heff ik dacht, wat us wassen Weertschop jümmers mehr Tinsen telen deit. Opletzt weet ik, wat dat annersrüm is: De Tinsdulleree is de eenzige würkliche un wohre Oorsaak för den bregenklöterigen Avergloven in de Welt, wat allens wiederwassen mutt."
Konrad Lorenz, Diagnosen 6/85

„Keen nich vöruutgeiht, de fallt trüch; so blifft dat."
Friedrich Schiller

„Wenn wi de Teels wüllt, denn wüllt wi ok de Middels."
Immanuel Kant

„Recht or Unrecht — dat is mien Vadderland." („Right or wrong, my country." Wöör von den amerikaanschen Admiral Stephan Decatur 1816 in Norfolk)

33. De gröttste Fehler von de plattdüütschen Stückenschrievers

An'n Maandag, den 5. Mai 1986[1], heff ik in't Radio dat flott Höörspeel „Een toveel in't Huus" höört un mi mennigmaal höögt. Meisttiets weer ik avers spannt, woans dat wiedergahn würr, of de Spökenkieker recht harr un överleven würr. An solk Stücken kann'n ok spraaklich Vermaak kriegen: meist keen Hoochdüütsch, elkeen snackt düttlich un mit Swung. — Dor kann'n nix gegen hebben.

Wenn'n avers ole Theaterstücken ankiekt, kann'n ünnerstellen, wat de nedderdüütschen Minschen von de hoochdüütschen eerst in'n böse Bredullje bröcht ward, wieldat de övernäsigen Hoochdüütschen mehr lehrt hebbt (Stimmt dat?) un op'n Oort vörgaht, wo de fallige Nedderdüütschen

---

[1] Se weet/kennt doch wieldeß de Tallen? „den fieften/föften Mai negenteihnhunnertsößuntachentig."

die den schwerfälligen Niederdeutschen unbekannt ist. Das ist dann der Witz, wenn es gut aufgeführt wird. — Aber wenigstens ein Plattdeutscher hat meistens ein gutes Gespür, beißt die Zähne zusammen, und zum Schluß läuft sich alles zurecht. — Manchmal ist der hochdeutsche „Besuch" verschlagen und wird schließlich abgeschoben, oder er muß zugeben, wie pfiffig (einfallsreich) und freundlich die Niederdeutschen sind. — Die Zuhörer können dabei zwei deutsche Sprachen hören: viel Platt und etwas Hochdeutsch, das der überspannte (übergeschnappte) Fremde spricht.

Warum geht so etwas heutzutage nicht mehr? Zum ersten kann man gar nicht so kuhdumm sein, wie einige einfältige Plattdeutsche in diesen Theaterstücken sind. Wer kann darüber noch lachen? Zum zweiten ist es langweilig, immer das Gerangel zwischen der hoch- und niederdeutschen Welt zu „erleben" oder zu überdenken. Zum dritten sollten wir alles tun, der plattdeutschen Sprache zu helfen, das sie für voll genommen wird. Das wird sie aber nur, wenn ALLES auf platt gesagt wird, genauso als ob Platt die Sprache eines Staates wäre wie z.B. Englisch, Französisch und Italienisch oder Holländisch und Afrikaans.

Das hat nichts mit Separatismus zu tun. Wir wollen Norddeutschland nicht von Süd-, Mittel- oder Ostdeutschland abtrennen. Die Gefahr droht nicht. Was wir wollen ist, Niederdeutsch wieder ernsthaft als eine allgemeine Zunge verwenden und auf der Schule lehren. Und die plattdeutschen Schriftsteller sollten einige ihrer Geschichten und Stücke in einem „gemeinsamen" Platt erzählen, obschon sie in verschiedenen Mundarten sprechen. Denn wir brauchen ein Standard-Platt (Norm- oder Führungsplatt) (Richtplatt), eine gemeinsame plattdeutsche Schriftsprache, die dann fast so wichtig wie das Hochdeutsche ist, das neben und über den hochdeutschen Mundarten (Bayerisch, Hessisch, Pfälzisch u.a.) als Nationalsprache gilt. Nur auf diese Weise kann unser Niederdeutsch als eine ordentliche, eigenständige westgermanische Sprache bestehen bleiben und auch zukünftig neben Hochdeutsch, Niederländisch, Afrikaans und Englisch überleben.

nix von afweet. Dat is denn de Witz, wenn't goot opföhrt warrt. — Avers tominst een Plattdüütschen hett mehrstendeels'n goden Rüker, bitt de Tähnen tohoop, am Enn löppt sik allens trecht. — Mennigmaal is de hoochdüütsche „Besöök" verslaan un warrt opletzt afschaven, or he mutt togeven, wo ansleegsch un fründlich de Nedderdüütschen sünd. — De Tohörers köönt dor twee düütsche Spraken bi hören: veel Platt un'n beten Hoochdüütsch, dat de överspönsche Frömde snacken deit.

Worüm geiht so'n Tüüch hüdigendaags nich mehr? To'n eersten kann'n gor nich so dummdösig wesen, as welk tutige Plattdüütsche in disse Theaterstücken sünd. Keen kann dor noch över lachen? To'n tweeten is't langwielig, jümmers dat Rangeln twischen de hooch- un nedderdüütche Welt to „beleven" or to bedenken. To'n drütten schulln wi allens doon, de plattdüütsche Spraak to helpen, wat se för vull nahmen warrt. Dat warrt se man bloots, wenn ALLENS op platt seggt warrt, lieksterwelt as wenn Platt de Spraak von en Staat weer as to'n Bispill Ingelsch, Französösch un Italieensch or Hollandsch un Afrikaans.

Dat hett nix mit Separatismus to doon. Wi wüllt Noorddüütschland nich von Süüd-, Middel- or Oostdüütschland aftrennen. De Gefohr drauht nich. Wat wi wüllt, is, Nedderdüütsch wedder eernsthaftig as en allgemene Spraak bruken un op de School lehren (= bibringen). Un de plattdüütsche Schrieverslüüd schulln welk von ehr Geschichten un Stücken in een „gemeen" Platt vertellen, ofschoonst se in verschedene Mundorten snacken doot. Denn wi bruukt'n Standard-Platt, een gemeensame plattdüütsche Schriftspraak, de denn meist so wichtig is as't Hoochdüütsch, dat blangen un över de hoochdüütsche Dialekten (Bayerisch, Hessisch, Pfälzisch u. a.) as Nationalspraak gellen deit. Bloots op disse Wies kann us Nedderdüütsch as en ornliche, egenstännige westgermaansche Spraak bestahn blieven un ok inskünftig blangen Hoochdüütsch, Nedderlandsch, Afrikaans un Ingelsch överleven.

7. Poesietexte

DÜNJES/KLEINE LIEDER (Klaus Groth)

Kumt Værjahr man wedder,
So kumt ok de Freid:
Kumt Gras op de Wischen,
Kamt de Köh op de Weid.

Værjahr = Frühling
Wisch = Wiese (zum Heuen)

Kumt de Sünn dær de Wulken
Un de Hadbar opt Nest –
Un abends en Maanschien,
Denn kumt eerst dat Best.

Hadbar = Meister Adebar, der Storch

Keen Graff is so breet un keen Müer so hoch,
Wenn twee sik man gut sünd, so drapt se sik doch.

Graff = Grab, breiter Graben um den Bauernhof
drapen = treffen

Keen Wedder so gruli, so düster keen Nacht,
Wenn twee sik man sehn wüllt, so seht se sik sacht.

gruli = gruselig
sacht = leise, leicht

Dat gift wul en Maanschien, dar schient wul en Steern.
Dat gift noch en Licht oder Lücht un Lantern.

Licht = Kerze
Lücht/Lantern = Stallaterne

Dar finnt sik en Ledder, en Stegelsch un Steg:
Wenn twee sik man leef hebbt — keen Sorg vær den Weg.

Stegelsch = Brett zum Übersteigen des Zauns

Dar wahn en Mann (*Klaus Groth*)

Dar wahn en Mann int gröne Gras,
De harr keen Schüttel, harr keen Tass,
De drunk dat Water, wo he't funn,
De plück de Kirschen, wo se stunn'.

Wat weer't en Mann! Wat weer't en Mann!
De harr ni Putt, de harr ni Pann,
De eet de Appeln vun den Bom,
De harr en Bett vun luter Blom.

De Sünn dat weer sin Taschenuhr,
Dat Holt, dat weer sin Vagelbur.
De sungn em abends æwern Kopp,
De wecken em des Morgens op.

De Mann, dat weer an narrschen Mann,
De Mann, de fung dat Gruweln an:
Nu mæt wi all in Hüser wahn'. —
Kumm mit, wi wüllt int Gröne gan!

Einige Bemerkungen zur 2. (hochdeutschen) Lautverschiebung

1. Strophe: int Gras = in dat Gras / dat zu das, d.h.   t   zu s
   Schüttel zu Schüssel,   Water zu Wasser   t   zu ss
   plücken zu pflücken   p   zu pf

2. Strophe: Appel zu Apfel   pp zu pf

3. Strophe: Holt zu Holz (Holt auch Wald)   t   zu z
   Kopp zu Kopf   pp zu pf
   op zu auf   p   zu f

4. Strophe: möten oder mööten zu müssen   t   zu ss

Im anderen Gedicht: „Wenn Twee si*k* man ... (sich)   k   zu ch
Sie kennen auch: wie gesagt, au*ch* = o*k*, glie*k*s = glei*ch*, sofort

Die Sachsen haben diese süddeutsche (Hochland-)Lautverschiebung so wenig mitgemacht wie die Christianisierung; beides erfolgte mit Gewalt (eine frevelhafte, aber wahre Feststellung).

Literaturverzeichnis

BRANDT, MAGRETA: Hackels ut de Reetdack-Kaat, Verlag G. Christiansen, Itzehoe, 1972

BRANDT, MAGRETA: Harten-Lena, Verlag G. Christiansen, Itzehoe, 1980

BUURMANN, OTTO: Hochdeutsch-Plattdeutsches Wörterbuch, Auf der Grundlage ostfriesischer Mundart, Bd. 1–11, Karl Wachholtz Verlag, Neumünster, 1962–74

CORDES/MÖHN: Handbuch zur niederdeutschen Sprach- und Literaturwissenschaft, Erich Schmidt Verlag, Berlin, 1983

GEHLE, HEINRICH: Wörterbuch Westfälischer Holsteinisch/Hamburger Mundarten, Verlag Westfälischer Heimatbund, Münster 1977

GETAS — Gesellschaft für angewandte Sozialpsychologie. Bremen 1984

GROTH, KLAUS: Sämtliche Werke. Band II und III, Verlag Boyens & Co., Heide 1981

HARTE, GÜNTER / HARTE, JOHANNA: Hochdeutsch-Plattdeutsches Wörterbuch Institut für Niederdeutsche Sprache, Verlag Schuster, Leer, 1986

HARTE, GÜNTER: Lebendiges Platt, Quickborn-Verlag, Hamburg, 4. Aufl. 1984

HARTE, GÜNTER: Scharp un Sööt, Verlag der Fehrs-Gilde, Hamburg, 1970

KINAU, RUDOLF: Land in Sicht, Quickborn-Verlag, Hamburg 1965

KINAU, RUDOLF: Langs de Küst, Quickborn-Verlag, Hamburg, 1968

LINDOW, WOLFGANG: Plattdeutsches Wörterbuch, Institut für Niederdeutsche Sprache, Verlag Schuster, Leer 1984. 3., überarbeitete Auflage, Leer 1987 unter dem Titel „Plattdeutsch-Hochdeutsches Wörterbuch"

MEIER/SCHEEL: Hamburgisches Wörterbuch I, Karl Wachholtz Verlag, Neumünster 1983

MEYER/BICHEL, Unsere plattdeusche Muttersprache, Beiträge zu ihrer Geschichte und ihrem Wesen, Verlag H. Lühr & Dircks, St. Peter-Ording, 2. Aufl., 1983

REUTER, FRITZ: Ut mine Stromtid, Philipp Reclam jun., Stuttgart, 1964

SCHEEL, KÄTHE: Zur Einführung ins Hamburger Platt. Inter Nationes, Kultureller Tonbanddienst, Bonn 1981, S. 261–272

Rudolf E. Keller
Die deutsche Sprache
und ihre historische Entwicklung
Bearbeitet und übertragen aus dem Englischen,
mit einem Begleitwort sowie einem Glossar
versehen von Karl-Heinz Mulagk.
XVI, 641 S. 3-87548-104-6. Kartoniert.

Dieses Handbuch bietet sowohl dem Wissenschaftler als auch dem interessierten Laien eine kompetente, überschaubare und gut lesbare Darstellung der Herausbildung des Deutschen zur gegenwärtigen Standardsprache.

In sechs Kapiteln werden die Phasen der germanisch-deutschen Sprachgeschichte dargestellt: Die indoeuropäischen Grundlagen - Die germanische Grundlage - Der karolingische Anfang - Die staufische Blüte - Die Leistung des sechzehnten Jahrhunderts - Die klassische Literatursprache und das heutige Deutsch. Das Leben der Sprache in ihren verschiedenen Dimensionen tritt in diesen entscheidenden Epochen deutlich vor Augen, ohne daß dabei der innere Zusammenhang verloren geht. Die Entwicklung der Phonologie, Morphologie, Syntax und des Wortschatzes beispielsweise wird durch alle Epochen hindurch fortlaufend behandelt.

Darüber hinaus beinhaltet jedes Kapitel einleitende Informationen über das Sprachgebiet und die Sprachschichten sowie eine ausführliche Behandlung der einzelnen Sprachebenen. Die für ältere Sprachzustände aufschlußreichen namenkundlichen Abschnitte bieten knappe, aber grundlegende Informationen.

Zahlreiche Karten, Tabellen, Textproben sowie ein allgemeines Register und ein Glossar der sprachwissenschaftlichen Begriffe machen das Handbuch zu einem wichtigen Standardwerk für die Bibliothek eines jeden Germanisten und an der deutschen Sprache interessierten Lesers.

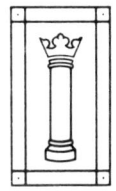

Helmut Buske Verlag · Richardstraße 47 · 22081 Hamburg

Lehrbuch　　　　　　　　　　　　　　　　　　　　　　　　Buske

William B. Lockwood
Lehrbuch der modernen jiddischen Sprache
Mit ausgewählten Lesestücken
1995. XIII, 252 S. 3-87118-987-1. Kartoniert.

Begleitkassette. Ca. 80 Minuten. 3-87118-988-X.

Das Jiddische ist aus dem Deutschen hervorgegangen und war noch um 1940 Muttersprache von schätzungsweise zehn Millionen Menschen. Nach dem Holocaust nur noch in der Sowjetunion und in den Vereinigten Staaten von Amerika gesprochen, ist unbekannt, wie viele Menschen heute Jiddisch beherrschen. Allerdings hat sich in den letzten Jahren auch außerhalb des Wissenschaftsbetriebes wieder ein reges Interesse an dieser Sprache entwickelt.

Zielgruppe: Lernende, die eine umfassende, praxisnahe Einführung in die moderne jiddische Sprache wünschen. Professoren und Studenten der älteren Germanistik.

Konzeption: Die grundlegende Grammatik sowie die wichtigsten Ausspracheregeln werden in diesem Lehr- und Lernbuch systematisch aufbereitet. Die Eigenart des Jiddischen wird hierbei auch ohne die Kenntnis der hebräischen Schriftzeichen vermittelt, da zunächst nur die lateinische Umschrift des YIVO (Institut für Judaistik, New York) Verwendung findet. Daran schließt sich eine ausführliche Schriftlehre an und zur Übung Lesestücke in hebräischer Schrift; darunter Texte von Klassikern der jiddischen Literatur wie Mendele Mojcher-Sforim, Scholem Alejchem und I. L. Peretz. Der praktischen Ausrichtung des Lehr- und Lernbuches entsprechend, stehen die Unterschiede zum Hochdeutschen im Mittelpunkt der sprachlichen Darstellung. Jedem Lesestück ist ein Glossar beigegeben, in dem alle nicht ohne weiteres verständlichen Wörter und Redensarten erklärt werden. Auf der Begleitkassette ist eine Auswahl von Lesestücken zu hören.

Helmut Buske Verlag · Richardstraße 47 · 22081 Hamburg